6-2 訂 版

消防救助技術必携

一般救助編

名古屋市消防局 編著

東京法令出版

目　　　次

救助活動　総論

隊員の心構え……………………………………………………………………… 1

従来型救助法と都市型救助法…………………………………………………… 8

第Ⅰ編　救助活動基礎知識（従来型）

第1章　ロ　ー　プ

1 － 1　救助用ロープ等の安全管理基準……………………………………12

1 － 2　救助用ロープの基礎知識………………………………………………14

1 － 3　救助用ロープの取扱い…………………………………………………19

1 － 4　結　索　法………………………………………………………………26

1 － 5　ワイヤロープ……………………………………………………………39

第2章　ロープの設定

2 － 1　支持点・支点の作成……………………………………………………43

2 － 2　懸垂ロープの設定………………………………………………………48

2 － 3　展張ロープの設定………………………………………………………50

第3章　付属器具等

3 － 1　カラビナ等………………………………………………………………53

3 － 2　担　　架…………………………………………………………………60

第4章　確　　保

4 － 1　衝撃荷重と墜落制止……………………………………………………68

4 － 2　確保の方法………………………………………………………………74

第5章　降　下　法

5 － 1　座席懸垂…………………………………………………………………78

5 － 2　身体懸垂…………………………………………………………………81

5 － 3　斜　降　下………………………………………………………………84

5 － 4　リペリング降下…………………………………………………………86

5－5　応急懸垂（その他の懸垂）……………………………………89

第6章　登はん法

6－1　フットロック登はん…………………………………………90

6－2　プルージック登はん…………………………………………94

6－3　斜　登…………………………………………………………97

第7章　渡 過 法

7－1　セーラー渡過…………………………………………………98

7－2　モンキー渡過………………………………………………101

7－3　チロリアン渡過……………………………………………102

第8章　要救助者の搬送法

8－1　救助活動時の応急処置と救急隊との連携………………104

8－2　感染防止……………………………………………………107

8－3　担架の搬送・作成法………………………………………108

8－4　要救助者の担架縛着法……………………………………117

8－5　徒手搬送法…………………………………………………121

第9章　進 入 法

9－1　高所への進入法　三連はしご等を利用した進入………126

9－2　低所への進入法　三連はしごの逆伸ていによる進入…133

9－3　低所への進入法　ロープによる進入……………………137

第10章　代表的な救助法

10－1　かかえ救助…………………………………………………140

10－2　貯槽等からの救助…………………………………………143

10－3　応急はしご救助……………………………………………145

10－4　はしご水平救助第一法……………………………………147

10－5　はしご水平救助第二法……………………………………150

10－6　つるべ式引き上げ救助……………………………………153

10－7　はしごクレーン救助………………………………………156

10－8　ロープによる救助…………………………………………161

10－9　ほふく救助…………………………………………………165

第Ⅱ編　救助活動基礎知識（都市型）

第1章　基礎知識
1－1　都市型救助の基礎知識……………………………………… 170
1－2　編みロープ等の基礎知識…………………………………… 174
1－3　救助ロープ（都市型）等の安全管理基準………………… 179

第2章　結索法
2－1　編みロープ、テープスリングの結索法…………………… 180

第3章　編みロープ等の設定
3－1　支点の作成…………………………………………………… 182
3－2　懸垂ロープ・展張ロープの設定…………………………… 187

第4章　都市型器具等
4－1　ロープ・救助用テープスリング・カラビナ……………… 188
4－2　ディッセンダー……………………………………………… 191
4－3　アッセンダー………………………………………………… 192
4－4　その他の器具………………………………………………… 200

第5章　確　保
5－1　自己確保の概念……………………………………………… 210
5－2　器具（グリヨン）を使用した自己確保…………………… 212
5－3　ディッセンダーを活用した確保…………………………… 214

第6章　担　架
6－1　担架作成要領………………………………………………… 216
6－2　担架の介添え………………………………………………… 223

第7章　低所・高所への進入
7－1　低所への進入………………………………………………… 229
7－2　高所への進入………………………………………………… 232

第8章　救　助　法
8－1　応急はしご救助……………………………………………… 238
8－2　はしご水平救助第一法……………………………………… 240
8－3　はしご水平救助第二法……………………………………… 243
8－4　つるべ式引き上げ救助……………………………………… 246
8－5　はしごクレーン救助………………………………………… 248

8－6　一箇所吊り担架水平救助………………………………… 251
8－7　別系統のシステムを活用した救助（ピグリグ）……………… 253
8－8　レスキューフレームを活用した低所救助………………… 256

第Ⅲ編　救助用器具基礎知識

第1章　一般救助用器具

1－1　かぎ付はしご……………………………………………… 264
1－2　三連はしご………………………………………………… 266
1－3　空気式救助マット（スーパーソフトランディング）………… 268

第2章　重量物排除用器具

2－1　油圧ジャッキ（ポートパワー）………………………… 271
2－2　可搬式ウインチ（チルホール）………………………… 275
2－3　マンホール救助器具（ロールグリス）………………… 278
2－4　マンホール救助器具（スイスロール）………………… 280
2－5　救助用簡易起重機（レスキューフレーム）………………… 282
2－6　救助用簡易起重機（チロモント）……………………… 285
2－7　マット型空気ジャッキ（マキシーフォースエアーバッグ）… 289
2－8　マット型空気ジャッキ（NTレスキューバッグ）………… 293
2－9　小型マット型空気ジャッキ
　　　（スーパーミニマイティーバッグ）………………………… 296
2－10　大型油圧スプレッダー（ズムロスプレッダー）………… 298
2－11　大型油圧スプレッダー（ホルマトロスプレッダー）………… 301
2－12　救助用支柱器具（レスキューサポートシステム）………… 305
2－13　大型油圧式救助器具（ズムロドアオープナー）………… 307
2－14　大型油圧式救助器具（ズムロテレスコピックラム50）……… 309

第3章　切断用器具・破壊用器具

3－1　エンジンカッター（パートナー）……………………… 311
3－2　エンジンカッター（ハスクバーナ）…………………… 314
3－3　チェーンソー（クイックベント）……………………… 316

　　3－4　空気鋸（タイガーエアーソー）……………………………… 319

　　3－5　大型油圧切断機（ズムロフロントライナー）……………… 322

　　3－6　大型油圧切断機（ズムロQカッター）…………………… 324

　　3－7　大型油圧切断機（ホルマトロカッター）………………… 326

　　3－8　ポータブル切断パック（OZ）…………………………… 329

　　3－9　携帯用コンクリート破壊器具

　　　　　　（PRT－6　ストライカー）…………………………… 333

　　3－10　ハンマードリル（ヒルティー）………………………… 335

　　3－11　ハンマードリル（ボッシュ）…………………………… 337

第4章　呼吸保護用器具

　　4－1　空気呼吸器（K2P型）…………………………………… 340

　　4－2　空気呼吸器（A－1型）………………………………… 350

　　4－3　酸素呼吸器（バイオパック60）………………………… 357

　　4－4　酸素呼吸器（オキシゼム11）…………………………… 360

第5章　その他の救助用器具

　　5－1　ガス測定器（コスモスガス検知器　XP－302M）………… 364

　　5－2　車両移動器具（ゴジャック）…………………………… 367

　　5－3　加圧排煙機……………………………………………… 369

　　5－4　レスキューブロック…………………………………… 372

第6章　高度救助用器具

　　6－1　画像探索機……………………………………………… 374

　　6－2　地中音響探知機………………………………………… 379

　　6－3　熱画像直視装置（アルゴス3）………………………… 382

　　6－4　熱画像直視装置（アルゴス4）………………………… 385

　　6－5　熱画像直視装置（シーク　リヴァール　ファイヤー　プロ）…… 387

　　6－6　夜間用暗視装置（ナイトビジョン）…………………… 389

　　6－7　地震警報機（W－Seis）………………………………… 391

　　6－8　電磁波探査装置（ライフサーチャー）………………… 393

　　6－9　二酸化炭素探査装置

　　　　　　（MuitiRAE IR PGM－54マルチガスモニター）………… 396

　　6－10　水中探査装置…………………………………………… 399

第Ⅳ編　事故種別活動要領

第1章　交通事故救助（自動車事故）

1－1　事故の形態及び特性……………………………………… 404

1－2　初動対応………………………………………………… 405

1－3　救助要領………………………………………………… 409

1－4　事故事例と救助要領…………………………………… 421

1－5　その他…………………………………………………… 423

第2章　交通事故救助（鉄道事故）

2－1　事故の形態及び特性…………………………………… 424

2－2　活動要領………………………………………………… 426

2－3　その他留意事項………………………………………… 437

第3章　機械事故救助（昇降機事故）

3－1　事故の形態及び特性…………………………………… 439

3－2　エレベーターの構造及び構造図……………………… 440

3－3　エレベーター事故救助の救出活動要領……………… 442

3－4　エスカレーター事故救助の救出活動要領…………… 447

3－5　安全管理………………………………………………… 449

第4章　機械事故救助（回転機事故）

4－1　事故の形態及び特性…………………………………… 451

4－2　救出活動要領と方法…………………………………… 453

第5章　機械事故救助（その他の機械事故）

5－1　事故の形態及び特性…………………………………… 456

5－2　救出活動要領…………………………………………… 458

5－3　安全管理………………………………………………… 459

第6章　建物・工作物事故救助

6－1　事故の形態及び特性…………………………………… 460

6－2　救出活動要領…………………………………………… 461

第7章　ガス事故救助

7－1　事故の形態及び特性…………………………………… 464

7－2　救出活動要領とポイント……………………………… 466

7－3　安全管理………………………………………………… 470

　　7－4　可燃性ガスに関する事項…………………………………… 471
　　7－5　有毒ガスの危険性について………………………………… 473
第8章　酸欠事故救助
　　8－1　事故の形態及び特性………………………………………… 475
　　8－2　酸欠危険の場所と原因……………………………………… 477
　　8－3　活動要領とポイント………………………………………… 478
第9章　転落事故救助
　　9－1　事故の形態及び特性………………………………………… 479
　　9－2　救助活動の手順……………………………………………… 480
　　9－3　救助活動要領………………………………………………… 482
第10章　電気事故救助
　　10－1　事故の形態及び特性……………………………………… 483
　　10－2　電圧の種類………………………………………………… 484
　　10－3　感電事故の活動要領……………………………………… 487
　　10－4　安全管理…………………………………………………… 488
第11章　生き埋め事故救助
　　11－1　事故の形態及び特性……………………………………… 490
　　11－2　安全管理…………………………………………………… 491

第Ⅴ編　安全管理

第1章　総　論
　　1－1　安全管理…………………………………………………… 494
　　1－2　災害現場における安全管理……………………………… 497
　　1－3　訓練時における安全管理………………………………… 499
第2章　事故事例等 ………………………………………………… 504

現在では、計量単位としては、国際単位系（ＳＩ単位）を用いることに統一されています。本書においてもＳＩ単位に変更しましたが、場合によっては、桁が大きくなったり小数点などが細かくなる等、かえって分かりづらくなることから、一部、従前に使用されていた**非ＳＩ単位**を使用いたしました。

　なお、計量単位の従前単位との読替えは、下表のとおりとします。

物象の状態の量	非ＳＩ単位 （記　号）	ＳＩ単位 （記　号）	二単位の換算関係 （注）
力	重量キログラム （kgf）	ニュートン （N）	1 kgf≒10N 〔1 kgf≒9.8N〕
力のモーメント	重量キログラムメートル （kgf・m）	ニュートンメートル （N・m）	1 kgf・m≒10N・m 〔1 kgf・m≒9.8N・m〕
圧　力	重量キログラム 毎平方メートル （kgf/㎡）	パスカル （Pa）	1 kgf/㎡≒10Pa 〔1 kgf/㎡≒9.8Pa〕 1 kgf/㎠≒0.1MPa 〔1 kgf/㎠≒0.098MPa〕
熱　量	カロリー （cal）	ジュール （J）	1 cal≒4.2J

（注）　〔　〕内の式が一般的ですが、本書では、分かりやすくするため、このような
　　　　式に置き換えています。

救助活動　総論

隊　員　の　心　構　え

　救助活動の成否は、隊員の確実な行動とチームワークの良さにかかっている。隊員の確実な行動が滑らかにつながったとき、初めてチームワークが良いといえる。

　救助活動は、困難性、危険性が内在する業務であり、安全・確実・迅速に救助活動を行うためには、常に訓練を重ね、技術錬磨に励み、救助技術の習熟及び連携要領を体得することが肝要である。

1　救助活動とは

　救助活動とは、災害又はその他事故により、生命・身体の危険が切迫し、自分の力で脱出、避難することが困難な者を安全な場所に救出することをいう。

2　救助活動の原則

　救助活動は、要救助者の救命を主眼とし、安全・確実・迅速に行うものとする。

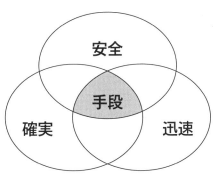

3　救助活動の優先順位

　救助活動は、要救助者の「救命」を最優先として、次いで「身体の救出」、「苦痛の軽減」、「財産の保全」の順とする。

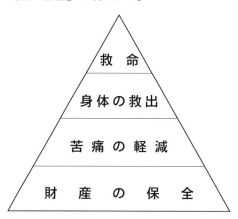

4　救助活動の考え方

　救助活動の原則を守り活動することが求められるが、災害現場は刻一刻と変化する。災害事象の変化に対応し最も適した救助方法で臨むことが必要である。しかし、危機に直面している状況や切迫する危険と隣り合わせの中で、救助活動を強いられることが多々ある。こうしたときに、以下の考え方を基に活動の方針が決定されることを期待する。

(1)　「人命」に関すること

　　任務は、市民の生命と財産を守ることである。人の死に直面することは避けては通れない道ではあるが、災害現場においては、負傷による大量出血で意識のない者やひどくやけどを負って男女の区別もできないような要救助者に直面したとき、ついつい独自の判断で「死亡」と決め付けてしまいがちである。

　　しかしながら、「明らかに死亡している場合」や「医師が死亡と判断した場合」を除いて、消防機関は要救助者を死者と判定できないことを改めて認識するとともに、現場での要救助者の状態がそれに近い状態であっても、救出し、応急処置を行いつつ医療機関に迅速に搬送する必要があることをいつも意識しておかなければならない。また、ただ単に救出さえすればよいものではなく、一旦要救助者に接触した時点から救出完了するまで、負傷程度を

悪化させることなく救出することが求められる。

(2)　「安全」に関すること

　ア　二次災害防止

　　要救助者の救命のため、隊員自らの安全を確保し活動することは必要不可欠である。また、救助活動を効率的に行うには、組織的に対応することで現場活動混乱をなくすとともに、十分な能力を発揮するためにも二次災害防止は大変重要である。

　　二次災害の防止には、隊長、隊員は視覚、聴覚、触覚、嗅覚、知覚をフルに活用して、活動環境を絶えず確認して二次災害発生危険の有無について推測し、必要あれば二次災害発生危険の排除、回避に対する措置をとる。

　イ　二重の安全

　　「二重の安全」とは、救出を行うシステムにさらに控えを設けることにより隊員と要救助者をより安全に救出することを「基本原則」とすることである。

　ウ　緊急避難措置

　　救助活動は、人命救助を行わなければならないという一刻を争う状況において、緊急に救助又は脱出する必要性や危機に直面する場合がある。このような状況では、やむを得ずとらなければならない行動があり、全ての現場で基本どおりの活動を行えるとは限らない。よって、全ての救助現場において、二重の安全に配慮し、活動することは困難であるものの、上述した「基本原則」に基づいた考え方を全ての救助隊員が認識することはもちろん、可能な限り「二重の安全」に配慮した「基本原則」を遵守する活動に近づけることを常日頃から意識しておかなければならない。

(3)　「確実」に関すること

　　災害現場における救助活動は、非日常的で危険な状態に置かれた人命を救出することである。つまり、危険な状況の中、新たな危険因子を排除しつつ活動して人命を救出しなければならない。こうした活動環境の中で、救助活動における「確実」とは、人命を救出するために行う隊員一人ひとり及び小隊の行う行動一つひとつが確実に行われてその精度を高めることである。また、その行為を呼唱し意思を他隊員に伝達することで、行動が再確認されて結果として救助活動における確実性が向上していく。

　　また、災害現場における安全はどこにも確立されていない反面、「慣れ」もあることから周りの危険因子に対し鈍感になっていることも考えられる。

確実に動作を行いしっかり呼唱することは、確実性を高めるだけでなく、安全性をも向上させることとなる。常日頃から訓練を通じて呼唱し、確認することで、安全・確実な組織行動が行えるものと思われる。

⑷　「迅速」に関すること

　救助活動における「迅速」とは、要救助者を救出するための活動に求められるものであることはもちろん、救出に携わる部隊の連携の中にも必要不可欠である。このことは、指揮官、部隊運用担当官及び小隊間の連携等意思疎通が迅速に行われ、かつ、救出のための行動自体が迅速で組織的な活動が行われなければならない。災害現場では、危険に切迫している危機的な状況の中で、一刻も早く救出しなければ、最終目的である救命に影響を与えてしまうこととなる。つまり、救出するためには、何を差し置いても迅速性を最優先に考慮し、活動方針の決定を求められることがある。しかし、迅速性を最優先するがゆえに要救助者の予後を悪化させてはならない。救急隊との連携も考慮し、救出が優先か、処置が優先かを要救助者の観察結果に基づき活動することが必要である。ただし、迅速性を最優先にすることは、安全性や確実性に係る要素に影響を与え、結果として三要素のバランスに偏りが発生してしまうことを意思決定者は認識していなければならない。

5　行動時の留意事項

　救助活動を行う上では、以下のように執る行動の重みに違いがある。様々な行動の中で、混在する重みの違いを理解することや、行動の中で現れる重みの違いを事前によく吟味しておく必要がある。

⑴　絶対にやらなければならない（どんな状況であっても必ず行う。）。

　「絶対に」とは、それに従わなければ、本来の目的を達成できないばかりか重大な事故を引き起こすということを意味する。したがって、状況にかかわらず守らなければならない行動をいう。

⑵　やることが望ましい（状況によってはこれにこだわらない。）。

　「やることが望ましい」とは、従わなければある程度のリスクを伴うことが予見できるということを意味する。したがって、原則としてこれに従うことが必要とされるが、状況によっては省略したり後回しにしたりすることができる行動をいう。

⑶　できれば行ったほうがよい（できればやる。）。

　「できれば」とは、時間的な余裕があり、目的の達成をより確実にするために行う行動をいう。

6　具体的な留意事項

(1)　状況確認

　ア　事故発生場所及び活動環境

　　発生現場及び周辺の状況を知る。

　イ　事故形態

　　事故の種別、規模を知る。

　ウ　要救助者の状態

　　要救助者の容態及び状態を知り、活動により作用する特性を知る。

　エ　二次災害発生危険

　　感染の防止、情報の共有、他隊との連携を図る。

(2)　救出判断

　ア　救出方法

　　状況確認から総合的に判断し、優先事項に基づく救出方法を決定する。

　イ　救出完了までの手順

　　救助活動の着手から手段の決定、救出活動を完了まで具体的に組み立てる。

　ウ　救助方法の変更・修正

　　状況変化に対応した救助方法の変更・修正を行う。

　エ　二次災害対応

　　二次災害発生危険の予知、排除又は回避措置を講じる。

　オ　活動障害の排除

　　複合する活動障害は、危険なものから順次排除する。

　カ　要救助者の救命・悪化防止

　　救助活動と並行して救命処置、応急手当を講じ、悪化防止に努める。

　キ　任務分担

　　隊員の選定、任務下命の伝達等その役割を明確にする。

　ク　活用資器材の選定

　　救助活動にあった機材の選定と適正な活用を図る。

　ケ　他隊との連携

　　同一指揮系統下で効果的な活動の推進を図る。

　コ　応援要請の要否

　　部隊規模、医師、関係機関等応援要請の要否を判断する。

　サ　関係機関との連携

　　任務分担、手順等十分協議し全体統制の連携活動を行う。

シ　報道対応と現場広報

プライバシーの保護に配慮した報道対応及び現場広報を行う。

ス　関係者の活用

専門的な知識を要するときは活用する。

セ　事前の救出方法の樹立

日頃から各種訓練、知識の習得を図り、有事に対し万全な態勢を整える。

7　呼唱・伝達・合図

呼唱は、自らの行動を自ら確認するという、救助活動の基本である。

伝達、合図は、指揮者に対する報告と他の隊員に自分の行動を知らせるための積極的な行動である。

呼唱、伝達、合図は、隊員の安全確保にとって不可欠である。

(1)　呼唱

呼唱するときは、次の点に注意する。

ア　具体的に、はっきりと

指揮者の指示どおりに行動していることを確認しつつ、具体的に、はっきりと言う。

イ　指差確認

結索、器具等を確認するときは、必要に応じて指差呼唱（人差し指で、指し示しながら呼唱する。）を行う。

(2)　伝達

自分の行動を伝達する基本的手段は、声である。

ア　声の大きさ

指揮者と他の隊員にも届くように、大きな声で、はっきりと言う。

イ　相手の視認

呼唱することにより相手に伝達するときは、相手の姿が見える所で行う。

ウ　相手の了解

呼唱することにより相手に伝達したときは、自分の意思が相手に通じたことを確認する。

エ　手による合図の併用

手による合図を併用すれば、一層確実である。

オ　無線機等の活用

視界が悪いとき（例えば濃煙内）は、無線機、携帯警報機、警笛等を活用する。

Q&A

空気呼吸器の面体を着装したままで無線の送信ができるか？

拡声装置がない普通の面体でも、ある程度声が通るので、支障なく送信できる。

★　マイクを呼気弁に近づけて、ゆっくり送信する。

ポイント

1　訓練を通じて抵抗なく声（「○○よし」）が出るように心掛ける。
2　行動に自信がない隊員の声は小さい。指揮者は、隊員の不安を見逃さない。
3　隊員相互に行動を注視し、安全管理に気を配る。

(3)　合図

　災害現場は、見通しが悪いことが多い。そういうときでも確実に伝達するために、次の合図を身につけることが必要である。

ポイント

1　合図を使うとき、指揮者と隊員の間で次のことを徹底する。
　(1)　どんな種類の合図を使うのか。
　(2)　合図の意味を確認する。（例「退出は、ロープを5回連続に引く」）
2　ロープによる信号は、次の問題点を持っている。
　(1)　建物の曲がり角で3回以上ロープが曲がると合図が届かない。
　(2)　ナイロン製救助ロープは、伸びが大きいため、距離が長いほど大きく引かないと合図が届かない。

高所での作業　　　　　　器具を使用したとき

呼唱・伝達・合図の例

従来型救助法と都市型救助法

1　救助法の定義

(1)　従来型救助法

　　三つ打ちロープを主体とした救助法。支点・支持点等に三つ打ちロープ、滑車、O型環付きカラビナを使用する。

(2)　都市型救助法

　　編みロープを主体とした救助法。支点・支持点等に編みロープ、テープスリング、都市型救助資器材（アルミ製）を使用する。

　　なお、都市型救助資器材は、第Ⅱ編第4章「都市型器具等」を参照すること。

2　従来型救助法の位置づけ

　従来型救助法は、国の操法を基に構成され、最小限の資器材（ロープ、カラビナ、滑車等）を用いて行う人命救助法である。中でも、基本結索などの基本的な技術は、ロープを使用した救助法において必要不可欠な技術であり、救助隊員はもとより「消防職員」であるものが人命救助を行う上でも必須の技術となるため、この基本技術を習得訓練することは従来型、都市型にかかわらず、応用力が備わるための大切な要素である。

3　救助ロープの種類

　名古屋市消防局が保有しているロープは三つ打ちロープと編みロープがあり、編みロープは救助活動でメインロープとして使用する黄色、救助活動でバックアップロープとして使用する赤色、火災現場で使用する白色の三種類がある。それぞれのロープ特性は、第Ⅰ編第1章1-2「救助用ロープの基礎知識」及び第Ⅱ編第1章1-2「編みロープ等の基礎知識」を参照すること。

4　活動上の注意点

　ロープを使用する救助活動は、その使用するロープ（三つ打ちロープ、編みロープ）にそれぞれの救助法が存在し特性が異なる。どちらかの救助法に固執

することなく、それぞれの救助法の特性を理解し、常に要救助者にとっての最善の救出方法を選択又は組み合わせることを念頭に置き活動する。

(1)　二重の安全の相違点

　ア　従来型救助法

　　　救助用ロープの2本合わせの設定や、支点など同一箇所でのカラビナの複数設定、滑車に対する補助カラビナの設定、さらには、懸垂ロープや展張ロープの設定等については結索箇所を2か所以上にすることなどにより、二重の安全が確保され、また、必要に応じて二次確保ロープが用いられる。

　イ　都市型救助法

　　　ロープのシングル使用が基本のため、メインとなる救助システムと同等のシステムを別系統で設定することにより確保される。すなわち、地物の破壊、ロープの切断及びヒューマンエラー等のアクシデントが発生しても、その別系統のロープがカバーをすることによって二重の安全が確保される。

(2)　従来型救助法と都市型救助法の関係性

　　従来型救助法と都市型救助法に優劣はなく、それぞれの性質を判断材料とし、状況に応じて選択又は組み合わせることにより複雑多様な現場活動に対応する。

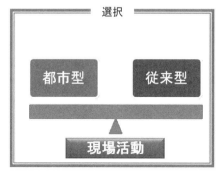
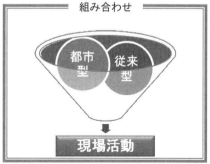

解　説

都市型救助法の二重の安全に関して
　都市型救助用資器材については、本来の山岳用資器材の使い方から更に安全面を考慮し活用している。山岳用資器材の場合は個人の責任で実施するのに対し、救助隊は職務として人命救助を実施するため、より安全を考慮した活動を実施しなければならないからである。この考えに基づいて、都市型救助法の二重の安全がとられているのである。

第 I 編

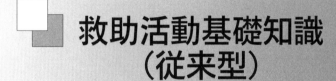

救助活動基礎知識
（従来型）

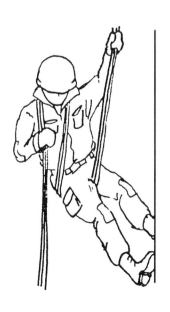

第1章　ロープ

1 − 1　救助用ロープ等の安全管理基準

1　管理する器具

(1)　救助用ナイロンロープ（以下「三つ打ちロープ」という。）

(2)　カラビナ

(3)　滑車

2　耐用年数

　管理する器具の耐用年数は、次のとおりとする。ただし、廃棄基準に該当した場合は、廃棄するものとする。

三つ打ちロープ	5年
カラビナ、滑車	永年

※　期間の算定は、使用を開始した年の4月1日から起算する。

3　廃棄基準

三つ打ちロープ	1　切り傷があるもの（深さ2mm以上の傷） 2　キンク等によりストランドの型崩れが著しいもの 3　熱や摩擦熱による繊維の融着があるもの 4　ストランドの谷間に異物（小石、鋼材片等）が混入して除去できないもの 5　押しつぶれがあるもの 6　薬品等により汚染があるもの
カラビナ	1　深さ1mm以上の傷があるもの 2　カラビナ本体にサビ等による腐食があるもの 3　カラビナ本体に磨耗又は変形のあるもの 4　安全環の操作がスムーズに行えないもの

	5　開閉かんの操作がスムーズに行えないもの 6　ピンが緩んでいるもの 7　高所から落下させた等強い衝撃を受けたもの
滑　　　　車	1　高所から落下させた等強い衝撃を受けたもの 2　ローラーの回転がスムーズでなく、軸の磨耗が予測できるもの 3　ローラー軸を固定するナット又はピンに緩みがあるもの 4　滑車本体にサビ等による腐食があるもの 5　滑車本体に磨耗又は変形があるもの

※　廃棄基準に該当した場合は、遅滞なく廃棄すること。

1－2　救助用ロープの基礎知識

　ロープは、それ自体の持つ工学的な強さと、取り扱う者の正しい知識・技量が組み合わされて初めてその特性を100％発揮する。しかし、取扱いを誤ると、意外と簡単に切断され、重大事故を引き起こすことがある。

　救助用ロープは、救助用資器材の中で活用頻度が高く、通常は付属器具（カラビナ、滑車等）と併用する。

　　★　ロープとザイル　ロープ（rope 英語）・ザイル（seil 独語）、ともに綱という意味。

1　ロープの種類

　現在使われているロープのうち主なものは、次のとおりである。

ロープの種類と用途

材　　質　　等	用　　途　　等
ナ イ ロ ン 製 （三つ打ちロープ）	救助用ロープ
ナ イ ロ ン 製 （編みロープ）	救助用ロープ　二次確保用ロープ　検索用ロープ
ポリプロピレン製	フローティングロープ　水難救助用
麻 　 ロ 　 ー 　 プ	三連はしごの引き綱
ワ イ ヤ ロ ー プ	チルホール用ワイヤロープ　かけ縄 救助用簡易起重機用ワイヤロープ

　　★　麻ロープ　三連はしごの引き綱に使用されるのは、耐熱・吸水性に優れていることによる。
　　★　ワイヤロープ　（1－5「ワイヤロープ」参照）

Q&A

　ロープの呼び方は、いろいろあって分かりにくい。材質等に着目すると、どのように分類されるのか？

　ロープは次のように分類できる。

ロープの材質

素 材 等	原 料 別		名 称
繊 維ロ ー プ	天 然 繊 維	マニラ麻	麻ロープ
	合 成 繊 維（化学繊維）	ポリアミド系繊維（通称ナイロン）	ナイロンロープ
		ポリプロピレン系繊維	フローティングロープ
鋼ロープ	鋼線		ワイヤロープ

2　ロープの特性　繊維ロープの性質（三つ打ち12mmロープ）

　この表から、ナイロンロープの強度と伸びが、特に大きいことが分かる。

ロープの特性

ロープ	単位質量	含水率	収縮率	切断荷重	伸度	比重	軟化点
マニラ麻	104.0g/m	28%	4.1%	11.5kN 11.5kN	13% 16%	約1.5	
ナイロン	86.5g/m	15%	1.3%	36.0kN 30.9kN	52% 51%	約1.1	180℃

（上段：乾燥時　下段：湿式時）（「平凡社百科事典」より）

【単位質量】ロープ１m当たりの質量のこと。

【含 水 率】ロープを水につけたときの質量増加の割合

【収 縮 率】ロープを30分間、熱水につけたのち、乾燥させたときの収縮割合

　　★　収縮の割合　実際の使用では、様々な条件から10〜15％ぐらい収縮することがある。

【切断荷重】引張試験機で徐々に力を加えていくとロープが切断する。この切断のときの力の大きさのこと。

【伸　　度】引張試験機で徐々に力を加えていくとロープが切断する。この切断のときの伸びを、初めの長さで割ったもの。

【軟 化 点】繊維が軟らかくなり、急激に強度が低下する温度のこと。

3 救助用ロープの選定

救助活動に用いるロープは、次の条件を満たしていなければならない。

(1) 強度が大きい。

(2) 弾力性に富み、衝撃荷重に強い。

(3) 柔軟性に富み、操作が容易である。

(4) 軽量である。

以上の条件から現在は、ナイロンロープ（三つ打ち12㎜）を用いている。

Q&A

救助用ナイロンロープの梱包用ダンボールに「Ｓマーク適合品」と記載されている意味は？

1　Ｓマークとは、「消費生活用製品安全法」に基づく「特定製品」が、国の認定基準に適合していることの表示である。Ｓマークのない「特定製品」は、販売が禁止されている。

2　登山用ロープ（身体確保用のもの）は、「特定製品」に該当する。

3　登山用ロープ（身体確保用のもの）の認定基準のうち主なものは、次のとおりである。Ｓマーク付の救助用ナイロンロープは、この認定基準に適合していることを示している。

(1)　呼び径 9 ㎜以上

(2)　所定の衝撃落下装置を用いて落下試験（80kg 2.5m）を行ったとき、 1 回目は、ロープの衝撃荷重が12.0kN（1,200kg）以下で、 2 回目に切断しないこと。

4 救助用ナイロンロープの構造

救助用ナイロンロープ（三つ打ち12㎜）の構造は、次のとおりである。

★ Ｔ社製「レスキュー用ナイロンロープ」の場合を例とする。

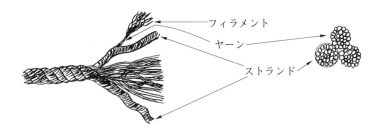

(1)　撚り方

　　救助用ナイロンロープ（三つ打ち12mm）は、原糸等を4回撚り合わせた後に、撚りが戻らないように加熱（110℃以上）されてでき上がる。

　ア　原糸（「マルチフィラメント」という※。）を2本撚り合わせる。

　イ　アの糸を3本撚り合わせて、単糸（「ヤーン」という。）を作る。

　ウ　単糸を25本撚り合わせて、子縄（「ストランド」という。）を作る。

　エ　子縄を3本撚りに撚り合わせて、ロープができる。

　　※　マルチフィラメントは、フィラメントを204本撚り合わせたもの。

　★　**Z撚り**　左撚りのこと。JIS規格でも、Z撚りが原則である。
　★　**S撚り**　右撚りのこと。

Z撚り　　　　　　　　　　S撚り

(2)　マルチフィラメント等の性質

　　マルチフィラメント等の性質は、次のとおりである。

ロープ構成各部の性質

区　　　分	太　さ	切断荷重	伸　度	軟化度	溶　点
マルチフィラメント	0.40mm	107N	16.7%	180℃	220℃
ヤ　ー　ン	0.97mm	678N	17.6%	同　上	同　上
ス　ト　ラ　ン　ド	5.8mm	15.05kN	25.0%	同　上	同　上
ロ　ー　プ （　）はJIS規格値	11.9mm （12mm）	36.00kN （28.00kN）	52.0%	同　上	同　上

　★　JIS規格　L2704

(3)　撚りと強度

　　ロープは、撚りを繰り返すと、表のように強度は低下する。したがって、撚りの程度は、ロープの実用上の強度と、扱いやすさを目安に決められる。

ロープの撚りと強度

区　　　分	換算本数	切断強度／1本	換算時の強度	割合
マルチフィラ メントに換算	$2 \times 3 \times 25 \times 3$ $=450$	0.11kN	$450 \times 0.11kN = 49.5kN$	100
ヤーンに換算	$25 \times 3 = 75$	0.68kN	$75 \times 0.68kN = 51.0kN$	105
ス ト ラ ン ド に　　換　　算	3	15.05kN	$3 \times 15.05kN = 45.2kN$	93
ロ　　ー　　プ	1	36.00kN	$1 \times 36.00kN = 36.0kN$	74

Q&A

ロープの製造会社を調べる方法は？
　ロープは、JIS規格によりロープに製造会社名を織り込むことになっている。
3本のストランドのうち、1本に製造会社名を記載したテープが織り込んであ
るので端末を切り取って調べればよい。

★　**テープによる表示**　JISでは、径20mm以上のロープについて義務づけられてい
　るが、それ以下の径でも織り込まれている。

1－3　救助用ロープの取扱い

1　強度の低下

　ナイロン製救助用ロープは、使用により磨耗・変形し、その強度が低下する。ロープの外観により強度の低下の程度を正確に判断することは困難である。

　実用上は、ロープの外観と引張強度試験の結果を関連づけて、強度を推定することが必要である。

　実際に使用している三つ打ちロープと廃棄予定の三つ打ちロープを使って引張強度試験を行った結果は次のとおりである。

ロープの強度　（ナイロン三つ打ち12mm）

区　　分	新　品	使用中のロープ	廃棄予定のロープ
外　　　　観	－	全体的に毛ばだっている。（すれ　中）	ストランドの谷が毛ばだちで埋まる。（すれ　大）
硬　　　　さ	－	柔らかさが残っている。	硬くてゴワゴワしている。
線質量（g/m）	87.0	86.5	98.2
リ ー ド（mm）	31.8	33.3	29.8
太　さ（mm）	11.9	12.03	12.81
切断強度（kN）	36.0	27.8　※（77）	23.2　※（64）

★　ロープ引張強度試験　（昭和63年2月24日　Ｔ社試験室にて実施したもの）

　【線質量】ロープの両端を18kgfの力で引っ張ったとき、ロープ1m当たりの質量

　　★　18kgfの意味　初荷重といい、ロープのたるみをとるために、測定時にかける荷重（JIS L2704）

　【リード】ロープの両端を18kgfの力で引っ張ったとき、ロープのストランドの1回の撚りの長さ

※　切断強度の欄の（　）内は、新品を100としたときの割合を示す。一般にロープは、使用するにつれて次のように変化する。

⑴　カラビナ等との摩擦によりフィラメントが切れ、毛ばだつ。

⑵　ストランドの崩れや、ロープの縮み等によりロープは太くなる（線質量も

増加する。)。

(3) ロープの縮み等によりロープは硬くなる（引張試験の結果は、縮みの影響もあり、見かけ上、よく伸びるように表れる。右図参照）。

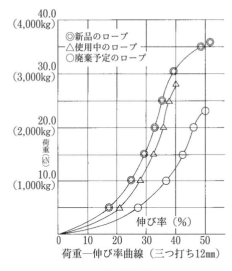

荷重—伸び率曲線（三つ打ち12mm）

ロープの伸び率

2　強度の低下の要因

ロープの強度を低下させる要因は、次のとおりである。使用にあたっては、複数の要因が重なり合ってロープの強度を低下させるので、安全管理上、特に注意する必要がある。

(1) 結索

ロープは、結索すると、結索部分の強度が結索前の強度と比べて低下する。引張強度試験の結果は、次のとおりである。

結索部分の強度　　（ナイロン三つ打ち12mm）

区　　分		新品のロープ	使用中のロープ	廃棄予定のロープ
結索前の強度		36.0kN	27.8kN	23.2kN
結索部	もやい結び	21.4kN（59%）	17.6kN（63%）	12.7kN（55%）
	巻き結び	25.0kN（69%）	19.6kN（71%）	15.1kN（65%）

★　ロープ引張強度試験（結索）（昭和63年 2 月24日　T社試験室にて実施したもの）

※　×印は、ロープの切断箇所を示す。

※　切断強度の欄の（％）は、結索前の強度を100としたときの割合を示す。

※　実験は 2 回ずつ行ったが、値はほぼ同じで再現性はよい。この結果から次のことがいえる（数値は平均値）。

　ア　結索による強度の低下は、ロープの程度にかかわらず結索の形によりほぼ一定の割合で低下する。

　イ　結索の形の良否は、ほとんど影響しない（引張により、締まるところまで締まってから切れるため。）。

　　★　強度試験時に限る。現場や訓練時には、形を整えた結索を行う。

結索部分の強度の目安は？
先の実験や文献から、次のようにいえる（結索前の強度を100とする。）。

結索部分の強度

結索の種類	強度の割合	結索の種類	強度の割合
本　　　結　　　び	45〜55	ふた回りふた結び	60〜65
二 重 も や い 結 び	45〜60	巻　　き　　結　　び	65〜75
も　や　い　結　び	50〜60	フ ュ ー ラ ー 結 び	70〜80

※　巻き結びは、半結びをとっていないと切れる前に結びが解けてしまう。

★　結索の強度（参考資料）　「救助ロープの研究について」東京消防庁消防科学研究所報　№.17（1980）、「登山用ロープ、ナイロンの適正使用方法」需品補給処技術資料（1976）、「近代消防戦術」

(2)　キンク（よじれ）

　ロープがねじれたり、撚りが戻ると強度が低下する。ロープを展張する際、ロープを自然にさばき、キンクを作らないようにする。

　キンクにより、強度は10〜20％低下する。

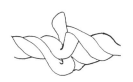

撚りの戻りとキンク

(3)　せん断

　　ロープに荷重をかけたままコンクリート等の角でこするとナイフで切ったように簡単に切断される。これをせん断という。特に横方向のこすれに弱い。

　　コンクリート角（90°）で60kgfの荷重をかけた場合0.3m横滑りさせただけで切断した。角に当て布をする効果は、極めて大きい。

(4)　すれ傷

　　ロープは、カラビナ等との摩擦によってすれ傷を生じる。すれ傷によりフィラメントが切断する（毛ばだつ）ので、ロープの強度が低下する。

　　★　ロープ同士のこすれ　ロープとロープがこすれあうと傷みが激しいので注意する。

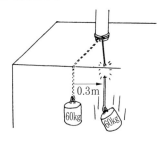

ロープのせん断

Q&A

毛ばだったロープの強度の目安は？

1	ストランドの谷がはっきり判別できる。	90〜80%
2	ストランドの谷が埋まっていない。	80〜70%
3	ストランドの谷が部分的に埋まっている。	70〜60%
4	ストランドの谷が全体的に埋まっている。	60〜50%

(5)　吸水

　　ロープが雨水等で濡れると強度が約15%低下する。乾燥すれば強度は回復するが、縮みが生じ、硬くなる。結索による強度低下と重なると、著しい強度低下を招くので不用意にロープを濡らさない。

(6)　紫外線（日光）

　　ロープを長期間、日光にさらすと、硬くなるとともに強度が低下する。ロープは使うときに出し、使用のたびに収納するようにする。

　　屋外における強度低下は、次のとおり。

ロープの強度低下　（ナイロン三つ打ち12mm）

区　分	新　品	野　外　暴　露				
		3か月	6か月	1年	2年	3年
強　度（kN）	36.0	32.0	31.0	29.0	25.0	23.0

　　★　耐候性試験　「各種繊維ロープの耐候性について」三河繊維研究資料 Vol. 22 No. 3（1973）

(7)　異物混入

　　砂等がロープに付着し、荷重をかけたときにロープ内にくい込み、フィラメントやヤーンを切断して、強度低下を招くことがある。したがってロープを引きずったり、靴で踏みつけたりしない。

(8)　繰り返し疲労

　　荷重をかけたり、除いたりを繰り返すと、永久歪みが生じ、強度が低下することがある。

ロープの繰り返し疲労試験　（引張荷重10kNで100回）

繰り返し疲労試験（三つ打ち12mm）		
100回繰り返し直後の伸び	切　断　強　度	切断時の伸び
8.5%	31.1kN	36.0%

3　ロープの安全率

　　ロープの安全率は、次のとおりとする。

(1)　人命に影響する場合　10以上

(2)　人命に関係ない場合　6以上

　　★　**安全率**　労働安全衛生規則（昭和47年労働省令第32号）第216条ワイヤロープの定めを準用

Q&A

ロープの安全率の求め方は？
次式のとおり
安全率＝（結索部の切断強度）÷（ロープにかかる最大荷重）
1　ロープは、結索部が一番弱いので、通常は、結索部の強度を考えればよい。
2　カラビナを使用するときは、カラビナの強度と比較して、弱い方で考える。
3　毛ばだっているが、ストランドの谷が埋まっていないロープを救助ロープに使って、図のように担架を引き上げる場合、2(4)Q＆Aの強度の目安から

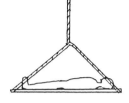

　救助ロープの強度＝36.0（新品のロープ）×0.7＝25.2
　　　　↓
　結索部の強度＝25.2×0.5（もやい結び）＝12.6
　　　　↓
　安　　　全　　　率＝12.6÷0.8（体重＋単価kN換算）＝15
　　　　↓

安全率が10以上であるから使用可能ということになる。

ロープを2本（ダブル）で使用する場合の強度は？
　ロープをダブルで使う場合、強度は2倍にはならない。伸び率が部分的に違うためで、強度は約1.7倍となる。

4　ロープの正しい取扱い

　ロープの取扱いにあたっては、次の点に注意する。
(1)　ロープの強度を考慮し、目的に応じて使い分ける。
(2)　柱、窓枠、壁体の角部等にロープが当たるときは、必ず当て布をする。
(3)　ロープとロープを直接こすり合わせるような使い方をしない。
(4)　ロープを引きずったり、踏みつけたりしない。
(5)　ロープにカラビナを掛けるときは、ゲートを大きく開き、ロープを傷つけない。
(6)　キンクを作らないように整理・収納する。

5　ロープの保管

　ロープの保管にあたっては、次の点に注意する。
(1)　汚れが著しい場合は、中性洗剤で洗い、よく乾燥させて保管する。
(2)　直射日光が当たらず、風通しの良い場所に保管する。
(3)　ロープの上に重量物を載せない。
(4)　油や薬品を近くに置かない。特に酸（バッテリー液等）に弱い。

Q&A

ロープが切れるときの状況は？
　ロープは、正しい使い方をすれば切れることはないので、引張強度試験での切断の状況を参考までに述べる。
　1　バチッバチッという、引き絞るような緊張音を生ずる。
　2　ロープの繊維間の摩擦により、煙や異臭を生ずる。
　　上の1又は2を感じたら、それが切断の兆候である。そのまま引き続けると「バーン」と大音響を発してロープが切断する。

6　ロープの基本的取扱い

(1)　ロープの収納方法

　　ア　キンクを取り除き、交互にロープを引く。

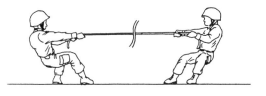

　　イ　一ひろ巻きにする。

　　　★　一ひろ　両手を左右に広げたときの両手先の間の距離をいう。

　　　★　下図のロープの端末処理では、本結びをとっているが、これは搬送中・車載中
　　　　の型崩れを防止するためのもので、省略してもかまわない。

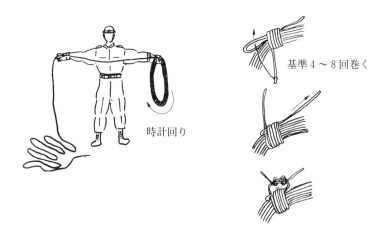

時計回り

基準4～8回巻く

(2)　ロープの切断方法

　　ア　切断箇所にビニールテープを巻く。

　　イ　切断する。

　　ウ　切断口を加熱して溶融させ、フィラメントを固める。又は、瞬間接着剤
　　　　によりフィラメントを固める。

1－4　結索法

　救助活動にはロープの結索が伴う。目的に合った正しい結び方ができなければ、人命に直接危険が及ぶこともありうる。ここでは、救助活動に必要な基本的結索法について述べる。

1　結索の基本

　結索の基本は、次のとおりである。
(1)　目的に合った結索を選択する。
(2)　正確に結ぶ。
(3)　結索後の確認を行う。

2　結索の条件

　救助活動に用いる結索の条件は、次のとおりである。
(1)　確実な結びで、自然に解けることがない。
(2)　簡単に早くできる。
(3)　解くことが容易。

3　結索の種類

　結索は、その目的・働き・形から次のように分類される。

種　別		名　　　称	備　　　考
基本結索	結節	半結び とめ結び ひと結び 8の字結び フューラー結び ちょう結び 二重もやい結び 三重もやい結び	結び目・節・輪を作ること。
	結着	巻き結び もやい結び コイル巻きもやい結び ふた回りふた結び	ロープを物体又は人体に結びつけることで、吊り上げ・吊り下げ・ロープの展張・懸垂ロープの設定等に用いる。

		プルージック結び	
	結合	本結び ひとえつなぎ ふたえつなぎ	ロープの両端又は2本のロープをつなぎ合わせるときに用いる。
身体結索		二重もやい結び身体結索 三重もやい結び身体結索 コイル巻きもやい結び身体結索	基本結索を応用して、要救助者又は救助隊員等の身体確保として用いる。
器具結索		（6　「器具結索」参照）	基本を応用して、器具の確保を行う結びをいう。

★　**基本結索**「消防救助操法の基準」（昭和53年消防庁告示第4号）では、このほかに「節結び」、「錨結び」がある。

このほかに救助活動には、次の結索を用いる（総称して「特殊結び」と呼ぶ。）。

特殊結び

種　別	名　　称	別　　称
結　　着	トラック結び	
身体結索	座席一 座席二 救助結びA ゼルプストザイル 巻き結び身体結索 背負い法	降下結びA リペリング降下結び又は降下結びB
その他の結索	運搬綱 とめ結び又は8の字結びの連続結索 非常線結び	節結び

4　基本結索

基本結索の使用目的、結び方は、次のとおりである。

(1)　結節

ア　半結び

ロープの結合・結着などの結び目を更に確実にするために用いる。

★　単独では使えない。

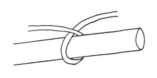

イ　とめ結び

　　ロープの端から撚りが戻るのを一時的に防いだり、ロープに節を作る必
　要のあるときに使う。

ウ　ひと結び

　　とめ結びの容易な方法として用いる（節結びは、ひと結びの用途とは異
　なるがこれの連結したものである。）。

エ　8の字結び

　　樹木やフック等に引っ掛けて、引き締める場合などに用いる。

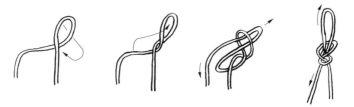

オ　フューラー結び

　　ロープで輪を作る最も簡単な方法であるが、力が加わると締まって、解
　きにくくなる。

カ　ちょう結び

　ロープの中間に輪を作るときに用いる。人力でロープを展張する場合に使う。結び目にトグルを差し込むと力がかかっても締まらず、解きやすい。

　★　**トグル**　円錐形の丸棒のことをいう。タッグルともいう。

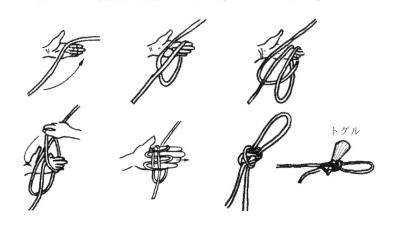

キ　二重もやい結び

　ロープの中間に輪を作る場合や、要救助者の吊り上げ又は吊り下げに用いる。

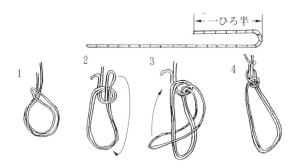

ク　三重もやい結び

輪を三つ作る結びで、要救助者の吊り上げ又は吊り下げに用いる。

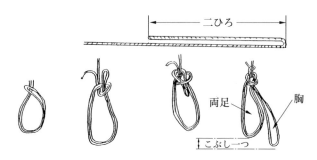

(2)　結着

ア　巻き結び

ロープを展張したり、垂らすときに支持物に結びつける結びとして多用する。物の吊り上げ等にも使う。

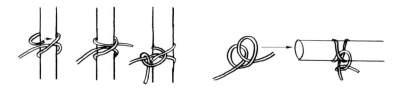

イ　もやい結び

結びやすく、解きやすい結び方として多用される。

ウ　コイル巻きもやい結び

要救助者等の救出又は隊員の命綱として用いる。

★　身体に巻く場合、巻く回数を増やせばそれだけ苦痛は減る。

★　半結びで必ずとめる。

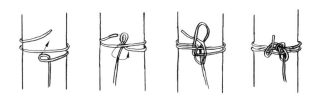

エ ふた回りふた結び

　ロープの端末又は途中の部分で施設に係留する場合で、展張ロープ及び懸垂ロープの結着等に用いる。

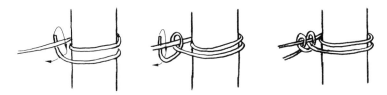

オ プルージック結び

　結び目に力が加わると結び目が起き上がり、移動しなくなる結びで、この性質を利用して、ロープの登はん・救助ロープ等の補助確保として用いる。

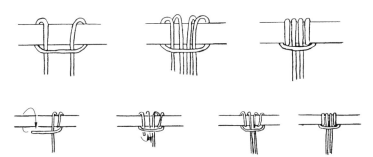

(3) 結合

ア 本結び

　同じ太さのロープを結び合わせるのに適している。

イ　ひとえつなぎ

太さや材質の異なったロープをつなぎ合わせるときに使う。

（太いロープ）

（細いロープ）

★　二つ折りになったロープの側には半結びを、他の端にはひと結びをとる。

ウ　ふたえつなぎ

太さや材質の異なったロープをつなぎ合わせるときに使う。ひとえつなぎよりも抜けにくい。

（太いロープ）

（細いロープ）

★　二つ折りになったロープの側には半結びを、他の端にはひと結びをとる。

5　身体結索

身体結索の使用目的・結び方は、次のとおりである。

(1)　二重もやい結び身体結索（救助結びB）

要救助者の吊り上げ、吊り下げに利用する。また、立て坑等への進入時の隊員確保用として使うこともできる。

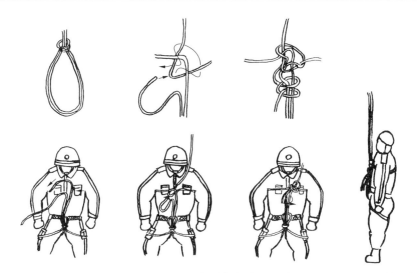

★　胸部の締め込みが緩いと、結着部（本結び）が下方へずれてしまうおそれがある。

(2)　三重もやい結び身体結索

　比較的作業幅員の広い場所での要救助者の吊り上げ、吊り下げに利用する。

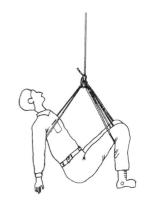

(3)　コイル巻きもやい結び身体結索

　高所における作業、その他一般的に命綱として用いる。

6　器具結索

器具結索の要領は、次による。

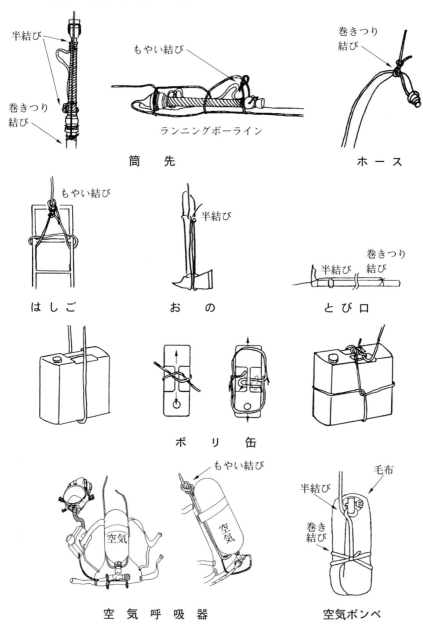

半結び

巻きつり結び

もやい結び

ランニングボーライン

筒　先

巻きつり結び

ホ　ー　ス

もやい結び

はしご

半結び

お　の

半結び　巻きつり結び

とび口

ポ　リ　缶

もやい結び

空気

空気

空気呼吸器

毛布

半結び

巻き結び

空気ボンベ

★　空気呼吸器のもやい結び・半結びは、ボンベ頭部より上に出さない（本体がひっくり返ることがある。）。

★　空気ボンベに毛布、布等を巻くのは、ボンベがコンクリート等と接触し、火花を出さないようにするため。

7　特殊結びの要領

(1)　結着

　　トラック結び

　　荷物等を緊縛するときに用いる。

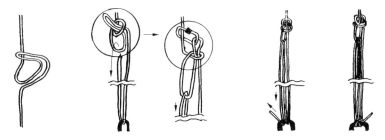

(2)　身体結索

　ア　座席一（降下結びＡ）

　　　降下するとき、身体確保のため、腰部に行う結び方である。

　イ　座席二（降下結びＢ）

　　　降下するとき、身体確保のため、腰部に行う結び方である。

　　★　後部へ回して結ぶ半結びは、腰骨より後ろでとる。

　　★　アの本結びに半結びはいらないが、イの本結びには半結びをとってとめる。

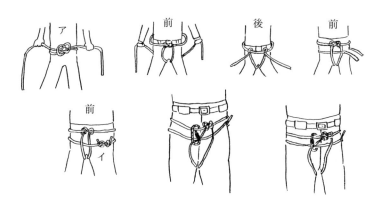

ウ　救助結びA

要救助者の吊り上げ・吊り下げに利用する。

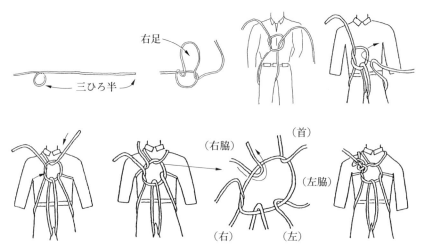

エ　ゼルプストザイル

要救助者・救助隊員の身体確保や救助資器材を携行するときに使う。

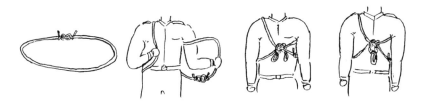

オ　巻き結び身体結索

　横坑への進入等、ほふく姿勢で進入しなければならないときに、救助隊員の身体確保に使う。

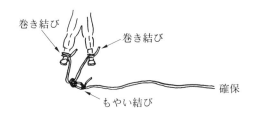

カ　背負い法

(3)　その他の結索

ア　運搬綱

イ　ひと結び又はとめ結びの連続（節結び）

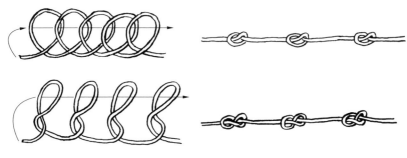

ウ　非常線結び

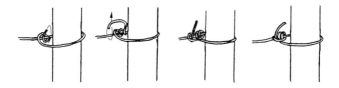

8　小綱の携行

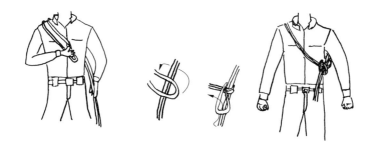

1－5　ワイヤロープ

1　構　造

　ワイヤロープは、素線の構造により23種類（1～23号）に区分されるが、現在主に使用されているのは、4・6・18号品の3種類である。

★　種類　JIS G3525

ワイヤロープの種類

区　　分		4号品	6号品	18号品
用　　　　　　　途		かけ縄	救助工作車のウインチワイヤロープ	チルホール用ワイヤロープ
構　成	記　　号	6×24	6×37	7×7＋6×Fi {1＋7＋(7)＋14}
	中　　心	繊維芯（グリースを含浸させた麻ロープ）		ストランド芯（素線に7本からなるストランド7本を撚り合わせたワイヤロープ）
	ストランド	同一の太さの素線を24本撚り合わせたもの	同一の太さの素線を37本撚り合わせたもの	1本の素線を中心に7本の内層線と7本のフィラー線を撚り、その上に14本の外層線を撚り合わせたもの
ストランドの撚り方		普通撚り		
ロープの撚り方		Z撚り		
メッキの有無		メッキしていない（裸）		亜鉛メッキ
断　面　図				
特　　　　徴		一般品で柔軟性に富み、取り扱いやすいが、偏平しやすい。		中心もワイヤロープであるため圧縮に強い。

★　Fi　外層素線を内層素線数の2倍として、内外層間に内層と同数のフィラー線を入れた形。
★　普通撚り　ストランドの撚り方向と、素線の撚り方向が反対の撚り方をいう。
★　ラング撚り　ストランドの撚り方向と、素線の撚り方向が同じ撚り方をいう。（特殊用途用）
★　Z撚り（1－2「救助用ロープの基礎知識」参照）

普通Z撚り　　　　　　ラングZ撚り

2　強　度

(1)　ワイヤロープは、ナイロンロープの約2.5倍（4号品の場合）の強度を有し、また、伸びも小さい。

ワイヤロープの強度

ロープの径（mm）	切断荷重（規格）（kN）			ロープの径（mm）	切断荷重（規格）（kN）		
	4号品	6号品	18号品		4号品	6号品	18号品
8.0	32.1	34.6	41.5	12.0	72.2	77.9	93.4
9.0	40.6	43.8	52.5	12.5	78.4	84.5	101.0
10.0	50.2	54.1	64.8	14.0	98.3	106.0	127.0
11.2	62.9	67.9	81.3	16.0	128.0	138.0	166.0

★　強度　JIS G3525 素線の種類がA種の場合

(2) 実際試験結果例（4号品12㎜の場合）

　ア　JIS G3525　4号　6 ×24％

　　　12φ A種

　イ　実際ロープ切断荷重　　　　76kN

　ウ　実際ロープ径　　　　　　　12.5㎜

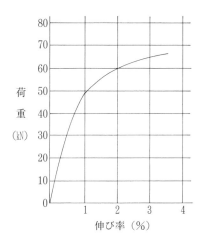

3　取 扱 い

(1)　ロープの端末加工

　　ア　ロープの端末に作った輪を「アイ」といい、次の種類がある。

ロープの端末加工

加工法	アイスプライス	圧縮止め	クリップ止め	ソケット止め
方　　法	端末を編み込む方法	端末を折り返して合金ソケットで圧着する方法	端末を折り返してUボルト・ナットで締めつける方法	端末を折り返して合金ソケットで溶着する方法
強　　度	79～95	95	80～85	100

　　★　クリップ止め　JIS B2809

　　★　「アイ」の強度は、ロープの引張強度を100とした場合。

　イ　シーブ「アイ」の内側に入れる補助用金具

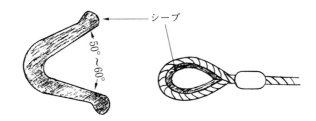

シーブ

50°〜60°

(2)　ロープの巻き方

　　　ロープを巻くときには、次のことに注意する。

　ア　キンクを作らない（強度が半減する。）。

　イ　鋭角に曲げない（ストランドが崩れ強度が低下する。）。

　ウ　砂等をかませない。

(3)　安全率

　ア　作業時の安全率は、次のとおりとする。

ワイヤロープの安全率

作　業　内　容	安　　全　　率
玉　　掛　　け	6
巻　き　上　げ	6
作　業　索　用	4

　イ　不適格なロープの使用禁止（労働安全衛生規則第217条）

　　　次のワイヤロープは、使用してはならない。

　㋐　素線の10％以上が切断している場合

　㋑　キンクしたもの

　㋒　著しい型崩れ又は腐食のあるもの

Q&A

救助工作車のフロントウインチの最大引張荷重は？

1　一般的に50kNのものが多い。

2　上記の50kNは、ドラムに一層だけ巻いた状態での最大引張強度である
（ドラムにワイヤロープを巻くほど、引張力は、小さくなる。）。

3　50kNを超えると、ウインチの軸受けにあるシャーピンが破断し、操作不
能となる。

第2章　ロープの設定

2 - 1　支持点・支点の作成

　救助活動では、ロープを工作物等に結着したり、カラビナに通してロープの伸びる方向を変えて使用する。これらの箇所を支持点又は支点と呼ぶ。

1　支持点

　懸垂ロープを結着する箇所（「懸垂点」という。）や、展張ロープを結着する箇所（「係留点」という。）を総称して、支持点と呼んでいる。

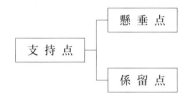

2　支点

(1)　カラビナ、滑車等を介して、ロープの伸びる方向（つまり「力」の方向）を変える箇所を支点と呼んでいる。

(2)　支点では、カラビナ等とロープの摩擦により、抵抗力が生じる。

　　★　**カラビナ・滑車**（第3章3 - 1「カラビナ等」参照）

3　支持点・支点の作成

　支持点・支点は、ともに次の要素を組み合わせて作成する。

(1)　十分な強度を持つ構造物、工作物、樹木等（これらを一般的に「地物」という。）

(2)　小綱等を使った結索

(3)　カラビナ等

4　支持点の作成

支持点の代表的な作成方法は、次のとおりである。

支持点の作成

区分	構　　　　成	作　成　要　領
懸垂点		懸垂ロープで直接、地物に結着する（巻き結び＋半結び、ふた回りふた結び、もやい結び＋半結び、コイル巻きもやい結び＋半結び）。
		地物にロープを回すのみの設定 下でロープの回収が容易
係留点		展張ロープで直接、地物に結着する（巻き結び＋半結び、ふた回りふた結び、もやい結び＋半結び、コイル巻きもやい結び＋半結び）。

　★　結索の強度（第1章1－3「救助用ロープの取扱い」参照）

5 支点の作成

支点の代表的な作成方法は、次のとおりである。

支点の作成

構　　　　成	作　成　要　領
	小綱2本を抱き合わせて（ダブル）、地物に結着する（巻き結び＋半結び）。 小綱1本を折り返して使うときは（ダブル）、片方がプルージックも可とする。 カラビナは、中2本のロープに2枚（ダブル）掛ける。
	小綱2本を抱き合わせて（ダブル）、地物に結着する（巻き結び＋本結び）。 カラビナをダブルで掛ける。 カラビナは、中2本のロープに2枚（ダブル）掛ける。
	小綱2本を抱き合わせて（ダブル）、もやい結びを作成する。長さを任意の長さとし、地物に結着する（巻き結び＋半結び）。 カラビナは、もやい結びに2枚（ダブル）掛ける。

★　強度試験の結果、カラビナが先に破損する。
★　巻き結びは、ロープが重ならないように作成する。

ポイント

1　支持点等の作成にあたっては、安全率を考慮する。
2　ロープを地物に結着するときは、ロープの損傷防止のため、当て布を設定する。
3　支点のカラビナは、O型環付きカラビナを使用する際は、2枚（ダブル）で使う。ダブルで掛けてカラビナの向きを変えて使うことを原則とする（安全確認にもなる。）。
4　支持点を作成するときは、控えをとること。
※　別系統でバックアップを設定可能な場合は、控えを省略できる。

6　支持点・支点の応用的作成

　高所・低所からの救助活動においては、支持点等をうまく作成できるかどう
かが一つのポイントである。

(1)　支持点等の条件

　ア　十分な強度を有すること

　イ　必要な活動スペースがとれること

　　★　ア・イの条件を満たす支持点等を作成するには、まず地物がア・イの条件を
　　満たしていることが必要である。

(2)　作成例

　ア　三連はしごの利用

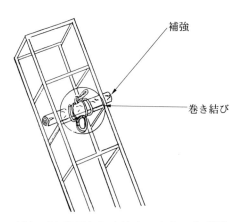

補強

巻き結び

はしごを利用した支持点・支点の作成例

　イ　単管・丸太等の利用

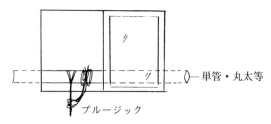

単管・丸太等

プルージック

窓枠等を利用した支持点・支点の作成例

ウ　構造物の利用

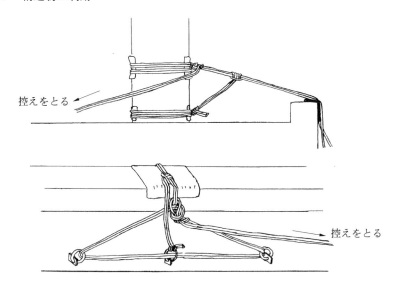

控えをとる

控えをとる

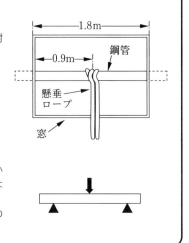

Q&A

鋼管の強度は、どれくらいか？

鋼管（SGP）の引張強度は、30kg/mm²、肉厚2.3mmとすると、この事例の場合、耐用強度は、次のようになる。

鋼管の直径	耐用の強度
48.6mm	2.47kN
60.5mm	3.94kN
76.3mm	7.67kN

1.8m

0.9m

鋼管

懸垂ロープ

窓

隊員1名が降下する場合、ロープにかかる荷重は、安全率を10として、7kNとなる。

48.6mmの鋼管ならば3本、60.5mmのものならば2本束ねて使用する。

★　SGP　水道用・ガス用に使用される鋼管 JIS G3452

2－2　懸垂ロープの設定

　懸垂ロープとは、要救助者の救助又は隊員の進入・脱出を目的に、支持点から下に垂らしたロープのことをいう。

1　懸垂ロープを使用した救助訓練

(1)　各種ロープ登はん訓練
(2)　各種降下訓練
(3)　高所からの救助訓練
(4)　その他の救助訓練
　　★　ロープの選定　　　（第1章1－2「救助用ロープの基礎知識」参照）
　　★　ロープの係留点　　（2－1「支持点・支点の作成」参照）

2　設定の原則

(1)　ロープは、2本抱き合わせて（ダブル）使用する。
(2)　結索や控えを作成するのに、十分な長さのロープを使用する。
(3)　懸垂点から降下地点まで、ロープが完全に届くこと（約2～3mの余長を残す。）。
(4)　懸垂ロープにプルージック結びで控えを作成する。
　※　別系統でバックアップを設定可能な場合は、控えを省略できる。

3　懸垂ロープの設定方法

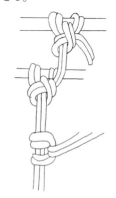

(1)　懸垂点に、ロープを結着する。
(2)　懸垂点と独立した地物等に、控えを作成する。
　　★　懸垂点が破損したときの控え
(3)　懸垂ロープに、プルージック結びを作成する。
　　★　切断時の控え
(4)　ロープを投下する。
　　★　投下袋を利用すると、ロープが絡まない。
(5)　ロープの絡みやねじれをとる。
　※　別系統でバックアップを設定可能な場合は、控えを省略できる。

4 各種懸垂ロープ設定例

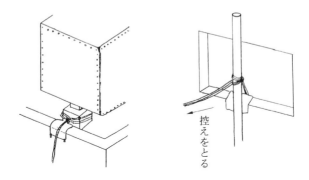

控えをとる

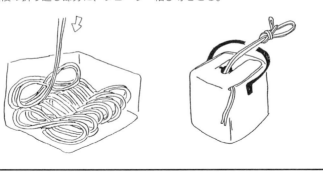

投下袋へのロープ収納方法は？

1 端末から折り返しながら入れ、キンクさせないように整理する。

2 最後の折り返し部分に、フューラー結び等をとる。

2－3　展張ロープの設定

展張ロープとは、渡過又は救助活動のために、水平又は斜めに張ったロープのことをいう。

1　展張ロープを使用した救助訓練

(1)　ロープ渡過訓練

(2)　要救助者の救助訓練

(3)　斜降下訓練

 ★　ロープの選定　　（第1章1－2「救助用ロープの基礎知識」参照）

 ★　ロープの係留点　（2－1「支持点・支点の作成」参照）

2　設定の原則

(1)　ロープは、2本抱き合わせて（ダブル）使用する。

(2)　ロープは、結索や控えを作成するのに十分な長さのものを使用する。

(3)　展張したときは、プルージック結びで控えを作成する。

3　展張ロープの設定方法

(1)　巻上機を利用した展張

 ア　係留物に当て布をして、ロープの一端を結着する。

 イ　巻上機を支持点に設定する（当て布を設定し、かけ縄を掛ける。）。

 ウ　ロープに控え分の余長とロープの伸びを考慮して、二重もやい結び等を作成する。

 エ　支持点と異なる地物等に、控えを作成する。

 オ　巻上機でロープを展張する。

 カ　展張ロープに、プルージック結びで控えを作成する（切断時の控え）。

  ★　結索位置　二重もやい結び等は、ロープの「伸び」を考慮して、展張距離のおおむね1/4倍程度のところで作成する。

  ★　約7kNの力で展張する。

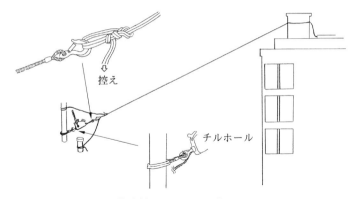

巻上機によるロープ展張

(2)　人力による展張

　ア　係留物に当て布を設定して、ロープの一端を結着する。

　イ　ロープの他端にちょう結び等を作り、トグルを差し込む。このとき、結
　　　びを作成する位置は、ロープの伸びを考慮する。

　ウ　結び目にカラビナを掛けて、展張してきたロープを係留物Bに回して、
　　　その索端をカラビナに通す。

　エ　上記ウで、カラビナに通したロープを引いて、展張強度を調整し、その
　　　索端を係留物Bに巻き、図のように巻き結びで処理する。

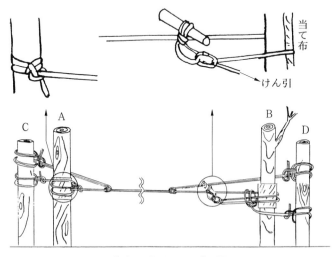

人力によるロープ展張

オ　係留物C・Dに、それぞれ控えを作成する。

カ　展張ロープに、プルージック結びで控えを作成する。

　　★　カラビナは2枚使用し、安全環が重ならないように反転させる。

　　★　前記イの結索については、他に二重もやい結び等がある。

(3)　車両を利用した展張

ア　車両の専用フックを使用し、控えは他の専用フック等に設定する。

イ　車両を後退させて展張し、サイドブレーキ及び輪止めを設定する。

ウ　展張し過ぎに注意する。その他は、(1)「巻上機を利用した展張」に準じる。

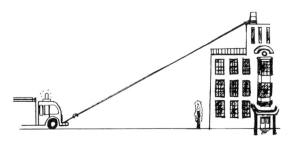

車両によるロープ展張

Q&A

展張力、約7kNの目安は？

1　経験的にも分かるようになるが、ロープの伸びを測定するのが確実

2　測定法

(1)　ロープを手で軽く引っ張り、1mの間隔を測り、印を付ける。

(2)　展張しながらロープの伸びを測定する。

　　★　新品のロープの場合　　　　約25%（印の間隔1.25m）

　　★　毛羽立ったロープの場合　　約30%（印の間隔1.30m）

　　★　ロープの伸び（第1章1－3「救助用ロープの取扱い」参照）

　　★　展張の張力測定　展張計という測定ゲージがある。

第3章 付属器具等

3 - 1 カラビナ等

1 カラビナ

　カラビナは、命綱（コイル巻きもやい結び）の一端のもやい結びにかけて、自己の安全確保に使用するなど、救助活動に欠かせないものである。

　　　★ **カラビナ**（Karabiner 独語）　登山用具。岩壁に打ち込んだハーケンとザイルを連結するために用いる、金属製の輪のこと。

（1）種類

　現在使用されている代表的なカラビナは、次の2種類である。

　ア　O型環付きカラビナ

　イ　変形D型環付きダブルロッキングカラビナ

　　　★ **カラビナの種類**　上記の他に、O型環無し・変形D環付き・変形D環無し・D型環付き・D型環無しなどがある。

（2）構造等

　製造メーカーにより多少差異があるが、次のような場合が多い。

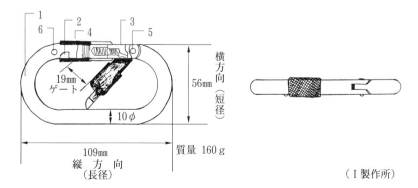

（I 製作所）

カラビナの構造と各部の名称・材質

No.	名　称	材　質　等	No.	名　称	材　質　等
1	本　　体	一般構造用圧延鋼材 SS41	4	安　全　環	同　左
2	キャッチ		5	ピ　　ン	ステンレス鋼 SUS430
3	開閉かん	いおう快削鋼　SUM23	6	パーカービョウ	炭素鋼線　SWCH 15R

※　名称は、「消防救助操法の基準解説」（消防庁消防課編）による。

※　No.6は、メーカーの呼び名である。

※　ＳＧマークの認定基準の参考付図では、「安全環」を単に「環」という。

　　★　ＳＧマーク　次ページのＱ＆Ａ参照

※　開閉かんは、内部に組み込まれたテコとバネの作用により閉じる。

※　カラビナの表面は、一般にニッケルクロムメッキが施されている。

(3)　強度

　　カラビナは、ＳＧマーク付きのものとそれ以外のものに大別できる。消防では一般に後者のカラビナが使われている。Ｏ型環付きカラビナの場合は、次の強度を有する。

カラビナの強度（Ｉ製作所製の場合）

区　　分	縦　方　向	横　方　向	破損箇所
メーカーの許容荷重	1.3kN	保証しない	―
引張強度試験による実測値	20.0～22.0kN	4.0kN未満	ピン部

　　★　カラビナの破壊　縦方向に引っ張った場合、①縦方向に伸びる ⇒ ②ピン部の破損（ピンが折れる、ピンが外れる）の順でカラビナが破壊する。

（注）　許容荷重（さまざまな使用条件を考慮の上算出した安全に使用可能な最大荷重）と破壊する荷重には、差が生じる。

Q&A

　ＳＧマーク付きのカラビナとは？
1　カラビナには、「消費生活用製品安全法」に基づき、製品安全協会による認定基準が定められている。
2　認定基準で定める強度とは、14.0kNの力で縦方向に引っ張ったときに、使用上支障のある永久変形等がなく、かつ、最大引張荷重は20.0kN以上と定められている。
3　基準に適合するカラビナには、ＳＧマーク、メーカーの名称、製造年、耐荷重が標示される。
4　前記(2)の材質のＯ型環付きカラビナでは、ＳＧマーク付きのものはない。
　★　変形Ｄ型環付きには、ＳＧマーク付きのものが多い。
　★　ＳＧマーク付きカラビナの本体材質（Ｏ型環付きの場合）は、ステンレス製のもの、機械用構造のものがある。
　★　Ｄ型の強度は、Ｏ型と比較して力が加わる点からピンまでの距離が長いため、Ｏ型と比べて強度が高い。

(4)　使用上の注意
　ア　カラビナは、縦方向に引く。
　イ　使用時には、必ず安全環を締める。引張強度試験による実測値によれば、安全環を締めない場合、約15.0kNの力で破壊する。
　　★　前記(3)と比較すると、約5.0kNの強度低下となる。
　ウ　変形したものは使用しない。
　エ　ロープにカラビナを掛けるときは、開閉かん及びキャッチ部でロープを傷つけないように掛ける。
　オ　カラビナにロープを巻くときは、右図のように巻く。
　カ　カラビナは、ロープとの摩擦により高温になるため、やけどに注意する。
　　★　斜降下（高さ15m、斜度35°、ロープの展張力7.0kN）に伴うカラビナの温度変化について、名古屋市消防局が行った実験結果は、次のとおりである。
　　　なお、降下時間は、条件１では平均3.56秒（標準偏差0.05）、条件２では平均3.18秒（標準偏差0.09）だった。

カラビナとロープの巻き方

　キ　カラビナ同士の連結は、ねじれる力が加わる場合は禁止とする。

斜降下時のカラビナの最高温度

荷　重　条　件	平　　　　　均	標　準　偏　差
条件1（体重75kg）	73.75℃	0.16
条件2（体重85kg）	86.30℃	1.60

★　リペリング降下（高さ15m）に伴うカラビナの温度変化について、名古屋市消防局が行った実験結果は、次のとおりである。
　　なお、降下時間は、条件1では平均3.53秒（標準偏差0.33）、条件2では平均2.74秒（標準偏差0.29）だった。

リペリング降下時のカラビナの最高温度

荷　重　条　件	平　　　　　均	標　準　偏　差
条件1（体重75kg）	110.70℃	0.40
条件2（体重85kg）	113.45℃	1.45

Q&A

カラビナを2枚重ねて使用するのはなぜか？

1　カラビナは、縦方向に使っていても使用中に回転し、横方向に引っ張られるときがある。
2　カラビナの横方向の強度は、縦方向に比べて極めて小さく、安全措置として2枚重ねて使用する。
3　カラビナの安全環が使用中に緩む場合があり、安全性を高めるため2枚重ねて使用する。
4　2枚重ねて使用するときは、環が重ならないように一方のカラビナを180°回転して使用する。
5　カラビナが横方向になるおそれがなく、強度的に1枚で十分なときは、重ねて使う必要はない。

2　シャックル

　シャックルは、ワイヤロープ又はナイロンロープの展張等に際して、連結用の金具として使用する。

★　**シャックル**　手かせ、足かせという意味
★　**シャックルの種類**　本体が丸くなっているものをバウシャックルという。

⑴　構造等

　ア　ストレートシャックルの形状と材質は、次のとおりである。

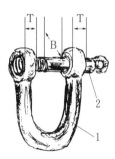

No.	名　称	材　質　等	型式
1	本　体	機械構造用炭素鋼材Ｓ25Ｃ、又は一般構造用圧延鋼材SS400	ＳＣ又はＳＤ
2	ボルト		

シャックル

- ★　ボルトには、六角ボルトのものもある。
- ★　ボルトの代わりにピンを用いるものもある。
- ★　ＳＣ型とＳＤ型は、次により区分する。
  - ＳＣ型　　B＝1.7T
  - ＳＤ型　　B＝2.0T

イ　強度

　　形により異なるが、強度はおおむねB（ボルト）とT（ボルト受け部、ボルト通し部）の太さで決まる。

ＳＤ型ストレートシャックルの強度

呼び径	T（mm）	B（mm）	使用荷重（kN）
10	10	20	5
20	20	40	20
30	30	60	45
40	40	80	80

- ★　JIS規格適合品には、使用荷重が記載又は打刻されている。
- ★　破壊強度に達したときには、ボルトのねじ部が壊れる。
- ★　シャックルは、本体が大きいものほど強度が高い。

(2)　使用上の注意事項

ア　使用荷重と使用方法に適したシャックルを選ぶ。

イ　ねじ込み式を使って絞りつりをするときは、ピンの方向を間違えない（次図参照）。

ウ　シャックル本体に、曲げの力が加わらないようにする（次図参照）。

エ　シャックルのねじ部は、ピンの回転により締まることがあるため、締め戻しをする。

オ　加熱や打撃による変形の修正をしたものは使用しない。

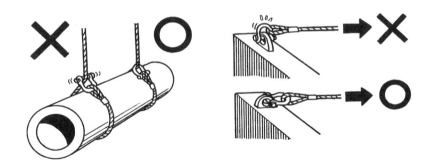

3　滑　車

　主として、低所からの引き上げ救助等に使用する。

⑴　滑車

　ア　構造等

　　12㎜三つ打ちロープダブル用の滑車の構造等は、次のとおりである。

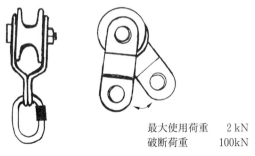

最大使用荷重　　2 kN
破断荷重　　　　100kN

滑　車

　イ　最大使用荷重は、救助隊員・その他の器具（空気呼吸器など）・要救助者の重量を考え、2 kNと設定している。

　　なお、ダブル用滑車の破断荷重は、メーカーでは、最大使用荷重の10倍以上となるように安全率をみている。

ポイント

使用に際しては、原則としてカラビナ3枚で補強をとる。

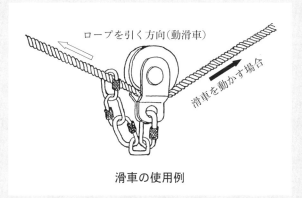

滑車の使用例

3－2　担　架

1　担架の種類

　現在、使用されている担架の種類は、次のとおりである。

(1)　平担架（東消型、軽量型）

(2)　バスケットストレッチャー

(3)　布担架

(4)　集団災害用担架（折りたたみ式担架）

(5)　バックボード

(6)　スクープストレッチャー

(7)　ハーフスケッドストレッチャー

(8)　バーティカルストレッチャー

2　平担架

(1)　特長

　ア　3か所のベルトにより、要救助者の身体縛着が容易である。

　イ　担架の帆布は、ナイロンを使用しており、簡単に水洗いができる。

(2)　仕様

全　　長	上枠　1.70m　下枠　1.85m
全　　幅	上枠　0.51m　下枠　0.55m
質　　量	約14kg
最大荷重	3kNでテストした結果、異常なし。

　★　型式　東京消防庁型　救助用担架G－0119

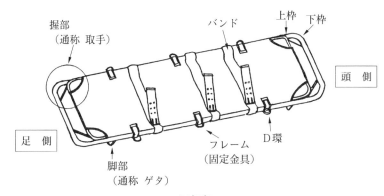

平担架

3　バスケットストレッチャー

(1)　特長

　　ア　固定バンドにより、容易に要救助者を縛着できる。

　　イ　軽量である。

(2)　仕様

全　　　長	2.16m
全　　　幅	0.61m
質　　　量	12.3kg
最大荷重	2.722kN
深　　　さ	0.18m
許容温度	−4.4〜55℃
材　　　質	主枠　アルミ合金パイプ 本体　ABS（ポリエチレン）樹脂

取手　　固定バンド　　パッド

フットレストストラップ

頭　側

フットレスト

カラー

メインフレーム

足　側

ナイロンロープ　　　　本体

バスケットストレッチャー

★　パッドは、要救助者の保温、ショックの緩和として張られている。

4　集団災害用担架（折りたたみ式担架）

(1)　特長

　ア　集団災害時等に、よく使用される担架である。

　イ　折りたたんで収納できるので、場所をとらない。

(2)　仕様

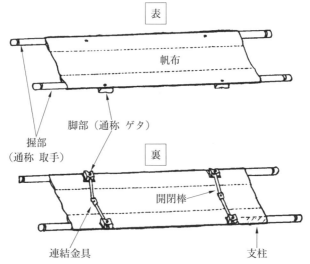

表

帆布

脚部（通称　ゲタ）

握部
（通称　取手)

裏

開閉棒

連結金具　　　　　　　　　　支柱

集団災害用担架（折りたたみ式担架）

5　バックボード

(1)　特長

　　外傷傷病者等の脊椎運動制限が可能

(2)　仕様

全　　長	1.83m
全　　幅	頭部側　0.41m　　足部側　0.24m
質　　量	5.8kg
最大荷重	1.59kN
厚　　さ	0.45m

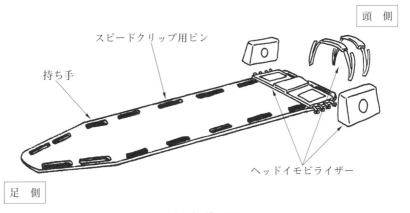

バックボード

6　スクープストレッチャー

(1)　特長

　ア　外傷傷病者等の脊椎運動制限が可能

　イ　フレームを分離し傷病者をすくい上げる構造で、傷病者の動揺を最小限に抑えることができる。

(2)　仕様

長　　さ	最長　2.02m　　最短　1.65m　　折畳時　1.2m		
全　　幅	0.44m		
質　　量	8.9kg		
最大荷重	2.27kN		
厚　　さ	0.07m		

スクープストレッチャー

7　ハーフスケッドストレッチャー

(1)　特長

　ア　震災時等に狭所空間から要救助者を保護し、搬送するために使用される。

　イ　搬送時は丸めることができるため、狭所への搬入が容易

(2)　仕様

長　　さ	全長　1.22m　　収納時　1.0m（直径20cm）		
全　　幅	0.91m		
質　　量	3.18kg		
融解温度	232℃		

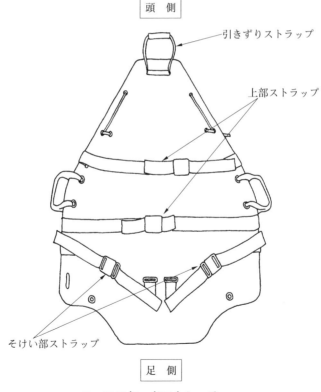

ハーフスケッドストレッチャー

8　バーティカルストレッチャー

(1)　特長

　ア　水平、垂直の吊り上げ（下げ）設定が可能

　イ　軽量コンパクトで携行性に優れている。

　ウ　狭所空間での活用に対応できる。

(2)　仕様

全　　　長	展開時　2.02m　　収納時　0.8m	
全　　　幅	展開時　0.74m　　収納時　0.35m以下	
質　　　量	8.1kg（本体重量7.5kg）	
最大荷重	水平　3.5kN　　垂直2.5kN	
材　　　質	芯材　　ポリエチレン製シート	
	外カバー　ナイロンコーデュラ	

頭　側

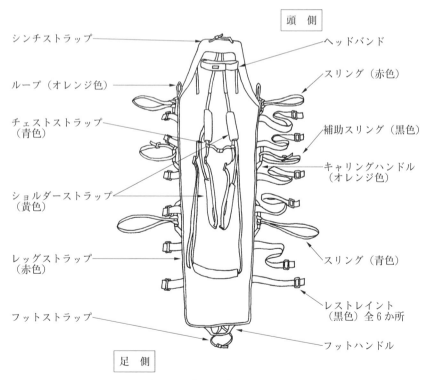

シンチストラップ

ヘッドバンド

ループ（オレンジ色）

スリング（赤色）

チェストストラップ
（青色）

補助スリング（黒色）

キャリングハンドル
（オレンジ色）

ショルダーストラップ
（黄色）

スリング（青色）

レッグストラップ
（赤色）

フットストラップ

レストレイント
（黒色）全6か所

フットハンドル

足　側

バーティカルストレッチャー

種　類	長さ（実寸）	性　能
補助スリング （黒色）	11〜43cm	
スリング （赤色）	48cm	使用荷重 400kg
スリング （青色）	63cm	破断荷重 3,400kg

(3)　注意事項

　　ア　はしご水平救助第一法での使用は禁止とする。

　　イ　バックボード及びスクープストレッチャーとの併用は禁止とする。

　　ウ　資器材保護の観点から、可能な限りアウタースキッドを設定する。

第4章　確　保

4 − 1　衝撃荷重と墜落制止

1　墜　落

　高所より墜落した場合、衝撃により人体には多大な影響を及ぼす。その衝撃は大きく分けて2種類存在する。

⑴　地面へ直接墜落した場合

⑵　自己確保ロープに急激に荷重がかかった場合

2　衝撃荷重

　衝撃による力（以下「衝撃荷重」という。）は、以下の計算式で表すことができる。

⑴　地面へ直接墜落した場合

　　コップを硬いコンクリートの床に落とせば、粉々に割れる。一方、軟らかいスポンジの上に落としても割れないことがある。これは衝突面の軟らかさや変形のしやすさにより、受ける力が異なるからである。この衝突面の変形のしやすさを、ばね定数 k で表した場合の衝撃荷重は、以下の計算式で示すことができる。

　　衝撃荷重　$F = \sqrt{2ghmk}(N)$

$$\left[\begin{array}{ll} g = 重力加速度〔9.8m／s^2〕 & h = 落下高さ〔m〕 \\ m = 物体の質量〔kg〕 & k = 衝突面のばね定数〔N／m〕 \end{array}\right]$$

　　体重65kgの隊員が、高さ7mの訓練塔上から、厚さ0.5mの安全マット（k = 25,000N／mと仮定）上に飛び降りた場合を計算すると、1,468kgf（約14.4kN）と計算できる（隊員の膝及び腰での衝撃吸収力は、計算式から除外。）。

⑵ 自己確保ロープに急激に荷重がかかった場合

自己確保ロープで墜落を止めた瞬間にも、人体には短時間に強い衝撃がかかる。

アメリカのオハイオ州立大学で、犬を使った実験の結果、1,814kgf（約17.7kN）の衝撃では、必ず障害を引き起こすことが判明した。このことから、人体についてはその半分の907kgf（約8.9kN）を限界とするように結論付けており、これを受けて日本では、人体の安全限界を900kgf（約8.8kN）とすることとなっている。

なお、ロープでの衝撃荷重は以下の計算式で示すことができる。

$$\text{衝撃荷重}\quad F = mg\left(1+\sqrt{1+\dfrac{2fk}{mg}}\,\right)$$

$$\left[\begin{array}{ll} m＝体重〔kg〕 & g＝重力加速度〔9.8m／s^2〕 \\ f＝落下係数 & k＝ロープ係数 \end{array}\right]$$

3 墜落制止

直接地面に墜落した場合は、人体には多大な影響を及ぼすことから、必ず自己確保等により墜落制止の措置を行わなくてはならない。

また、自己確保を設定していても墜落には衝撃が伴うことを念頭に置き、正しく設定すること。

Q&A

落下係数とは？

落下係数とは、ロープの長さと落下した距離の比率であり、数字が大きいほど激しい墜落を表す。

$$\text{落下係数} = \frac{\text{落下距離}}{\text{ロープの長さ}}$$

（例）　2mの自己確保ロープを使用した場合

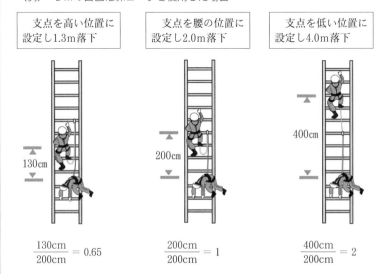

| 支点を高い位置に設定し1.3m落下 | 支点を腰の位置に設定し2.0m落下 | 支点を低い位置に設定し4.0m落下 |

130cm　　　200cm　　　400cm

$$\frac{130\text{cm}}{200\text{cm}} = 0.65 \qquad \frac{200\text{cm}}{200\text{cm}} = 1 \qquad \frac{400\text{cm}}{200\text{cm}} = 2$$

墜落距離がロープの長さの2倍で最大となることから、落下係数の最大値は『2』となる。

4　自己確保

(1)　自己確保の目的

　　自己確保は、次の二つの目的を持っている。

　ア　命綱の長さを調整することにより、墜落距離を短くする。

　イ　墜落による衝撃荷重を、安全範囲内に収める。

(2)　自己確保の構成要素

　　自己確保を構成する要素と条件は、次のとおりである。

自己確保の要素と条件

要　　素	条　　　件
ア　取付け対象物	外れたり抜けたりするおそれがなく、墜落制止時の衝撃にも十分耐えられる強度を有すること。命綱が伸びたとき、身体が構造物や地面に衝突しない箇所を選定すること。
イ　命綱 　　（ランヤード）	命綱の伸びが衝撃力を吸収して分散するので、適度に伸びること。
ウ　墜落制止用器具	身体縛着用として、十分な強度を有すること。衝撃力を分散することができること。

(3)　自己確保をとるときの留意点

　ア　カラビナの安全環は確実に閉めること。

　イ　自己確保ロープは適正な長さを保つこと。

　　　★　自己確保ロープが長すぎると、墜落したときに落下距離が長くなり、身体に加わる衝撃が大きくなる。

　ウ　自己確保の先端カラビナ等取付け位置は、落下距離を短くするために、高い位置に取るべきである。

　　　原則として、腰より低い位置に取り付けてはいけない。

(4)　自己確保の例

一本つり使用

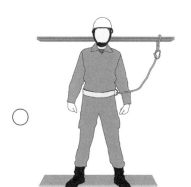

U字つり使用

★　地物に対してカラビナを直接掛けることが困難で、回し掛けをする場合は、下図（左）のようにカラビナにロープを巻き付けることで、自己確保ロープに荷重がかかった際のカラビナに対する横方向への力のかかりを防ぐことができる。

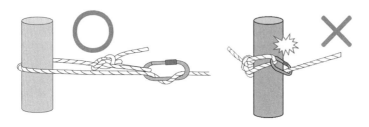

5　胴ベルト型墜落制止用器具

(1)　各部の名称

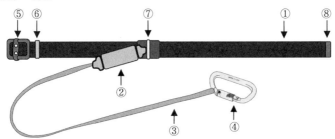

No.	名　　称	No.	名　　称
①	胴ベルト	⑤	バックル
②	ショックアブソーバー	⑥	ベルト通し
③	ランヤード	⑦	アタッチメントポイント
④	カラビナ	⑧	先端止め

(2)　胴ベルト型墜落制止用器具使用時の留意事項

ア　胴ベルトは、墜落制止時に身体から抜けないように、腰骨のところで確実に締めること。締める位置が上や下にずれると、墜落制止時に抜け落ちたり内臓が圧迫されたりするおそれがある。

イ　バックルは、正しく使用し、ベルトの端末はベルト通しに確実に通すこと。

ウ　アタッチメントポイントの位置は、身体の真横より前方にこないようにすること。アタッチメントポイントの位置が前方にくると、墜落制止時に背骨に強い負担がかかる。

エ　ランヤードは、ショックアブソーバーがない状態では使用しないこと。

オ　必ずショックアブソーバーの表示にて落下距離・使用可能質量（体重＋装備品）を確認した上で使用すること。

カ　U字つりなど体重をかける作業には使用しないこと。

キ　装着後、自己確保として使用しない間は、ランヤードを収納袋に収めたり、肩に掛けるといった処理で長さを調整し、垂れ下がらないようにしておくこと。

ク　ロープが切断されるような鋭い角などに、直接当たらないようにすること。

　救助現場には、墜落危険が存在することが多く、自己確保により墜落危険を排除しつつ救助活動を行わなければならない。

Q&A

自己確保をとらなければならない高さは？

1　法令では、高さが 2 m以上の箇所で作業を行うときは、要求性能墜落制止用器具を使用する等墜落による危険を防止するための措置をとることが定められている。

★　労働安全衛生規則第518条〜521条

2　ILO（国際労働機関）では、2 mの高さから真っ逆さまに落ちると、頭蓋骨が骨折するという理由等で 2 m以上の作業に要求性能墜落制止用器具を使用するように規定している。

高所作業時に留意することは？

1　転落危険方向には、背を向けないこと。

★　視覚的に危険を察知することができなくなり、また、身体に何らかの外力が加わった場合に安定した姿勢保持ができなくなるため。

2　カラビナ等の資器材を床に置かない。

★　資器材につまずき転倒・転落する危険性がある。

★　資器材の落下により、低所で活動する隊員や要救助者に危害を及ぼすおそれがある。

4－2　確保の方法

　確保とは、高所等における自己の安全又は登はん・降下等の実施時に、隊員や要救助者の安全を確実にするためのものである。

　また、緊急の場合や支持点がない場合などに、確保のみで降下したり、引き上げたりする場合もある。

1　目　的

⑴　登はん、降下の行動を補助する。

⑵　高所（2m以上）における転落防止

　　★　作業の安全性を高めるため、高所においては、必ず自己確保をつける。

2　確保の3要素

⑴　摩擦

　　制動確保の要因として摩擦がある。ロープと身体（背中や腰など）や、カラビナを支点として逆方向に移動するロープの摩擦によって、ブレーキがかけられる。

　　★　摩擦エネルギーは、熱エネルギーに変換されるのでやけどに注意する。

⑵　姿勢

　ア　確保員は、いつどんな方向から引っ張られても、常にそれに応じられる体勢をとっておく。

　イ　絶えず要救助者等の墜落の力が伝わってくる（引っ張られる）方向に、できるだけ足を踏ん張るような体勢を保つ。

　ウ　要救助者等につながっているロープの方向に、真っ直ぐ足を踏ん張る。

　　★　立ち確保よりも、座り確保のほうが安定する。

⑶　自己確保

　ア　確保における自己確保とは、要救助者等を確保する場合に、確保員が要救助者等の墜落の衝撃に引き込まれないように、墜落制止用器具等で身体をしっかりと固定することである。

　イ　自己確保の長さは、短すぎては身動きがとれないし、垂れ下がるほど緩んでいては引きずり込まれるおそれがあるので、確保するために十分に身

体が動かせる程度の余裕が必要である。

3 　種　別

確保の方法

種　　別		方　　法	備　　考
自己確保		自己の身体をロープ等により地物に結着する。	
他者を確保する場合	身体による確保	確保ロープを直接身体にかけて操作する方法は、次の二つに区分される。 1　肩確保 2　腰確保（立ち確保、座り確保）	高所においては、必ず自己確保をつけること。
	地物利用の確保	地物により、確保ロープの引く方向を変えるとともに、摩擦力により、力を制御する方法	

4 　自己確保の方法

⑴　墜落制止用器具を利用する。（4 － 1 「衝撃荷重と墜落制止」参照）

⑵　コイル巻きもやい結び身体結索を利用する。（第 1 章 1 － 4 「結索法」参照）

5 　他者を確保する方法

⑴　肩確保

　ア　肩確保は、必ず力のかかる側のロープが、片方の脇の下から出るように確保ロープを設定する。

　　★　必要に応じて、支点を作成し、力のかかる方向を変えて、摩擦力を増やす。

　イ　要救助者の引き上げ時

　　㋐　背中から回して、右（左）肩にかけたロープを右（左）手で胸の位置で握る。

　　㋑　膝を曲げたり伸ばしたりして、身体全体で要救助者を引き上げると同時に、ロープをさばくことにより、確保ロープの操作が行いやすい。

　ウ　要救助者の降下時

　　㋐　左（右）足を前方に出し、突っ張り気味にする。

肩確保の姿勢

(イ)　右（左）足は、若干折り曲げ、柔軟性を持たす。

(ウ)　背筋は、まっすぐ伸ばし、やや後方に体重をかける。

　　★　背筋が曲がっていると荷重が前方にかかり、姿勢が崩れやすい。

エ　確保ロープのおくり方

　確保準備　　　　　右手を胸に左手　　　右手を下にずらす
　　　　　　　　　　　は下へ伸ばす

(2)　腰確保

ア　腰確保も肩確保と同様に、確保ロープの荷重側が下方にあると実施しやすい。

イ　座り確保においては、足で踏ん張る地物等があると、一層強く確保ができる。

立ち確保　　　　　　　　**座り確保**

ウ　確保ロープのおくり方

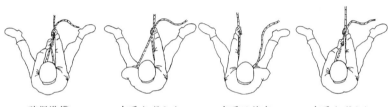

確保準備　　　　左手をずらす　　　左手は前方　　　右手をずらして
　　　　　　　　　　　　　　　　　右手は手前　　　左手の前に

ポイント

1　確保ロープは、シングルよりダブルのほうが、手になじんで確保しやすい。
2　確保ロープのみで要救助者等を降下させる際に、急激に確保ロープを停止させると、要救助者に結着してあるロープが食い込み、要救助者に苦痛を与える。
3　転落のおそれのある場所においては、まず自己確保を設定してから、次の行動を開始する。
4　確保ロープが、登はん又は降下する隊員の障害とならないよう、確保ロープを操作する。

Q&A

一人で確保できない（おおむね40kg以上）と予想される場合は？
カラビナや地物等を利用して、摩擦による抵抗をつくる。

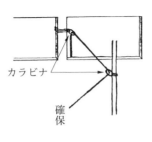

カラビナ

確保

第5章　降　下　法

5 － 1　座席懸垂

　懸垂ロープを利用して高所から降下する方法で、比較的長い距離を降下することができる。

1　降下準備

(1)　懸垂ロープを設定する。
(2)　腰部に座席二をとり、カラビナを付ける。
(3)　座席二のカラビナに懸垂ロープを巻く。

カラビナ

座席二

懸垂ロープの巻き方

2　降下要領

(1)　すり足による降下
　ア　安全な場所で、懸垂点側ロープのたるみをとり、体重を懸垂ロープにかけた後に、左手の肘を自然に伸ばして握る。右手は懸垂ロープを腰背部に回して握る。右手首を返して制動し、懸垂ロープへ体重をかけながら壁面に移動する。
　　★　カラビナの返りに注意する。
　イ　壁面に出たら降下姿勢をとる。

　　　　★　**降下姿勢**　上体をロープと平行に保ち、脚を上体とおおむね直角となるよう
　　　　　にして、肩幅程度に開き、靴底を壁面につけ、降下地点を視認する。

　ウ　合図により、制動を緩め、降下地点を視認しながら壁体をすり足で降下
　　する。

(2)　オーバーハング

　ア　足場のなくなる前で一旦停止し、着地場所の状況を確認する。

　イ　つま先で壁体を蹴り、制動を緩めながら着地点へ降下する。

　ウ　制動は、着地直前（約1m）で行う。

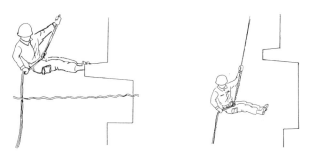

座席懸垂降下・オーバーハング

　　　　★　**オーバーハング**　over hang　壁面のひさしなどの出っ張りのこと。

3　作業姿勢の作り方（降下途中）

　降下途中で停止して作業しなければならないときの姿勢の作り方をいう。

(1)　必要な高さで停止する。

(2)　制動をかけたまま右手を上方へ上げていき、カラビナの直近上部の位置で、
　　全部のロープを左手で握る。

(3)　右手を使って図のように結索する。

(4)　懸垂ロープで図のように半結びを1～2回とる。

(5)　解くときは、半結びを解き、左手で懸垂点側のロープを握ったままで、右
　　手で素早く結索を解く。

　　　　★　結索するときは、停止位置より若干身体が下がるので、停止位置を決める際に
　　　　　は、その分を考慮に入れておく。

　　　　★　作業するときは、脚を十分に開いて身体を安定させる。

全部のロープ

作業姿勢の作り方（降下途中）

ポイント

1　着地点の上方約１ｍで一旦停止し、着地点の状況を確認してから着地する。
2　スピードが出すぎたときは、地上の確保員が懸垂ロープを引いて制動をかける。
3　懸垂ロープが長い（降下距離が長い）場合は、制動をかけたときにロープが伸びるので注意する。
4　着地のときは、膝をやや曲げて衝撃を吸収し、両足底で確実に着地する。
　★　膝をあまり曲げすぎると膝頭をぶつけるので注意する。
5　自重（体重＋装備重量）が重いときは、カラビナを懸垂ロープに２回巻きつけると降下速度が遅くなる。

5 - 2 身体懸垂

　器具を使わずに身体に懸垂ロープを巻きつけ、その摩擦で降下する方法で、首がらみ懸垂、肩がらみ懸垂、十字がらみ懸垂の3種類がある。

★ 降下距離が長いと、摩擦熱でやけどするおそれがある（10m程度が限界）。

1 首がらみ懸垂

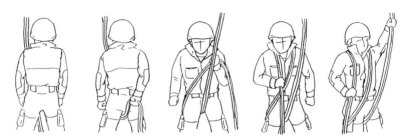

首がらみ懸垂の巻き方

(1) 上衣の襟を立て、懸垂点に向かってロープをまたぐ。

(2) またいだ後ろ側のロープを、右臀部から右腰部方向にとる。

(3) 前に回して、懸垂ロープの内側から胸部へ対角線上に通す。

(4) 左肩から首にかけて右側へ下ろす。

(5) 下ろしたロープを、腹部で右手母指が上になるように握る。

(6) 左手は、懸垂点側ロープを握り、右手で制動調整して降下する。

(7) 懸垂ロープに徐々に体重をかける。

(8) 右足から壁面に出て、右足は伸ばし、左足は膝を軽く曲げて右足より上方に位置させる。

(9) 腰を浅く曲げて上体をロープと平行に保ち、着地点を視認しながら降下する。

首がらみ懸垂の降下姿勢

ポイント
1　壁面に出るときは、懸垂点側のロープの緩みをとる。
2　ロープが股から外れるのを防ぐため、常に右足を伸ばして降下する。
3　左手は肘を伸ばして握る。

2　肩がらみ懸垂

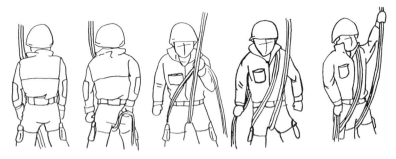

肩がらみ懸垂の巻き方

(1)　首がらみ懸垂(1)～(3)に同じ。

(2)　左肩から背部に回し、右側方向に下ろす。

(3)　下ろしたロープを右腰部で右手母指が下になる
　　ように握って制動する。

(4)　左手は肘を伸ばして、懸垂点側のロープを握る。

(5)　以下、降下要領は首がらみ懸垂に同じ。

　　★　懸垂ロープ2本の間に右手示指を入れない（キ
　　　ンクしたロープで指を痛める。）。

肩がらみ懸垂の降下姿勢

3　十字がらみ懸垂

十字がらみ懸垂の巻き方

(1)　首がらみ懸垂(1)に同じ。

(2)　またいだ後ろ側のロープを、1本ずつ左右の
　　臀部を通し、左右の腰部に出す。

(3)　腰部から出たロープを懸垂ロープの内側の胸
　　部で交差し、両肩から背部に下げる。

(4)　懸垂点側のロープを左右の手で握り制動する。

(5)　両手は肘を伸ばし、上方を握る。

　　★　肩からロープが外れないように注意する。

十字がらみ懸垂の降下姿勢

ポイント

1　脚は肩幅より広く開き、膝を軽く伸ばす。
2　上体と両足の角度は「く」の字となるようにする。
3　両手で握ったロープの握りを緩め、つま先で壁面をずらすように降下する。

5－3　斜　降　下

斜めに展張されたロープを利用し、要救助者の救助、隊員の脱出等に用いる。

実 施 要 領

(1)　斜めにロープを展張する。

　　★　傾斜角度は、25～35°とする。

(2)　降下隊員は座席二を作り、カラビナを付ける。

(3)　確保員2名は、小綱の一端でもやい結びを作り、カラビナをもやい結びと
　　展張ロープに掛けて、左右にそれぞれ分かれて腰確保の準備をする。

　　★　確保ロープ先端のカラビナの位置は、地上よりおおむね2mとする。

確保要領

(4)　降下隊員は、降下地点に向かって展張ロープの右側に地上側を向いて立ち、
　　カラビナを下から掛ける。

　　★　右側へ立つのは、カラビナがロープの谷に入るのを防ぐため。

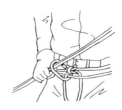

カラビナの掛け方

(5)　ロープを両手で握って、ロープの下に身体が平行になるように吊り下がり、

降下姿勢をとる。

⑹ 足の間から降下方向を見る。

降下要領

⑺ 降下隊員は、地上から上方約2mの位置でロープを両手で絞り込むように
して制動をかけて、一旦停止する。

⑻ 確保員は、降下隊員が停止する際、その制動を補助する。

★ 降下隊員の足が確保ロープに当たるときに、確保ロープを少し緩めて衝撃を和
らげる。

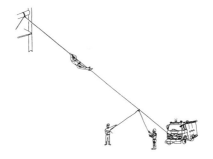

ポイント

1 やけどを防止するため、厚手の革手袋を使用する。
2 降下完了後の降下隊員のカラビナは、ロープとの摩擦によって熱くなってい
るので、素手では触らない。
3 確保員の位置は、展張ロープに掛けた確保ロープのカラビナの位置よりも十
分に降下開始側とする。

5－4　リペリング降下

リペリング降下は、座席懸垂のように足で壁体等をつたって降下するのではなく、空間を一気に降下する方法で、ヘリコプターからの降下等に利用されている。

実 施 要 領

1　準　備

(1)　懸垂ロープを作成する。

★　懸垂点の取り付け部（右図①）はフューラー結びを、側端（右図②）はもやい結びを作成する。

(2)　降下隊員は、座席二を作りカラビナを掛ける。

懸垂ロープの作成・収納方法

2　搭　乗

(1)　ヘリコプターに近づく際は、ヘリコプターの前方から、機長又は機内安全員の指示により進み、搭乗する。

(2)　ヘリコプターに乗り込み、機内に設定された確保ロープのカラビナを座席二に掛け、自己確保をとる。

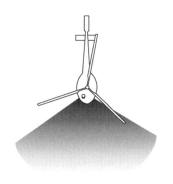

操縦士の確認できる範囲から搭乗

3　降下準備

(1)　降下位置に接近したら、機内安全員の指示で懸垂ロープのフューラー部の
　　カラビナを機体に設置された支持点に掛ける。

(2)　次に懸垂ロープのもやい結びのカラビナを機体に設置された支持点に掛け
　　る。

(3)　機内安全員の指示でロープ（投下袋）を投下する。

　　★　(1)～(3)は、機内安全員が直接行う場合が多い。

(4)　懸垂ロープにあらかじめ設定されているカラビナを、安全環が左側になる
　　ようにして右手で持ち、座席二のカラビナを左手で持って、下方から右手に
　　持っている懸垂ロープのカラビナに掛ける。

**　　カラビナの掛け方　　　　機内安全員の合図（降下準備）**

(5)　機内安全員の「降下準備」の合図により、左手は懸垂点側のロープを握り、
　　右手は降下側のロープを腰の位置で握って制動する。

(6)　自己確保ロープを機内安全員に外してもらう。

(7)　懸垂ロープに徐々に体重をかけつつヘリコプターの機外へ移動し、床又は
　　ステップに両足を掛けて降下姿勢をとる。

　　★　機内での合図は指で行われるため、機内安全員を常に注視する。
　　★　機内に戻らなければならない場合もあるので、あまり腰を落としすぎない。

**　　降下準備姿勢　　　　　機内安全員の合図（降下始め）**

4　降下要領

(1)　懸垂ロープが地面に達していることを確認してから、機内安全員の「降下始め」の合図により一気に降下を開始する。

　　★　降下を躊躇すると、ステップ等に顔をぶつける可能性もある。

(2)　上体及び姿勢は自然な「く」の字型とし両脚は自然に伸ばし、吹きおろし風による回転を防ぐ。

　　★　降下の際は、厚手の革手袋を着用する（特に制動をかける右手）。

降下姿勢　　　　　　　　　　着地姿勢

(3)　着地点約10mの所から徐々に制動をかけ始め、地上約3mの位置では必ず停止できるスピードまで落とし、ロープが接地していることを再確認してから地上にゆっくりと着地する。

　　★　ロープが接地していない場合は、停止して機内安全員を注視し、両脚を開閉する。

　　★　ロープの余長は3m以上とする。

(4)　着地後は、速やかに懸垂ロープを抜き、機上の機内安全員に右手を上げて合図を送り離れる。

ポイント

1　急制動をかけるとヘリコプターが揺れるので、制動は徐々にかける。
2　降下速度が遅いと、降下中に隊員が回転する。
3　地上3mの位置で、もう一度ロープが地上に達していることを確認する。

5－5　応急懸垂（その他の懸垂）

比較的傾斜の緩い場所を降下するときに用いる。

山の斜面等を降下するときに用いるので、落石等に注意する。

実 施 要 領

(1)　懸垂ロープを設定する。

(2)　懸垂点に対して横向きになり、懸垂ロープを腰にとる。

(3)　左（右）手は上方ロープを、右（左）手は下方のロープを抱え込むように
　　握る。この場合、それぞれの手の甲を後ろに向けて握る。

(4)　降下側の右（左）肘が、体側からあまり離れないようにして腰を伸ばし、
　　身体は降下斜面に対してなるべく直角にして、体重をロープに託す。

(5)　足底を降下斜面に平らに着け、横につぎ足の要領で、右（左）手のロープ
　　を緩めながら降下する。

　　　★　制動は、下方のロープを握り締めるようにして、腹部に当てる。
　　　★　つぎ足　足を交差することなく、順に送って降下する。

応急懸垂

第6章　登はん法

6−1　フットロック登はん

　上部より垂れ下がった懸垂ロープを利用し、救助隊員が登はんして救助活動等を実施することができる。

1　登はん準備

(1)　懸垂ロープを設定する。
(2)　確保ロープを設定する。
(3)　登はん隊員の腰部に自己確保をとる。

2　登はん要領

(1)　フットロック登はん　第一法

　ア　懸垂ロープに面し、両手で懸垂ロープの高い位置を握る。
　イ　上体を引き上げ、両手を縮めて左足の甲の上にロープを乗せ、右足を外
　　　側から回して足の底でロープを挟む。
　ウ　足をロープに固定させ、足で完全に身体を確保しておいて、身体を伸ば
　　　しながら懸垂ロープの上方を握る。

ポイント

1　両手を上方へ伸ばすときは、足で完全にロープをロックし、身体を確保して
　から行う。
2　足の裏を壁面に向け、かかとに力を入れるとロックがかかる。
3　登はん時に補助員が懸垂ロープを引っ張っていれば容易になる。
4　登はん時は、自己確保をとり、確保ロープに結合する。
5　補助員は、登はん員に呼吸を合わせる。
　★　登はん員が膝を引きつけるときに強めに、足を固定するときに弱めに引
　　く。
6　登はんは、進入の手段であることから、余力を残すようにする。
7　確保員は、登はん中はいうまでもなく、登はん完了の合図があっても、登は
　ん員が安全な場所に至るまでは、絶対に目を離さない。
8　確保ロープは、登はん員の転落防止と回転防止のため、緩みのないように保
　つ。

⑵　フットロック登はん　第二法・第三法

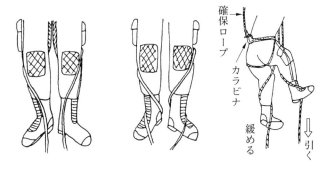

ア　両手で懸垂ロープを保持し、両足に外側から1回（第二法）又は2回
　（第三法）巻きつける。
イ　登はん員は、補助員のロープ操作の助けを借り、両手で2本のロープを
　一緒に握って身体を引き上げ、足を交互に上方へ移して登はんする。
　★　引き上げた足のかかとに力を加え、足の裏を壁面に向ける。
ウ　補助員は、登はん員の下方で両手に1本ずつロープを握り、登はん員の
　登はん合図（「右・左」又は「1・2」）に合わせて移動する側のロープを
　緩め、固定させる足のロープを引いて補助する。

ポイント

1　手は2本のロープを一緒に握り、手と足は交互に移動させる。
2　登はん員は「右・左」の掛け声をかけながら登はんする。補助員はこれにより、登はん員の足の移動に合わせてロープを操作する。
3　登はん速度が比較的速く、確保ロープが緩みやすいので十分注意し、常に緩みのない状態を保つ。
4　確保員は、登はん中はいうまでもなく、登はん完了の合図があっても、登はん員が安全な場所に至るまでは、絶対に目を離さない。
5　壁面を登はんする場合は、登はん時の回転を防ぐため、懸垂ロープをできるだけ壁面に近づける。
6　登はんは、進入の手段であることから、余力を残すようにする。
7　降下時は、確保員に確保させた後、フットロック登はん第一法の姿勢をとり、両足の押さえをわずかに緩めて降下する。両手は、交互に下方に握り変えてロープとの摩擦による手の損傷を防止する。

(3)　フットロック登はん　第四法

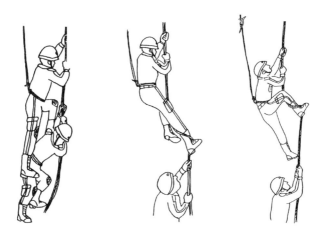

ア　補助員はロープを握り、姿勢（股割り姿勢）を安定させる。

イ　登はん員は、補助員の右足つけ根⇒左肩の順に乗り、懸垂ロープを両手で握り、身体を保持し、右足に1回（2本とも）巻きつける。

ウ　登はん員は、イの状態から右膝を引きつける。このとき補助員は、懸垂ロープをやや緩めて、登はん員が膝を引きつけやすくする。

エ　登はん員は、ウで引きつけた右膝を伸ばしながら、懸垂ロープの上方を握って身体を保持する。このとき補助員は、懸垂ロープを強めに引いて登はん員の右足をロックさせる。

ポイント

1　登はんを開始する姿勢をとったときは、右足によるロックの状態を確認する。
2　登はん時には、必ず確保ロープをつける。
3　登はん員の手と足は、交互に移動させる。
4　登はん時に左足で壁体を蹴らない。
　　★　壁体を蹴ると身体が回転する。
5　確保は確実に行う。

6－2　プルージック登はん

　プルージック登はんは、懸垂ロープに小綱を使って胴綱、アブミ2本を作り、胴綱に上体を入れて2本のアブミにそれぞれ足をかけ、胴綱、アブミを順次上にずらしながら登はんする特殊な登はん方法である。

1　登はん準備

(1)　懸垂ロープを設定する。
(2)　確保ロープを設定する。
(3)　身体腰部に自己確保をとる。

2　登はん要領

(1)　3本の小綱のそれぞれの中央部を使って懸垂ロープにプルージック結びをとる。

　　★　懸垂ロープに結着したプルージック結びの上部から胴⇒足となる。

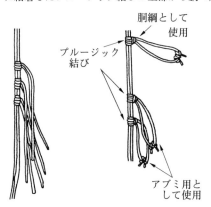

プルージック登はんの作成

(2)　結びつけたそれぞれの小綱の端末に本結び＋半結びを作る。この場合、小綱の1本は胴綱用、他の2本はアブミ用として使用するので、それぞれの大きさを調節する。
(3)　登はん員は、胴綱用の小綱を上体の両脇まで通し、他の2本のアブミ用の小綱にそれぞれ足をかける。

(4)　両足を踏ん張ってアブミの小綱に体重をかけるとともに、懸垂ロープの上方を握り、浮いた胴綱用の小綱のプルージック結びの結び目を上にずらす。

登はん要領　1

(5)　その胴綱用の小綱と下のアブミ用の小綱に全体重をかけ、浮かした上のアブミ用の小綱のプルージック結びの結び目を上にずらす。

(6)　胴綱用の小綱と上のアブミ用の小綱に全体重をかけ、浮かした下のアブミ用の小綱のプルージック結びの結び目を上にずらす。以下、(4)〜(6)の要領を反復し、順次登はんする。

登はん要領　2

ポイント

　プルージック結びの結び目を上にずらすときは、片手で結び目の下方の懸垂ロープを引っ張るようにするとずらしやすい。また、補助員を置き、登はん員の下方で懸垂ロープを引くと、登はんが容易にできる。

3　降下要領

⑴　プルージック結びの結び目を一箇所にまとめる。

⑵　胴綱用のプルージック結びの結び目に両手をかけ、この両手に全体重をかけるようにして一気に降下する。

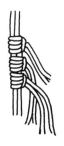

降下の要領

6－3　斜　登

　斜めに展張したロープを使用し、登はん（モンキー渡過）により、進入することができる。

1　登はん準備

　(1)　ロープの展張

　　★　ダブルで使用し、展張角度はおおむね30°とする。

　(2)　コイル巻きもやい結びにより命綱をとる。

　　★　ロープを短めにして、コイル巻き部分を通常より10～15cm程度胸部側とする。

2　登はん要領

　(1)　命綱のカラビナを展張したロープに掛けて、登はん方向に頭部を向け、両手でロープを握って、片足をロープに掛け、もう一方の片足を垂らした姿勢をとる。

　(2)　以後、半円を描くように足を振り、手足をロープにかけかえて、ロープの反動を利用してモンキー渡過の要領で順次登はんする。

前方注視

確保ロープ

30°程度

斜登の要領

ポイント

　この方法は、モンキー渡過の要領を熟知していなければ登ることができず、体力も必要となるため、確保ロープ以外に、通常のコイル巻きもやい結びの半分程度の長さの命綱を展張ロープにかけて行う。

第7章　渡 過 法

7－1　セーラー渡過

　セーラー渡過は、水兵が用いるところからこの名で呼ばれる。この渡過方法は渡過ロープの下方が見えるため、高度に対する恐怖心が伴うが、熟達すれば軽量の物を携行することも可能となる。

1　実施要領

(1)　渡過準備

　ア　渡過中にロープが上下左右に揺れるため、地物とロープが接する部分に当て布等でロープの損傷防止措置を行う。

　イ　小綱で腰部にコイル巻きもやい結びをとり、その端末にもやい結びで輪（約10cm）を作り、カラビナを掛ける。

　ウ　渡過ロープを損傷しないよう、ベルトのバックルはロープとの摩擦を避けるために位置をずらす。

　　★　渡過ロープとコイル巻きもやい結びの損傷防止のため、接触部分に当て布を巻く。

　エ　命綱のカラビナを下から受けるように掛け、安全環を確実に締める。

　オ　バランス姿勢をとる。

　　★　**バランス姿勢**　渡過姿勢から手を横に水平に広げる。

(2)　渡過要領

　ア　渡過ロープが身体の中心にくるようにする。

　イ　上体を渡過ロープにできるだけ付けないように、胸を反らせる。

　ウ　右（左）足の甲をロープに軽く乗せ、腰部に引きつける。

　エ　左（右）足は脱力して下げ、顔は起こして前方を見る。

　オ　手はロープの下から受けるように握る。

　カ　両手で交互にロープを引き、身体を滑らせるように前進する。

セーラー渡過の姿勢

ポイント

1　命綱の結着、カラビナの安全環は確実に締める。
2　左（右）足に力を入れない。右（左）足は引きつけておく。
　★　左（右）足に力を入れたり、右（左）足を離すとバランスが崩れる。
3　命綱と渡過ロープが擦れないようにする。

2　復帰要領

　渡過中に渡過ロープ上から落ちたときの復帰要領は、次のとおりである。
　渡過ロープに左（右）かかとを掛け、腰を渡過ロープに引きつけ、右（左）の足で大きな円を描いて渡過ロープにかぶせ、身体を渡過ロープに乗せる。

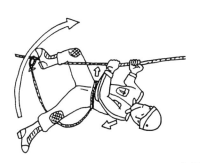

復帰要領

3　折り返し方

　セーラー渡過の後、進行方向と逆へモンキー
渡過を行うときに、折り返す必要のある場合、
実施する方法（ターンとも呼ぶ。）。

⑴　セーラー渡過で、折り返し地点まで到着、
　左（右）手を前に出した状態にする。

⑵　左（右）手はロープを握ったまま、右（左）
　手が右（左）足後ろのロープを握りにいく。

⑶　右（左）手でロープをつかんだ後、前（モ
　ンキー渡過で進行する方向）に倒れ込み、こ
　のとき左（右）手を外す。

　　★　前転をするような気持ちで斜め前方に回転
　　する。

⑷　倒れ込んだときに、右（左）足をロープに
　掛け、モンキーの姿勢となり、以後モンキー
　渡過を実施する。

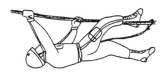

ターンの方法

ポイント

1　あわてずに、確実に各動作を実施する。
2　右（左）手で後ろのロープを確実に握ってから、左（右）手を離す。
3　この方法は、落下危険が非常に高いので、安全管理には特に留意する。
4　復帰又は折り返し時に自己確保のカラビナの安全環が締まっていることを目
　視で確認する。

7－2　モンキー渡過

　モンキー渡過は、水平に展張されたロープを渡る方法の一つであり、渡過するときの格好が猿に似ているところからその名が付いた。

　この渡過方法は、上を見るため、高さに対する恐怖心をある程度緩和することができるが、腕力と腹筋力を必要とする。

1　渡過準備

　セーラー渡過に同じ。

2　渡過要領

⑴　渡過ロープの下に、右（左）手を進行方向にして握り、右（左）足を膝までロープに掛ける。

　　★　目は、進行方向を見る。

⑵　左（右）足をロープに掛け、左（右）手は右（左）手の前のロープを握る。

⑶　右（左）足を前に、右（左）手の順で繰り返す。

かかとで渡過する方法　　　　　　**土踏まずで渡過する方法**

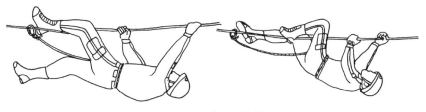

モンキー渡過の姿勢

ポイント

1　ロープの揺れと身体の揺れが合わないと、手足が渡過ロープから外れることがある。

2　熟練したら、かかとでロープを蹴り、足振りを最小限にして渡過する。

7－3　チロリアン渡過

　チロリアン渡過は、オーストリアのチロル地方の人が、谷等に渡したロープを渡るときに使ったところからこの名が付いた。

　比較的体力を使わずに渡過することができ、かつ、スピーディーに渡過することができる。

1　渡過準備

(1)　チロリアン渡過する場合の身体確保については、座席二を用いる。

(2)　渡過ロープへのカラビナは、渡過方向に向かってロープの左に立って掛ける。

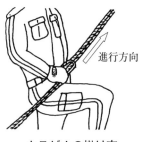

進行方向

カラビナの掛け方

2　渡過要領

(1)　腰・膝を伸ばし、つま先をおおむね60°に開き、かかとをそろえる。

(2)　頭部を後屈し、目は進行方向を見る。

(3)　手をいっぱいに伸ばして、ロープを交互に握り、胸の辺りまで引く。

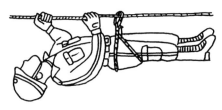

チロリアン渡過の姿勢

ポイント

1　ロープを引くとき、カラビナに手を引き込まれないようにする。

2　セーラー渡過、モンキー渡過に比べて振動が激しく、カラビナの安全環が緩みやすいので、十分締めつける。

3　腰への負担が大きいので、足が垂れ下がらないようにし、過激な負担をかけない。

第8章　要救助者の搬送法

8−1　救助活動時の応急処置と救急隊との連携

　救助活動の基本は、要救助者の予後をも考慮した救命にある。したがって、救助隊員が要救助者の生命・身体の置かれている状況を的確に把握し、それに対応する救出活動の内容及び救出完了までの時間等を見据え、救出活動に優先し、あるいは並行して観察及び気道の確保、止血、脊椎運動制限、心肺蘇生等の応急処置を行う。

1　活動時全般における留意事項

　⑴　要救助者の心理状態に配慮した言動や対応をとる。
　⑵　救出時における要救助者の移動・動揺は最小限にとどめ、症状の悪化防止、苦痛の軽減等に努める。
　⑶　元気付けや励まし等の言葉を掛け、要救助者を安心させ、落ち着かせるとともに、意識状態等の容態の変化に留意しながら、継続して観察する。
　⑷　活動による受傷が危惧される場合には、毛布等による保護を行う。
　⑸　要救助者には出血状況、事故の凄惨さなどを見ることによる精神的動揺を防ぐため目隠し等を行うほか、応急処置を行う場合には事前に説明をする。
　⑹　負傷部位や顔面を汚れた手袋等で触れないようにする。また、隊員自身も感染防止に留意する。
　⑺　要救助者を一般人やマスコミ等にさらすことのないよう配意する。

2　現場把握

　救助現場では傷病者に接触する前に、必ず現場の把握を行うものとする。
　⑴　感染予防の確認（8−2「感染防止」参照）
　　消防隊用感染防止衣、感染防止手袋、感染防止用ゴーグル、N95マスク装着

⑵　安全確保（二次災害防止）

　ア　車両停車位置の安全確保

　イ　火災、有毒ガスの危険性を排除

　ウ　事故車両のエンジン停止、動力機器等の電源停止

　エ　低所等ではガス検知器で酸素濃度等確認

　オ　犯罪の危険性がある場合は警察官を要請

⑶　傷病者数の確認

⑷　増強要請の必要性

　ア　救急隊

　　原則として倒れている人数、閉じ込められている人数分の救急隊増強要請をし、初期評価後必要部隊数に切り替え

　イ　救助隊

　　救出困難、低酸素場所等、救助するのに資器材を要する場合

　ウ　消防隊

　　火災、有毒ガス等、二次災害の危険性がある場合

　エ　医師

　　救出に長時間を要する場合で、現場にて医師の処置が必要な場合

⑸　必要資器材確認

　　感染防止用具、脊椎運動制限具（バックボード等、ベルト、頭部固定具、頸椎カラー）、その他応急処置に必要な資器材

⑹　受傷形態確認

　ア　車両破損状況確認

　　ハンドル変形、フロントガラス、ボンネット等の確認

　イ　シートベルト装着、エアーバッグ作動確認

　ウ　事故に関連する周辺環境の状況確認

3　救助現場における救急隊との連携活動

　救助活動における要救助者の救命には救急隊との効率的、かつ、有効な連携活動が不可欠であり、大きなポイントを占める。よって、以下に連携活動を行うにあたっての注意点を述べる。

⑴　救助現場における救急隊との情報の共有

　　救助隊と救急隊のうちどちらが先着するにせよ、先着の部隊は後着の部隊に対して入手した情報を遅滞なく送り、後着の部隊は、その情報をもとに自隊の資器材準備、活動方針の決定を迅速に行うことが可能となり、結果とし

て活動全体がスムーズに進むこととなる。よって、救急隊より早く先着した場合は、要救助者の傷病状態や救助方法、救出所要時間等を後着の救急隊へ無線等により情報提供し、この逆の場合は、先着の救急隊からこれらの情報提供を受ける。

(2)　観察、応急処置等の救急活動に対する理解

救急活動内容について日頃から理解をしておく。素早く救出することばかりに集中するのではなく、その要救助者の重傷度や緊急度を考え、それに対する応急処置の必要性を理解して、要救助者にとって最適な救助方法を決定しなければならない。

(3)　救助現場におけるコミュニケーション

救助現場では救助隊、救急隊の間で互いに声を掛け合うことも大切である。実施する救助方法、救出完了までの予想時間、又は重傷度と緊急度のどちらを優先するべきか等を救急隊と調整するなど、密接なコミュニケーションの確立に努める。

(4)　救急隊の活動スペースの確保

要救助者の観察や応急処置は、救出活動と並行して行うべきであり、そのためには救急隊員の活動スペースを確保し、救急活動と救出活動をより有効なものにする必要がある。安全管理上問題がなければ、高所、低所の現場へ救急隊員を進入させることも考慮する。

8 − 2　感染防止

　救助活動における要救助者がいかなる疾病を持っているか、不明な場合が多い。そこで、救助活動とともに感染防止対策を行って、感染危険を排除しなければならない。

1　活動上の留意点

⑴　活動時には消防隊用感染防止衣、革手袋の下に感染防止用手袋、N95マスク、腕カバーを着用したり、感染防止用ゴーグルを着用する等して、血液・嘔吐物等に直接触れないように配慮する。

⑵　要救助者の嘔吐物、咳等による飛沫、血液には十分注意し、感染防止用ゴーグルやN95マスク等により目・鼻・口腔内及び隊員の既存の負傷部位又は活動中新たに負傷した部位からの感染を防ぐ。

⑶　血液・嘔吐物等が付着した場合は、他の隊員を汚染させないように注意する。

2　活動後の処置

⑴　活動後は、うがい、せっけんによる手洗いを励行する。

⑵　血液等が付着した衣類・資器材等は、洗浄・消毒・乾燥を行う。なお、必要に応じて所轄の救急隊から適切な指示を受けて処置を行うこと。

　　★　**血液に対する消毒**　次亜塩酸ナトリウム水溶液

3　知識の習得及び予防

⑴　感染症についての正しい知識を習得し、活動にあたってはむやみに恐れることなく、正しい活動を行う。

⑵　健康管理には特に注意し、細菌等の侵入に対して負けない身体づくりを行う。

⑶　消防隊用感染防止衣、感染防止用手袋、N95マスク、感染防止用ゴーグル、腕カバー、消毒薬等の感染防止用資器材を活用する。

8－3 担架の搬送・作成法

1 搬送の原則

　要救助者を効率的、かつ、安全に搬送するためには、次の事項を守らなくてはならない。

(1) 要救助者を担架に収容するときは、要救助者をなるべく動かすことなく、担架を要救助者の身体の下に滑り込ませるような要領で行う。

(2) 搬送に際しては、必要な応急処置を施す。

(3) 担架足部を保持する隊員は、進路上の障害物に注意し、頭部を保持する隊員は、要救助者の意識、呼吸状態、顔色等容体変化に注意する。

(4) 搬送時に担架を揺らさない。

(5) 階段、坂道でも担架を原則として水平に保つ。

(6) 意識のない要救助者は、回復体位として窒息を防止する。

(7) 応急処置、容体等を確実に救急隊へ引き継ぐ。

(8) 救急隊と連携を密にして、容体に合わせた体位となるよう担架を作成し搬送する。

2 担架の搬送法

　担架の搬送の方法は、次のように分類できる。

担架の搬送

名　　称	担架の向き	搬送法種別	
水平担架	水　　平	降下　　引上げ 水平　　斜降下	
垂直担架	垂　　直	降下　　引上げ	

3 担架作成法

　高所や低所から要救助者を救助するときに用いる「水平担架」、「垂直担架」には、各種のロープが結着されている。

(1) 一箇所吊り担架の作成

ア　平担架を用いる場合

　　★　**平担架**（第3章3 - 2「担架」参照）
　　★　**チタン軽量型平担架**　カラビナ・ワイヤによりあらかじめ設定してあるので、作成の必要がない。

(ア)　小綱を半分に折り曲げ、長さを調整する（担架の頭部が足部よりもやや高くなるように調整する。）。

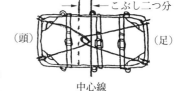

　　★　「やや高く」とは　10〜20°

(イ)　担架の下枠に巻き結びをとるときは、上枠に1回巻きつける（ずれ防止）。

(ウ)　決着した小綱の中心にフューラー結びを作り、カラビナでまとめる（2枚ずつ3連につなぐ。）。

(エ)　担架を手で吊り上げて、バランスを確認する。このとき、確保ロープを連結するカラビナを決める（「支点、頭部より○番目」と呼唱する。）。

　　★　通常、頭側から1、2、3番目と呼唱する。

(オ)　誘導ロープを取り付ける。

　　★　担架を降下させる壁面等に障害物がある場合は、必ず誘導ロープを取り付ける。
　　★　誘導ロープは、担架の回転防止にもなる。

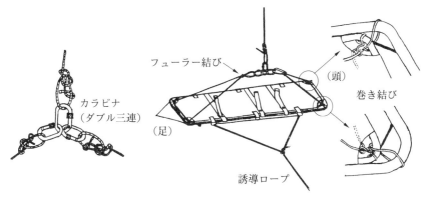

※　表現の簡略化のため、図中ではカラビナをシングルで使用している。

平担架の作成図（水平）

イ　バスケットストレッチャーを用いる場
　合

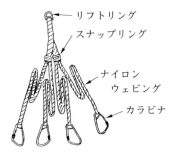

レスキューブライドル

- ★　バスケットストレッチャー　（第3章
  3－2「担架」参照）　レスキューブラ
  イドルのカラビナをカラーに掛ける。
- ★　レスキューブライドルは、支持点が高
  くなるので、小綱を用いて支持点を低く
  してもよい。この場合、小綱を直接カラー
  又は持手に通し、平担架に準じて行う
  （垂直の場合は、メインフレームに小綱
  を結着する。）。

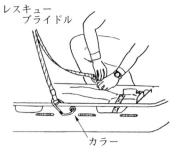

バスケットストレッチャーの作成図（水平）

ウ　布担架、スクープストレッチャーは、それ自体を吊り上げることは危険
　が伴うため、バスケットストレッチャーに収容して使用する。

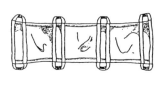

布担架

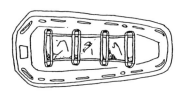

収容した状態

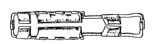

スクープストレッチャー

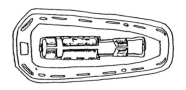

収容した状態

エ　折りたたみ式担架を用いる場合

(ア)　折りたたみ式担架を使用する場合は、担架の背面の連結金具が使用中に折れないように、小綱を使って固定する。

★　集団災害用担架は、握部（取手）が収納式になっているので、水平担架、垂直担架には使用しない。

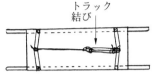 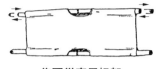

折りたたみ式担架の事前準備　　　　**集団災害用担架**

(イ)　小綱を半分に折り曲げ、長さを調節する。

(ウ)　担架の前後の取手両端に小綱をそれぞれ結着する（巻き結び＋半結び）。

(エ)　小綱の索端で担架のゲタに控えをとる（もやい結び＋半結び）。

★　索端ロープをゲタに素通しして、両索端を本結び＋半結びで結合してもよい。

(オ)　その他平担架の作成要領に準ずる。

(2)　垂直担架の作成

ア　平担架を用いる場合

(ア)　確保ロープの索端から一ひろ半の余長を残したところで、確保ロープを担架の頭部側の枠に結着する。

(イ)　担架の下枠に巻き結びをとるときは、上枠に1回巻き付ける。

(ウ)　確保ロープと余長部分を二等辺三角形になるように、頂点で結着する（もやい結び＋半結び）。

(エ)　担架の足部側の枠に誘導ロープを取り付ける。

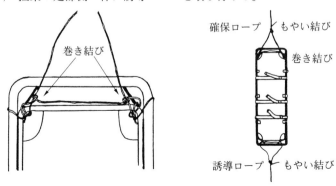

平担架の作成図（垂直）

イ　バスケットストレッチャーを用いる場合

　　★　フットレストストラップを調節しておかないと要救助者がずれる。

　㋐　レスキューブライドルのカラビナを頭側のメインフレームに掛ける。

　㋑　リフトリングにもやい結び＋半結びで結着し、吊り下げる（このとき、カラビナを用いてもよい。）。

確保ロープ

誘導ロープ

バスケットストレッチャー
の作成図（垂直）

ウ　折りたたみ式担架を用いる場合

　㋐　確保ロープの索端から一ひろ半の余長を残したところで、確保ロープを担架の頭部側の取手に結着する。余長部分を両側のゲタに通し、他方の取手に結着する（巻き結び＋半結び）。

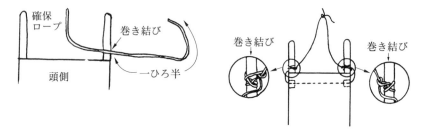

確保ロープ　　巻き結び

頭側　　　　　一ひろ半

巻き結び　　　　　　　　巻き結び

　　★　ゲタに通すのは、取手の巻き結びが抜けるのを防ぐため。

　　(イ)　その他平担架の作成に準ずる。

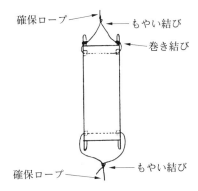

折りたたみ式担架の作成図（垂直）

ポイント

1　巻き結びは、前図のように自然な方向へ端末が出るように巻いたほうがずれにくい。
2　もやい結びを作成するときは、二等辺三角形の頂点になるように、あらかじめ長さを調整し、ロープの交点を離さないようにして結索するとうまくできる。

(3)　ロープブリッジ担架の作成

　ア　平担架を用いる場合

　　(ア)　展張ロープに担架を吊り下げたときは、ロープと担架の間隔が70～80cmになるように、小綱2本の長さを調整する。

　　　★　頭部が足部よりやや高くなるようにする。

　　(イ)　担架の下枠に巻き結びをとるときは、上枠に1回巻き付ける。

　　(ウ)　結着した小綱の中心にフューラー結びを作り、カラビナ、滑車を掛ける。

　　　★　滑車の強度は低いため、補助としてカラビナ3枚を使い、安全率を高める。

　　(エ)　滑車の補助としてフューラー結びにカラビナ（3枚を直列）を掛ける。

　　　★　**カラビナの位置**　補助カラビナは、滑車の後ろを滑るようにする（第3章3－1「カラビナ等」参照）。

　　(オ)　二つのフューラー結びが担架の長さ以上に開かないように小綱で結ぶ。

　　(カ)　頭部側のフューラー結びには確保ロープを、足部側のフューラー結びにはけん引ロープをそれぞれカラビナを介して取り付ける。

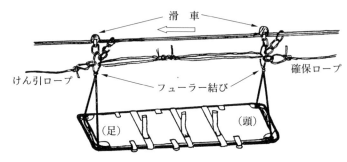

平担架の作成図（水平）

イ　バスケットストレッチャーを用いる場合

（ア）次の事項を除き、アに準ずる。

（イ）小綱2本をカラーに巻き結び＋半結びで結着する。

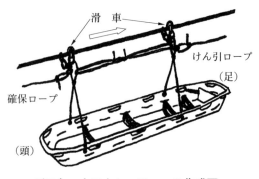

バスケットストレッチャーの作成図

ウ　折りたたみ式担架を用いる場合

（ア）次の事項を除き、アに準ずる。

（イ）担架の前後の取手両端に小綱をそれぞれ結着する（巻き結び＋半結び）。

（ウ）小綱の索端で担架のゲタに控えをとる（もやい結び＋半結び）。

　　★　索端ロープをゲタに素通しして、両索端を本結び＋半結びで結合しても
よい。

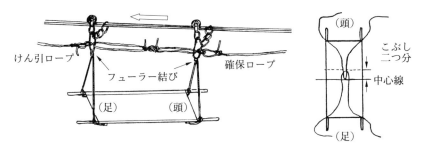

折りたたみ式担架の作成図（水平）

(4) 斜めロープブリッジ担架の作成

　ア　平担架を用いる場合

　　㋐　次の事項を除き、(3)アに同じ。

　　㋑　小綱の長さを調節するときに、斜降下の角度を考慮に入れる。

　　　★　一般に頭部側の小綱を足部側の小綱よりも長くして結索する。

　　㋒　滑車を使うと、降下速度が速くなり、危険性が高くなる。

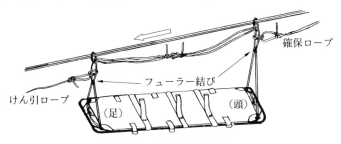

平担架の作成図（斜降）

　イ　バスケットストレッチャーを用いる場合

　　アに準じる。けん引ロープは、展張ロープの角度によっては省略することができる。

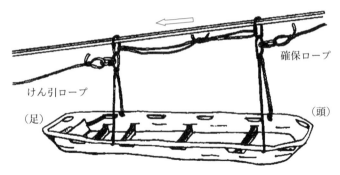

バスケットストレッチャーの作成図（斜降）

ウ　折りたたみ式担架を用いる場合

　　アに準じる。

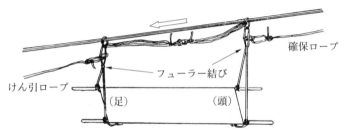

折りたたみ式担架の作成図（斜降）

Q&A

ロープとカラビナの角度により重くなるような気がするが？

1　カラビナの向きにより抵抗の大きさが変わる。

2　展張ロープに対するカラビナの向きを抵抗の小さい向きに保つため、カラビナを対角線上（ロープの山に乗せる。）に小綱を用いて結索するとよい。

3　けん引ロープもカラビナの向きを考慮し、フューラー結びに掛ける。

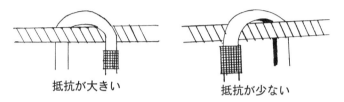

抵抗が大きい　　　　　　　　　　抵抗が少ない

折りたたみ式担架の場合ゲタに控えをとるがなぜか？

1　取手の巻き結びが抜けるおそれがある。

2　平担架では抜けるおそれがないので、索端を処理する程度でよい。

8－4　要救助者の担架縛着法

　高所や低所から要救助者を救助するとき、要救助者の容態や周囲の状況等により担架を水平又は垂直にして使うことが必要となる。通常この担架の使い方から「水平担架」「垂直担架」と呼び、それぞれに応じて要救助者を担架へ縛着する。

　★　担架の名称（第3章3－2「担架」参照）

1　水平担架への縛着法

(1)　平担架の場合

　　ア　ベルトで胸部・腰部・足部を固定する。

　　イ　ベルトが保温のための毛布等により足りない場合や、損傷している場合は、小綱等で補強又は代用する。

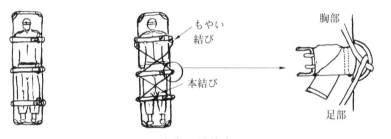

平担架の縛着法

(2)　バスケットストレッチャーの場合

　　ア　(1)に準じて、固定バンドで固定する。

　　イ　フットレストは要救助者の足に密着するように調整する。

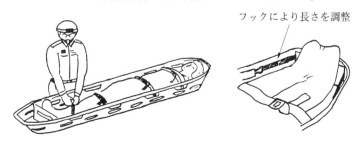

バスケットストレッチャーの縛着法

⑶　折りたたみ式担架の場合（二つ折・四つ折）

　★　集団災害用担架は、握部（取手）が収納式になっているので、水平担架、垂直担架には使用しない。

　ア　担架の事前準備をする。

　　★　担架の事前準備（8－3「担架の搬送・作成法」参照）

　イ　担架足部の左右のゲタにそれぞれ小綱を結着する。

　ウ　小綱を要救助者の腹部上で交差し、担架頭部の左右のゲタに半結びをとった後に、要救助者の胸部右側上で小綱を結合する（本結び＋半結び）。

　　★　小綱の「ゲタ」への結着法は次のいずれかを使う。
　　　㋐　もやい結び＋半結び
　　　㋑　巻き結び＋半結び
　　　㋒　ふた回りふた結び
　　　　　作業性は、㋐が1番よい。

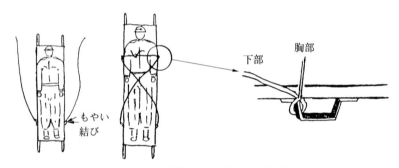

折りたたみ式担架の縛着法（水平）

2　垂直担架への縛着法

⑴　平担架の場合

　ア　ベルトで胸部・腰部・足部を固定する。

　イ　小綱等を用いて、1⑴に準じて補強する。

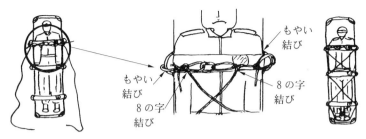

平担架の縛着法

(2) バスケットストレッチャーの場合

　　水平担架への縛着法の(2)に準ずる。

(3) 折りたたみ式担架の場合（二つ折・四つ折）

　ア　第一法

　　(ア)　担架の事前準備をする。

　　(イ)　要救助者の大腿部にそれぞれ小綱を結着する（もやい結び＋半結び）。

　　(ウ)　小綱を要救助者の腹部上で交差し、担架頭部の左右のゲタに半結びを
　　　　とった後に、要救助者の胸部右側上で小綱を結合する（本結び＋半結び）。

　　(エ)　次に小綱を担架頭部のゲタにそれぞれ結着する。

　　(オ)　小綱を要救助者の腹部上で交差し、担架足部の左右のゲタに半結びを
　　　　とった後に、要救助者の膝を軽く曲げた状態で小綱を足に巻き付け、足
　　　　の甲の上で小綱を結合する（本結び＋半結び）。

　　　　★　要救助者の手を縛っておくとブラつかない。

　　(カ)　要救助者の膝を伸ばす。

　　　　★　要救助者の膝を曲げたり伸ばしたりするのは、足部をしっかり締めるた
　　　　め。

　イ　第二法

　　(ア)　担架の事前準備をする。

　　(イ)　担架頭部の左右のゲタにそれぞれの小綱を結着する。

　　(ウ)　小綱にそれぞれ8の字結びを作り、要救助者の脇下を通し、胸部右側
　　　　上で両側の8の字結びにカラビナを掛けて、胸部を締める（カラビナが
　　　　当たる部分に、必要に応じて当て布をする。）。

　　　　★　8の字結びは、胸部をしっかり固定することができる。

　　(エ)　2(3)のアの(オ)、(カ)に同じ。

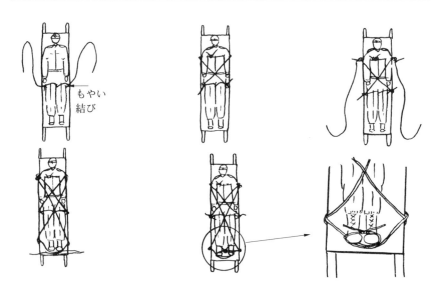

折りたたみ式担架の縛着法（垂直）

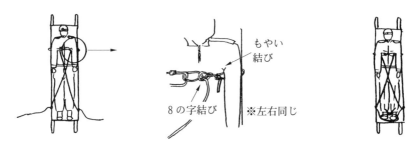

8の字結び　もやい結び　※左右同じ

折りたたみ式担架の縛着法（垂直第二法）

ポイント

1　要救助者の保温を考慮する。
2　胸部の上で結ぶ本結び＋半結びは、心臓や負傷部位を避ける。
3　ロープ端末の要救助者へのはね返りに注意し、静かに縛着する。

8－5　徒手搬送法

代表的な徒手搬送法には次のようなものがある。

1　隊員が一人で行う方法

種　　類	搬　　送　　図	搬　　送　　要　　領
ファイヤーマンズキャリー		ア　要救助者を壁等にもたれさせる。 イ　折り膝をし、要救助者を肩に背負う。 ウ　手で要救助者の膝を抱え込み、手前に垂れ下がる手首をつかむ。 エ　腰を痛めないように立ち上がる。
ほふく搬送1		ア　要救助者の両手を胸の上で重ね、ロープや三角巾等で結ぶ。 イ　要救助者にまたがり、両手首の輪に首を入れ、両手をつき、要救助者の頭・肩を持ち上げ引きずる。
ほふく搬送2		ア　要救助者の両手を胸の上で重ね、ロープや三角巾で結ぶ。 イ　要救助者の頭部側から両手首の輪に入れ、両手をつき、要救助者の頭・肩を持ち上げる。 ウ　後ずさりしながら救助する。

腕負い搬送（バックストラップ）		要救助者の手首を隊員の胸の前で押さえる。
引きずり救助		ア 要救助者の上衣襟を緩める。 イ 上衣後ろ襟をつかみ引きずる。
小綱縛着搬送（子豚搬送）		ア 要救助者を背負う。 イ 小綱を要救助者の脇下を通し、隊員の肩に掛け、胸の前で2〜3回交差する。 ウ そのロープを要救助者の脚に外側から掛け、要救助者の股間側から引き出し、隊員の腹の前で結合する（本結び＋半結び）。
前屈搬送		要救助者の両脇下から隊員の両腕を差し込み、要救助者の片腕の手首と肘の付近を握り、後方へ搬送する。
その他の方法	ア 支持搬送　　　　イ 抱き上げ搬送 	

2　隊員が二人で行う方法

種　　　類	搬　送　図	搬　送　要　領
ヒューマンチェーン		ア　A、Bの手の組み方がある。 イ　Cは、小綱を使う方法
引きずり救助		ア　要救助者の上衣襟を緩める。 イ　後ろ襟を持ち、引きずり出す。
前屈二人搬送（階段部分の搬送に有効）		ア　要救助者の両脇下から隊員の両腕を差し込み、要救助者の片腕の手首と肘の付近を握る。 イ　他の隊員は要救助者の下肢を交差させて抱え、二人が同時に持ち上げ、足部側から搬送する。

向かい抱き搬送 （階段部分の搬送に有効）		ア　要救助者の左右に立ち、互いに要救助者の脇に首を入れ、片方の腕を背部に通す。 イ　互いに他方の腕で要救助者の膝裏を抱える。

ポイント

1　小綱縛着搬送のとき要救助者の脇下が小綱とこすれて痛い場合、柔らかい布等をあてがうとよい。
2　小綱縛着搬送は、小綱の代わりにシーツを使ってもよい。
3　引きずり救助は、ふとん・毛布等の上に要救助者を寝かせたままで、ふとん等を引っ張る。

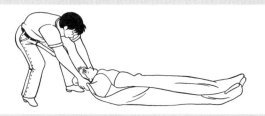

4　隊員一人で搬送する場合は、要救助者の胸腹部を圧迫することが多いので注意する。
　★　隊員一人での搬送は、やむを得ない場合だけにとどめ、努めて複数の隊員による搬送を心掛ける。
5　二人で搬送する場合は、要救助者の頸部が前屈するおそれがあるので、気道の確保に留意する。

要救助者を担ぐ方法は？
次の要領で実施すれば、一人で担ぐことができる。

第9章　進入法

9－1　高所への進入法　三連はしご等を利用した進入

1　目　的

　高所に取り残された要救助者を救助するため、又は消火活動をするために進入するのに必要な手段である。

　一般的に施設・機械器具等を活用した進入方法は、次のものが考えられるが、手段の選択は、安全で迅速にできる方法を選ぶことにある。

(1)　建物の施設を活用する。

(2)　積載の資器材（三連はしご等）を活用する。

(3)　はしご車等の特殊車両を活用する。

(4)　航空機を活用する。

2　積載はしごの活用例

(1)　架てい階が2階の場合

　　ア　三連はしごの活用（最も一般的で、広く活用される方法）

　　　(ｱ)　架てい位置は、進入しようとする開口部の左右どちらかに寄せる。

　　　(ｲ)　横滑り防止処置をする。

　　　(ｳ)　はしご上でガラスを割る場合は、開口部直近の壁体に架ていし、破壊落下物・火炎噴射による危険防止をする。

　　　　★　危害防止のため、はしごの確保者の位置に注意する。

　　イ　かぎ付はしごの活用

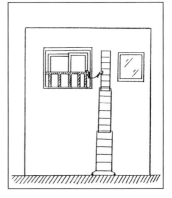

三連はしごの活用例

(ア)　かぎ付はしごは、垂直加重を目的に作成されているので、できる限り垂直に使う。

(イ)　手すり等に架ていする場合、補強材のある位置へ掛けるように注意する。

(2)　架てい階が3・4階の場合（三連はしごを活用する場合）

ア　タンク車等を併用する。

イ　三連はしごとかぎ付はしごを併用する（三連はしごは、必ず建物に結着する。）。

ウ　隣接建物を活用する。

エ　かぎ付はしごを複数活用する。

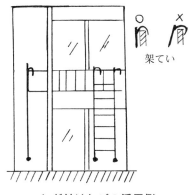

かぎ付はしごの活用例

タンク車等の活用例

ポイント

1　三連はしご等を次図のように使用し、活動していく場合は、小隊相互の連携活動が必要である。

2　次図点線部の進入は、2小隊ほどの協力により活動をしなければ、素早い救助活動ができない場合が多い。

3　次図などのように、多くのはしごを利用する場合は、進入方法を各隊員に周知徹底する必要がある。

4　確保員は防火帽の保護シールドを有効に活用する。

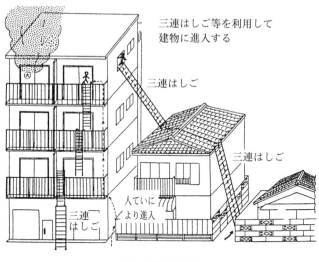

三連はしご等を利用して
建物に進入する

三連はしご

三連はしご

人ていに
より進入

三連
はしご

はしごの活用例

3　はしご車等による高所進入

⑴　障害物により直接建物に架ていできない場合は、かぎ付はしご等を利用す
　るとよい。

⑵　高さ31m以下3階以上の各階には、非常用進入口が設定されているのが原
　則であるため、その位置を確認する（設置規制のなかった昭和45年以前の建
　物については、構造等が現行基準に適合していないものが多い。）。

⑶　ガラス等を破壊し、進入する場合は、破壊物が落下し、直下周辺が危険で
　あるため安全を確認する。

⑷　延焼階の進入口を開放する場合は、バックドラフト・フラッシュオーバー
　等による危険があるので注意する。

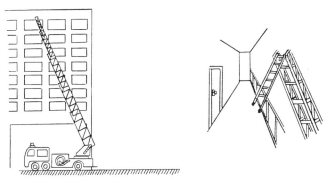

はしご車の活用例

ポイント

1　三連はしごを上階へ引き上げる場合は、2人以上で協力しあう。
2　隊員は、確実に確保をとりながら、高所へ進入する。
3　はしごの立てかけ部分や高所でのはしご使用の際は、ロープ等で固定（上部及び基底部）して、活動にあたる。
4　落下物等による危険があるため、火点直下からの進入は避ける。
5　スレート屋根・塩ビ屋根は、体重に耐えられないので注意する。
6　施設を活用して高所へ進入する。

4　建築防災施設の活用例

⑴　非常用エレベーターの活用

　ア　防災センターで専用キーを受領する。

　イ　非常用エレベーターは、原則火点直下階まで直行する。

　ウ　エレベーターの専従隊員を配置する。

　エ　非常用エレベーターの運用時は、シャフト内の煙の状況を確認する。

　オ　消防活動に移行するときは、避難階段の位置を確認しておく。

　カ　二次消防運転は、危険が大きく伴うため、できるだけ避ける。

⑵　窓からの進入拠点として、非常用進入口を活用

　ア　3階以上のビル火災では、赤色灯の標識又は正三角形の赤色反射塗料による表示の進入口を見つけて、この部分から屋内進入する。

　イ　進入口のガラス等を破壊する場合は、安全を確保する。

⑶　階段の区分

　★　**階段の区分**　建築基準法施行令の区分による。

　ア　直通階段

建築物のある階段から、その階段を通じて、避難階に誤りなく容易に到達できる階段（屋外に設ける場合もある。）。

　(ｱ)　避難階段

　　　耐火構造の階段及び階段室からなり、出入口には特定防火設備等を備え、照明装置は予備電源付である（屋外に設ける場合もある。）。

　(ｲ)　特別避難階段及び階段室の構造は、避難階段と同様であるが、室内と階段室はバルコニー又は排煙設備等を備えた附室を通じて連絡している。

　イ　その他の階段

　　　直通階段以外の階段

(4)　階段の有効活用

　ア　火災建物の外見から階段の位置を推定する。

　イ　雑居ビルでは、それぞれ専用階段がある場合、うっかり飛び込むと火点室に近づけず迷うことがある。

　ウ　階段室への煙の拡散防止を行う。

　エ　1階及び屋上塔屋の出入口扉を開放し、階段の排煙を行う。

　　★　隊員の進入が、避難者の障害にならないように注意する。

5　航空機による高所進入

手　　　段	対　　　象
ヘリコプターによる着陸	ヘリポートのある対象物
リペリングによる進入	連続的にかつ迅速に降下進入する場合
ホイスト吊り下げ降下進入	降下場所が狭く、より安全に降下させる場合

　★　リペリング降下（第5章5－4「リペリング降下」参照）

6　人ていによる高所進入

(1)　依託人てい

　　災害現場において、はしご、その他の資器材を準備する時間的余裕がなく、また、場所的に使えない場合などは、人ていを作ることにより、4m程度の障害を乗り越えたり、建物の2階程度までは登ることができる。

　ア　1てい2人組

　(ｱ)　ていとなる者は、壁に面してわずかに離れてうずくまり、両腕をほぼ肩の高さにし、両手をつく。

　(ｲ)　他の1名（登はん者）は、ていのももを踏み、肩に登る。

㋡　ていは、ゆっくり立ち上がる。

㋣　登はん者は、ていの伸てい後、手掛かりを目指して静かに立ち上がる。

１てい２人組

イ　１てい３人組

㋐　ていとなる２名の者は、壁から少し離れて向かい合い、片膝立ちとなる。

㋑　登はん者は、両ていの手のひらに乗る。

㋒　ていは、呼吸を合わせて静かに立ち上がり、協力して登はん者を「１、２、３」の号令で一気に高く押し上げる。

㋓　登はん者は、ていの押し上げるタイミングに合わせ、手掛かりを目標に登はんする。

１てい３人組

(2)　空間人てい（壁体等がない場合）

ア　１てい３人組

㈠　ていとなる2名は、向き合ってうずくまり、互いに腕を組む。

㈡　登はん者は、ていの肩に手を掛け、ももを踏み、肩に登ってうずくまる。

㈢　ていは、ゆっくり立ち上がり続いて登はん者は、手を離して静かに立ち上がる。

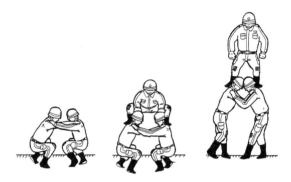

1てい3人組（空間人てい）

ポイント

1　人ていは、隊員一人ひとりが技術をマスターしていないと、速やかな進入ができない。

2　空気呼吸器を着装しての進入は、バランスが悪いため、補助者を付ける。

9－2　低所への進入法　三連はしごの逆伸ていによる進入

1　特　徴

三連はしごを低所へ向かって伸ていする方法で、次の特徴を持つ。

(1)　ロープでの進入に比べて安全で連続的な進入ができ、脱出も容易である。

(2)　あまり深くない立て抗等（8m程度）において行う。

(3)　はしごの掛金が外れないように連結部を小綱で結索するので、その際に、上部にはしご一連分のスペースが必要である。

2　逆伸ていによるはしご着てい方法

立て坑等の深さにより次の方法があるが、ここでは図のAを基本とする。

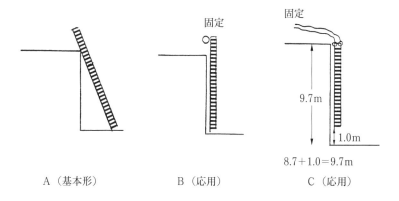

A（基本形）　　　B（応用）　　　C（応用）

8.7＋1.0＝9.7m

3　全　体　図

三連はしご伸てい後の状態は、次のとおりである。

(1)　隊員①②は、はしごの確保を行う。

(2)　隊員③は、はしごの引き出し、はしごの連結部の固定を行う。

(3)　隊員④は、引き綱の処理を行う。

4　使用資器材等

⑴　人員　　　　　4名以上
⑵　三連はしご　　1基
⑶　ロープ　　　　（確保用　2本　最低各
　　　　　　　　　10m以上）
⑷　小綱　　　　　2本（はしご連結部の固
　　　　　　　　　定用）

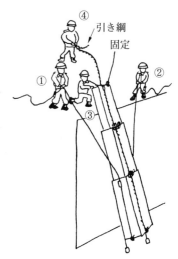

三連はしご逆伸ていの完成図

5　活動要領

⑴　事前準備
　　ア　引き綱を解く。
　　イ　基底部に確保ロープを結着し、横枠補強部分に素通しする。
　　　　★　横枠補強部分付近にカラビナを掛け、そこにロープを素通ししてもよい。

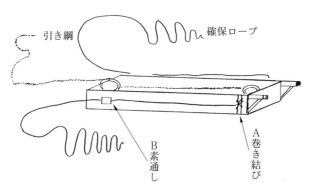

※　Bの部分にカラビナを使用してもよい

はしごの事前準備

(2)　伸てい準備

　　はしごを縮ていしたまま、立て坑内へ協力して下ろす。

　ア　隊員①②は、確保ロープではしごを確保する。

　イ　隊員③は、本体上部を支持する。

　ウ　隊員④は、引き綱を保持する。

　　　★　三連目を伸ていするときは、小綱が干渉しないようにする。

(3)　伸てい（二連目伸てい）

　ア　隊員③は、二連目を引き出し、掛金を掛け、小綱で一・二連目を固定する。

　イ　隊員④は、引き綱がはしごに食い込まないようにする。

　ウ　隊員①②は、しっかり確保する。

(4)　伸てい（三連目伸てい）

　ア　隊員①②③は、二連目の上端が隊員③の腰の位置にくるまではしごを下ろす。

　イ　(3)と同様の操作を行い、三連目を伸ていする。

　　　★　小綱で二・三連目を固定する。

(5)　着てい

　ア　全員ではしごをおおむね75°に着ていする。

　イ　はしごの上端を小綱で地物に結着する。

　ウ　確保ロープ、引き綱も地物に結着する。

(6)　撤収

　ア　引き綱等を解く。

　イ　全員ではしごを引き寄せて持ち上げる。

　ウ　隊員③は二・三連目を固定していた小綱を解き、掛金を外し三連目を収納する。

　エ　三連目と同様に二連目を収納する。

　オ　はしごを足場に引き上げて撤収する。

伸てい準備

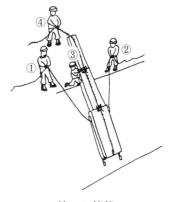

伸てい状態

ポイント

1　はしごの伸てい、縮ていの際に引き綱がからまないように注意する。
2　確保ロープの操作によっては、一度掛かった掛金が外れることがある。
　　★　隊員①②と隊員③の呼吸が合わない場合に起こりやすい。
3　伸てい後、はしご上端部を地物に結着することで、より安全性が高まる。

9 − 3　低所への進入法　ロープによる進入

1　種　類

(1)　座席懸垂による進入

(2)　身体懸垂による進入

(3)　逆さ吊りによる進入

(4)　その他の進入

2　特　徴

(1)　はしごや施設利用と比較して、技術の習得が必要である。

(2)　進入中の突発的な事故の発生に対して、自力による脱出が困難である。

(3)　はしごや施設利用と比較して、進入口の大きさや深さに左右されず、ほとんどの形状の低所進入が可能である。

(4)　懸垂点さえあれば、素早い進入が可能である。

(5)　進入用ロープはダブルとする。

3　進入方法

(1)　座席懸垂による進入

　　★　**座席懸垂**（第 5 章 5 − 1 「座席懸垂」参照）

　　空気呼吸器を着装したままでも進入ができる。また、進入途中の作業も可能である。

(2)　身体懸垂による進入

　　★　**身体懸垂**（第 5 章 5 − 2 「身体懸垂」参照）

　　★　10m以下を目安とする。

　　懸垂ロープ以外の資器材は何もいらないが、身体的苦痛が大きいために、あまり深い場所への進入はできない。

(3)　逆さ吊りによる進入

　　ア　井戸等、内部に活動スペースがないときに有効な方法である。反面、他の方法と比較して、逆さ吊りの状態で長時間の活動は困難である。

　　イ　進入口の上部に支持点を設置できると、進入隊員の吊り下げが足場から

上で可能になり、進入隊員の進入時の不安感を払拭でき、同時に結索等の
点検もできる。

ウ　進入隊員の体重は、確保ロープ及びカラビナの部分にかかるようにして、
予備確保として縛帯のアタッチメントポイントにも余裕をとって結着して
おく。

エ　縛帯を利用しないでロープにより、腰、足首を結着する方法もある。

★　逆さ吊り隊員の活動は、5分程度とする。

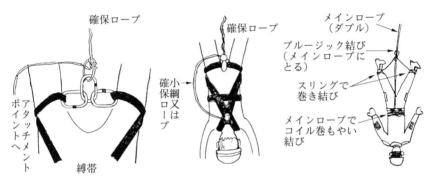

逆さ吊りによる進入

ポイント
1　実施する場合は、交代要員を待機させる。
2　専従の連絡員を置き、連絡に当たらせる。

⑷　その他の進入

ア　地物、施設等を利用できない場合

㋐　進入隊員の確保は、複数の隊員により行う。

㋑　ロープと地物が接する部分は当て布等で保護する。

イ　地物、施設等を利用できる場合

ロープを地物等へ1～2回巻き、その摩擦力を利用して隊員を安全に降
下させる。

★　支持点、支点の作成（第2章2－1「支持点・支点の作成」参照）
★　状況に応じて巻く回数を調節する。

ウ　つるべ式による降下進入

他の方法と比較して、ロープは倍の長さが必要となるが、脱出、引き上
げが容易である。

★　つるべ式（第10章10－6「つるべ式引き上げ救助」参照）

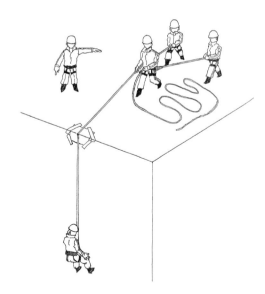

確保による進入

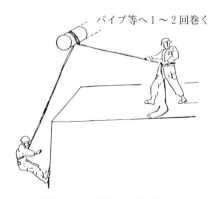

パイプ等へ１～２回巻く

確保による進入（支持物）

第10章　代表的な救助法

10－1　かかえ救助

　特別な器具を必要とせず、即座に実施でき、要救助者に身体的苦痛を与えず、連続して救助することができる。

　なお、要救助者の体重が隊員より重い場合、安全に救助するには一層の熟練が必要である。

1　全体図

　はしご先端が、架てい場所から1m以上出ていると、要救助者をはしご上へ出しにくくなる。

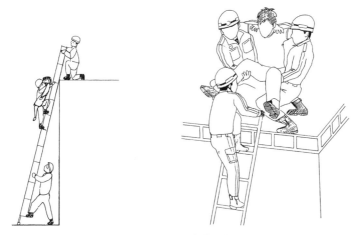

かかえ救助（全体図）

2　活動要領

(1)　伸てい

はしごを伸ていし、確保隊員は、はしごを確保する。

★　**はしごの確保**　小綱等による上部固定措置ができない場合、はしご上部を両手でしっかり保持する。

(2)　要救助者の確保

ア　てい上の隊員の大腿部の上に要救助者を乗せる。

イ　隊員は、両手を要救助者の脇下を通して、はしごの横さんを握る。このとき隊員は、要救助者の上体を自分の上体で受け止めるようにする。

★　腰をやや落とし、深くかかえるようにする。

かかえ救助

（保持要領）

(3)　降てい開始

ア　次図のいずれかの足の運びではしごを降りる。

★　要救助者の体重を考慮して決める。

イ　大腿部から要救助者がずり落ちないように、腰を落として膝を直角に保つとともに両腕で支える。

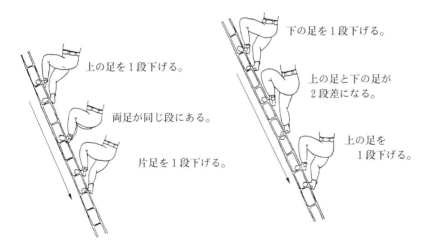

上の足を1段下げる。

両足が同じ段にある。

片足を1段下げる。

下の足を1段下げる。

上の足と下の足が2段差になる。

上の足を1段下げる。

かかえ救助（足の運び方）

ポイント

1　常に隊員の大腿部の上に要救助者の股間があるようにする。
2　要救助者の股間が隊員の大腿部のつけ根に近いほど足の運びが楽になる。
3　はしごの引き綱、滑車に足を引っかけやすいので、はしごの確保隊員は、その旨を救助隊員に知らせること。

Q&A

意識のある要救助者を降ろすときは？

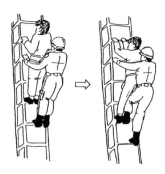

1　要救助者の両足を横さんにそろえて左（右）側に寄せて立たせる。
2　隊員は、要救助者の直下横さんに両足をそろえて右（左）側に立ち、両手を要救助者の脇下を通して横さんを握る。
3　隊員は、要救助者に対して「左足（降ろせ）」「右足（降ろせ）」と指示するとともに、励ましながら誘導する。
4　隊員自身は、要救助者と反対の足を要救助者のリズムに合わせて降下していく。

10− 2　貯槽等からの救助

　給水タンク、受水タンク、浄化槽、地下タンク等の塗装・改修工事その他の作業中に、ガスによる中毒、いわゆる酸素欠乏事故が発生することがしばしば見られる。この種の槽は、出入口が極めて狭い（45〜60cm）のが通例である。

　このため、活動に不可欠な空気呼吸器を着装した状態では槽内に進入できないことがあり、そのような場合における進入・救助の方法である。

1　使用資器材

(1)　ロープ（救助用、確保用、空気呼吸器用、ボンベ用）　　各１本
(2)　空気呼吸器　　　　　　　　　　　　　　　　　　　　　１基
(3)　投入用ボンベ　　　　　　　　　　　　　　　　　　　　１本
(4)　カラビナ　　　　　　　　　　　　　　　　　　　　　　１個
(5)　酸素濃度等測定器具　　　　　　　　　　　　　　　　　１式
(6)　当て布等　　　　　　　　　　　　　　　　　　　　　　若干

2　実施要領

(1)　槽の出入口に投入用ボンベを搬送し、１本のロープの端末で空気ボンベ結索の要領で投入用ボンベを結索し、そく止弁を開放して槽内に吊り下げ、要救助者に新鮮な空気を補給する（要救助者が見える場合は頭側へ置く。また、送風機等の活用も考慮する。）。

> ★　空気ボンベの結索及び二重もやい身体結索　（第１章１− ４「結索法」参照）
> ★　空気補給による有毒ガス等の噴き出しに注意する。

(2)　進入する隊員の着装する空気呼吸器を、１本のロープの端末で空気呼吸器結索の要領で結索する。

(3)　進入する隊員は、二重もやい身体結索による命綱を作成し、胸から約30cmの所にフューラー結びの輪を作り、これにカラビナを掛けておき、空気呼吸器の面体のみを着装し出入口を通過した後、命綱のカラビナをはしごの横さん等に掛け身体

空気呼吸器の
着装

確保し、吊り下げられた空気呼吸器本体を着装後、カラビナを外して進入する。

　　★　横さん等に身体確保するときに、カラビナをフューラー結びより上部の確保ロープ側に掛けると確保がきかなくなり転落する。

　　★　当て布等で救助ロープの保護を行う。

カラビナの掛け方
（横さんが細い場合）

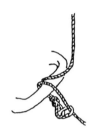

カラビナの掛け方
（横さんが太い場合）

⑷　救助要領

　ア　進入した隊員は、吊り下げられた救助ロープの端末で、二重もやい身体結索等により要救助者を結着する。

　イ　進入した隊員は、かかえ救助の要領で補助し、槽外の隊員と協力し引き上げる。

　　★　マンホール救助器具、はしごクレーン救助等と組み合わせれば、要救助者の引き上げが容易となる。

⑸　脱出は、進入の逆の方法により、出入口の直下で空気呼吸器本体を離脱し、槽外脱出後に面体を離脱する。

ポイント

1　空気呼吸器の吸気管及び高圧導管のよじれ等に注意する。
2　各ロープの余長は、混乱しないようにし、用途区分を明確にし、努めて色別等の措置を行い、整理しておく。
3　可燃性ガス等による中毒事故の場合は、投入用ボンベを当て布等で覆い、火花発生の防止に努める。
4　進入時、空気呼吸器と面体が別々に動くので、面体の離脱に注意する。

10－3　応急はしご救助

　架ていした三連はしごを利用し、救助ロープの先端に要救助者を縛着し、救助する方法である。

　隊員の進入に使用した三連はしごを、そのまま要救助者の救助に利用することができる。

　他に使用する資器材もロープだけでよく、救助作業も容易であるので、迅速な救助活動ができる。

1　全体図

2　活動要領

(1)　要救助者のいる階に三連はしごを伸ていする。

　　★　はしご伸ていは、はしご横さんを支点とすることを考慮して、高めに行う。

(2)　救助ロープで要救助者の胴が入るくらいの三重もやい結びを作成する。

(3)　救助ロープを最下段の横さん下側へ通し、表側に出

応急はしご

す。

ア　救助ロープは、結索部をベルトに挟み込み、搬
　送する。

> ★　救助ロープを折り、ベルトに通すのは、救助ロー
> プが障害物等に引っ掛かっても、登てい者が転落
> しないためである。

イ　結索部を上部の横さんの間を通し、上で待機し
　ている隊員に渡す（作業姿勢をとる。）。

(4)　三重もやい結びで要救助者を縛着する。

> ★　ロープが要救助者の両脇、両膝の裏に確実に当た
> るように縛着し、痛みを軽減させるように心掛ける。

(5)　確保隊員は、確保姿勢をとる。

> ★　肩確保（第4章4-2「確保の方法」参照）

(6)　進入隊員は、要救助者を吊り上げて、結索部分、
　支点、要救助者の様子に異常がないか確認する。

(7)　進入隊員は、はしごの両主かんを持って、前に押
　し出す。

応急はしご
（確保要領）

(8)　要救助者を降下させ、地上1mほどの位置に近づ
　いたら、要救助者を静かに降ろし、安全な場所に搬
　送する。

ポイント

1　救助ロープを整理する。
2　確保隊員は、はしごの基底部中央付近に足を掛ける。
3　はしご先端部の横さんの位置は、要救助者を出しやすくするため救助面から
　1m以上の高さにする。
4　救出時に救助ロープを急激に制動すると、要救助者の負担が増すとともに、
　はしご横さんが破壊するおそれがある。

10− 4　はしご水平救助第一法

　はしご水平救助は、担架に乗せた要救助者を水平状態を保ったままで救助する方法で、次の特徴を持つ。
　⑴　高所から安全に救助できる。
　⑵　ただし、三連はしごが届く高さが限界である。

1　全 体 図

　⑴　担架は、確保員が救助ロープでしっかり確保する。
　⑵　地上隊員は、はしごが揺れないように支えるだけでよい。

はしご水平救助（全体図）

2　活動要領

(1)　担架への結着要領

　ア　担架と救助ロープの結着

　　★　**担架への結着要領**（第8章8－3「担架の搬送・
　　作成法」参照）

　イ　要救助者を担架へ縛着する。

　　★　**要救助者縛着要領**（第8章8－4「要救助者の
　　担架縛着法」参照）

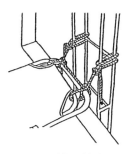

**はしご水平救助
（はしごの結着）**

(2)　担架をはしごに結着する要領

　ア　巻き結びは、はしごの横さんを挟み、主かんに
　　結索する。

　イ　はしごの先端を内部に入れると結着しやすいが、あまり長く入れると、
　　はしごを垂直に立てるとき、窓枠の上端等に当たるので注意する。

(3)　救助要領

　ア　屋内進入隊員は、担架を保持し地上
　　隊員に、はしごを立てるよう指示する。

　イ　地上隊員は、屋内進入隊員の指示に
　　より、はしごの基底部を壁面に近づけ
　　る。

　　★　はしご基底部を壁面等に確実に接す
　　るまで移動させないと、救出時に、は
　　しごの基底部が動くことがある。

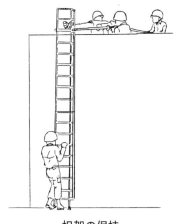

担架の保持

　ウ　屋内進入隊員は、確保しながら救助
　　ロープを送り出す（地物を利用しても
　　よい。）。

　　★　**確保**（第4章4－2「確保の方法」参照）

　エ　担架は、頭部をやや高めに保つ。

　オ　地上隊員は、はしごの横さんを保持し、降下速度に合わせて後方へ移動
　　する（はしごを引っ張らない。）。

3　使用資器材等

(1)　人員　　　　　4名

(2)　三連はしご　　1基

⑶　ロープ　　　　　（救助用　1本、小綱　3本）

⑷　担架　　　　　1台

ポイント

1　はしごが揺れないように、まっすぐ後方に移動する（後方を確認する。）。

2　必要なスペースを確認する。必要なスペースは次のとおり。

⑴　はしごを垂直に立てたときに、先端が建物等に引っ掛からないこと。

⑵　はしごを後方に倒すため、はしごの長さ以上の空間が必要。

⑶　建物の出っ張りに注意し、要救助者を乗せた担架が当たらないように注意する。

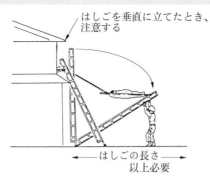

はしご水平救助（可動範囲）

10－5　はしご水平救助第二法

　はしご水平救助第一法と同様に、要救助者を水平に救助するが、はしご水平救助第一法と比較して、作業スペースを必要としない。

1　全体図

(1)　担架は、確保員が救助ロープでしっかり確保する。

(2)　屋内進入隊員は、はしご上端を支えて、担架を降下させるのに必要な空間を確保する。

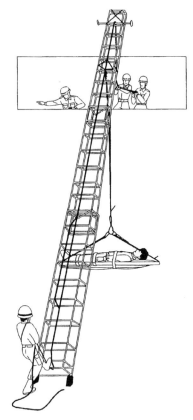

はしご水平救助（全体図）

2　活動要領

(1)　担架への結着要領

　ア　担架へ救助ロープ等を結着する（一箇所吊り担架の作成）。

　　★　**担架への結着要領**（第8章8－3「担架の搬送・作成法」参照）

　イ　要救助者を担架へ縛着する。

　　★　**要救助者縛着要領**（第8章8－4「要救助者の担架縛着法」参照）

　ウ　必要に応じて、担架に誘導ロープを結着する。

　　★　**誘導ロープの結着**（第8章8－3「担架の搬送・作成法」参照）

(2)　救助準備

　ア　はしご横さんの補強

　　　補強用具又は小とび口による補強

　イ　救助ロープをはしごに通す。

　　㋐　担架の吊り下げ点は、はしご
　　　　の先端近くにとる。

　　㋑　救助ロープの下部折り返し点
　　　　は、基底部近くにとる。

　ウ　とび口をはしごに結着する。

　　㋐　とび口2本を小綱で縛着する。

　　㋑　とび口を交差させ、はしごに結着する。

小綱で端末を30cm程度余して巻き結びをとり、4～5回巻き付けた後、巻き結びで結着し両端末で本結びをとる。

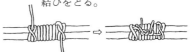

はしご水平救助（はしごととび口の結着）

　エ　担架に救助ロープを結着する。

(3)　救助要領

　ア　屋内進入隊員は、担架を保持し、確保隊員に確保するよう指示する。

　イ　確保隊員は、屋内進入隊員の指示で、はしごの基底部に足を掛け、肩確
　　　保する。

　ウ　屋内進入隊員は、とび口により、はしごを建物から離し、担架を出す。

　　★　常にはしごのバランスを注視し、はしごをゆっくりと前方へ押し出す。

　エ　誘導隊員は、誘導ロープを引き、担架を誘導する。

　オ　確保員が救助ロープを送り出し、担架を静かに降下させる。

　　★　確保（第4章4－2「確保の方法」参照）

3　使用資器材等

(1)　人員　　　　　　　5名（屋内進入3名　確保1名　誘導1名）

(2)　三連はしご　　　1基

(3)　担架　　　　　　1台

(4)　ロープ　　　　　（救助用　1本、誘導用　1本、小綱　4本）

(5)　カラビナ　　　　7個

(6)　とび口　　　　　2本

> **ポイント**
>
> 1　はしご伸ていは、支点の位置を考慮し、担架を十分吊り上げられる高さとし、救出側の活動スペースを考慮した位置とする。
>
> 2　資器材を保持しながら登ていする場合は、必ず片方の手は、裏主かんを随時握りながら滑らせる。
>
> 3　救助ロープがはしごの中心線を通るようにすると、はしごが安定する。
>
> 4　はしごの先端部の押し出しは、とび口の代わりに、屋内進入隊員が腕で押し出してもよい（この場合、担架降下用スペースが狭くなる。）。

10－6　つるべ式引き上げ救助

　要救助者等をロープで直接引き上げるだけの方法と比較すると、引き上げる力は半分ですむが、2倍の長さのロープが必要である。

1　全体図

(1)　上部に支点を作り、救助ロープ及び動滑車を設定する。

　　★　**滑車**（第3章3－1「カラビナ等」参照）

(2)　要救助者に救助ロープ、誘導ロープを付ける。

(3)　救助ロープで要救助者を引き上げる。

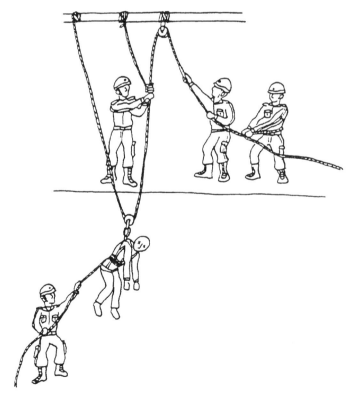

つるべ式引き上げ救助（全体図）

2　実施要領

⑴　救助ロープの設定

　ア　救助ロープの一端を上方の地物へ結着する。

　イ　アの結着点から1mほど離した箇所に、小綱で支点を作成して、固定滑車を取り付ける。このときカラビナ3枚で補強をとる。

　ウ　アで結着した救助ロープをイの滑車に通して、その間に動滑車を取り付ける。

　エ　救助ロープの先端は、確保員が保持する。

　オ　必要に応じて、小綱で救助ロープにプルージック結びをとり、救助ロープの戻りを防ぐ。

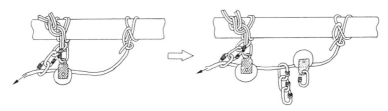

　　※　表現の簡略化のため、図中では救助ロープをシングルで表現している。

つるべ式引き上げ救助（滑車の取り付け―引き上げ時）

　　★　滑車使用の際は、補助カラビナをロープを引き出す方向に取り付ける。

⑵　救助活動

　ア　隊員は、動滑車を利用し、確保員の確保により救助ロープで降下する。

　イ　要救助者を縛帯又はロープにより縛着後、隊員が降下してきた動滑車に取り付ける。

　ウ　要救助者に誘導ロープを取り付ける。

　エ　確保隊員及び引き上げ隊員は、要救助者引き上げ準備の合図を確認した後、要救助者を引き上げる。

　　★　動滑車へ手を巻き込まれないよう注意する。

つるべ式引き上げ救助（進入要領）

⑶　脱出

要救助者を救助後、再び救助ロープを利用して脱出する。

3　使用資器材等

(1)　人員　　　　　4名以上
(2)　ロープ　　　　（救助用　1本、誘導用　1本、小綱　3本）
(3)　縛帯等　　　　1個
(4)　滑車　　　　　2個
(5)　カラビナ　　　8個

ポイント

救助ロープの結着点と固定滑車の距離があまり近い（0.5m以内）と救助ロープがねじれやすい。また、遠いと要救助者が高い位置まで上がりにくい。

Q&A

誘導ロープは、どのような場合に有効か？
1　要救助者の救助時、要救助者が壁体等に接触する場合
2　救助ロープがねじれる場合（誘導ロープがあるとねじれない。）

10－7　はしごクレーン救助

支点をとる際に地物が利用できなくても、三連はしごを利用して支点を作り、要救助者を安全に救助できる。

1　はしごクレーン救助法（定滑車利用）

> ★　主として要救助者を吊り下ろす場合
> ★　はしごクレーンは、はしごの角度と基底部の固定がポイント

(1)　全体図

ア　はしごと確保ロープの相対位置は、右図のとおり。

イ　確保ロープは、地物に結着する。

ウ　確保ロープは、地物を利用する他に消防車両等を利用する方法もある。

エ　イ・ウの方法ができない場合は、身体確保（腰確保）とする。

オ　はしごをより安定させるため、基底部を小綱で固定するとよい。

はしごクレーン
（全体図）

(2)　活動要領

ア　確保ロープの設定

　三連はしご（縮ていのまま）の両方の主かん上部にそれぞれ確保ロープを結着（巻き結び）する。

> ★　確保ロープは、不均等とならないよう左右対称の位置に結着する。

イ　上部固定滑車の作成

(ｱ)　はしご上端から2～3本目の横さんに小綱（2つ折りにしてダブルで使用）で巻き結び＋本結びをとる。

(ｲ)　(ｱ)で作成した巻き結びの内側2本にカラビナを掛け、滑車を取り付け、

上部支点
（吊り下ろし時）

この滑車に救助ロープを掛ける。このときカラビ
ナ3枚で補強をとる。

　★　結索部が(イ)のカラビナと反対側になるようにする。

ウ　下部固定滑車の作成

　　最下部の横さんにも同様に支点を作成する。

エ　救助ロープの設定

　(ア)　救助ロープは、下部固定滑車を通し、はしご内
　　　部を通り上部固定滑車へ通す。

　　　★　救助ロープは、できるだけ横さんに当たらない
　　　　ようにする。

下部支点
（吊り下ろし時）

　(イ)　上部固定滑車に通した
　　　ロープの索端にカラビナ
　　　を介して縛帯又はサバイ
　　　バースリング等を取り付
　　　ける。

オ　はしごの設定

　　はしごを目標点（要救助
　者を吊り下ろしたい場所）
　に移動させ、起てい角度を
　70°前後に保つように、確
　保ロープを固定する（地物
　を利用できない場合は、腰
　確保）。

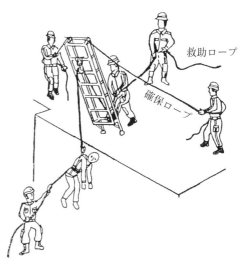

救助ロープ

確保ロープ

※　基底部を押さえる隊員は省略

はしごクレーン（活動図）

2　はしごクレーン救助法（動滑車利用）

⑴　全体図

　　定滑車利用法とほぼ同様であるが、動滑車を利用（つるべ式引き上げ救助）して救助ロープを引く方法である。

　　★　動滑車（10－6「つるべ式引き上げ救助」参照）

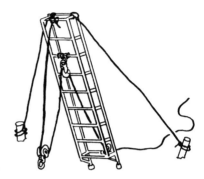

はしごクレーン（全体図）

⑵　活動要領

　ア　上部固定滑車の作成

　　㋐　はしご上端から2～3本目の横さんに小綱（二つ折りにしてダブルで使用）で、巻き結び＋本結びをとる。

　　㋑　㋐で作成した巻き結びの内側2本にカラビナを掛け、滑車を取り付ける。このときカラビナ3枚で補強をとる。

　イ　下部固定滑車の作成

　　最下部の横さんにも同様に支点を作成する。

　ウ　救助ロープの設定

　　救助ロープは、下部固定滑車を通し、はしご内部を通り、上部固定滑車へ通す。その索端をはしごの最上段の横さん中央に結着する（巻き結び）。

　エ　動滑車の設定

　　上部固定滑車と最上段の横さん結着部の間の救助ロープに滑車を設定する。

　オ　はしごの設定は、定滑車利用法と同じ。

3　使用資器材等

⑴　人員　　　　　　5名以上
⑵　三連はしご　　　1基
⑶　ロープ　　　　　（救助用　1本、確保用　2本、誘導用　1本、小綱　4本）
⑷　縛帯等　　　　　1個
⑸　滑車　　　　　　3個
⑹　カラビナ　　　　12個

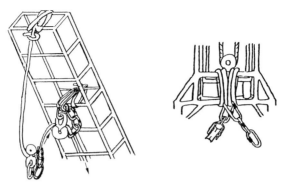

上部支点・下部支点（引き上げ時）

ポイント

1　はしごの接地部（基底部）の固定処置が十分でないと、基底部が跳ね上がって転倒するおそれがある。
2　補強用カラビナは、滑車に巻き込まれないように、必ずロープ引き出し側に付ける。
　　★　進入時（吊り下ろし時）、退出時（引き上げ時）で付け替えが必要
3　上部支点と最上段の結着部の距離が近いとロープがねじれ、広いと要救助者が高い位置まで上がらない。
4　はしごの確保は、不均等にならないように、はしごを確保する2名の隊員は、向き合い確保する（腰確保の場合）。
5　救助ロープを下部固定滑車から通し、上部固定滑車へ出すが、救助ロープを通す位置が悪いと、横さんとの摩擦により抵抗がかかり、引きにくいことがある。
6　上部支点、下部支点の位置は、引き綱を引いたとき、はしごが不安定にならないよう横さんの中央に作成する。
7　要救助者の引き込みは、できるだけ高い位置まで要救助者を上げ、救助ロープを緩めた分を中へ引き込むようにし、無理な引き込みはしない。
　　★　要救助者を無理に引き込むと、はしごが不安定な状態となり、転倒するおそれがある。
8　壁体等がない場合、要救助者が回転し、引き上げが不能となることがあるので、要救助者に誘導ロープを付ける。

Q&A

はしごクレーンを安定して行うには？

はしごクレーンを安定させるには、次の3点が重要である。
1　はしごの基底部が滑らないように、地物等を利用して固定する。
2　各支点は、横さんの中央に作成する。
3　はしごは短い状態（縮てい状態）で使用した方が安定する。

　下図のように、はしごクレーンをつくり重量Wの要救助者を引き上げる（縮てい状態でのはしごクレーンをA図、2倍の長さのはしごクレーンをB図で示し、はしごクレーンの角度はA図もB図も同じとする。）。

　このとき、はしごの先端滑車には、基底部Oを中心に、はしごを倒れさせようとする転倒モーメントmが働く。

　このmの大きさは、W×L（L：Wの作用線とOとの、うでの長さ）で与えられ、B図のようにはしごを同じ角度で、先端滑車の位置を2倍に伸ばした場合、はしごの転倒モーメントMの大きさは、当然にmの2倍となる。

　一方、確保とは、はしごを転倒させないために、転倒モーメントm（B図ではM）と同じ大きさで、反対方向にモーメントm′（B図ではM′）を与えることであり、m′は、w×ℓ（M′はw′×ℓ′）で与えられる〔ℓ（ℓ′）：w（w′）の作用線とOとの、うでの長さ〕。

　A図とB図を比較して分かるように、確保できる場所が限定されている場合には、ℓ′は、ℓと見比べても、あまり大きくなっていない。したがって、M′を得るためには、w′は、wのほぼ倍の張力を保持しなければならない。すなわち、確保には大きな力が必要となり、とりわけ人力で確保せざるを得ないような場合は注意を要する。

　また、はしごが長いと、はしご自体がたわむことや、三つ打ちの確保ロープが長くなり荷重による伸び縮みが顕著になること、左右への転倒危険も高まることから、はしごクレーンは不安定となる。

　よって、はしごは、短い状態で使用した方が安定しやすい。

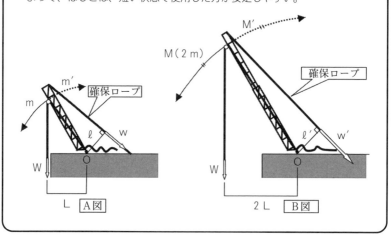

10－8　ロープによる救助

1　ロープによる救助

(1)　ロープとカラビナとの摩擦力による制動を利用し、要救助者を高所から降下させて救助する方法である。

(2)　要救助者を縛帯・小綱等で直接縛着するので、軽傷又は応急的な場合に用いる。

　ア　種類

　　　ロープ利用による主な救助方法は、次の三つである。

　　(ア)　吊り下げ法

　　(イ)　座席懸垂背負い法

　　(ウ)　地物利用による救助法

　イ　条件

　　　要救助者を降下させるための懸垂ロープが必要である。逆にいえば、懸垂点が確保できれば、救助は可能である。

　　　★　懸垂ロープ（第2章2－2「懸垂ロープの設定」参照）

2　座席懸垂背負い法

(1)　特徴

　　　隊員が要救助者を背負いながら降下する方法で、通常の座席懸垂降下よりも高度な技術を必要とする。

(2)　活動要領

　ア　要救助者を背負う（通称「子ぶた搬送」という。）。

　イ　座席のカラビナに懸垂ロープを巻き、降下する。

　　(ア)　確保をとらない場合

　　　a　懸垂ロープのカラビナへの巻き方を通常より1回多くする。

　　　b　右手は、要救助者の右足の内側を

要救助者の確保を取らない場合

通った懸垂ロープを要救助者の右足の外
側から握り、操作する。

c　転落の危険があり、特に訓練が必要で
ある。

d　地上確保員は、懸垂ロープをしっかり
確保する。

㈡　要救助者をプルージック結びで確保した
場合

a　降下隊員の左手は、プルージックの結
び目をずらし、同時に右手を操作しなが
ら降下する。

b　確保のプルージックの輪が小さければ、
プルージックが締まり（体重が後部へか
かるため）降下不能になる。

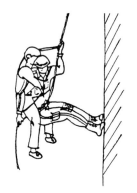

プルージック結びで確保
した場合

　★　プルージックが締まると、降下不能に
なるばかりでなく、要救助者にも苦痛を
与える。

㈢　要救助者を上部からの確保ロープで確保
した場合

a　隊員の左手は、通常の座席と同様

b　確保隊員は、降下隊員の降下速度に合
わせて確保ロープを緩める。

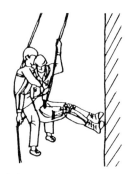

上部からのロープで確保
した場合

ポイント

1　降下地点をよく見て降下する。

2　カラビナに懸垂ロープを通常より１回多く巻く。
　★　１回巻いただけでは、降下速度を制御できないときがある。

3　プルージックをとった小綱の結び目（本結び）は、要救助者の背中に当たら
ないようにする。

4　降下隊員は、背負っている要救助者の重さにより、後方へ上体が反り返らな
いようにしっかりと上体を保持する。

5　要救助者を縛着したロープに確保ロープを設定すると、抜け落ちる場合があ
るため墜落制止用器具等を活用して確保ロープを設定する。

Q&A

後方へ上体が反り返らないようにする方法は？

1　反り返りを防ぐには、両手を懸垂ロープから絶対に離さない。また、隊員の右手は、要救助者の右足の重みにより操作しにくいが、制動を握力に頼るのではなく、手首の返しにより操作することができれば、さほど困難ではない。

2　反り返りを防ぐ姿勢

ア　両足を肩幅より広くして安定させ、上体を前かがみにする。

★　前かがみになると、要救助者の頭部が懸垂ロープと接触することがあるので注意する。

イ　両足を真下に伸ばし、上体を前かがみにして、体は立てた状態にする。

★　足を下に伸ばすと、左右のバランスがとりにくい。

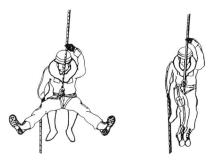

ロープによる救助（反り返りを防ぐ姿勢）

3　地物利用による救助法

　上部に支点を作り、確保ロープを通し、縛帯等をつけた要救助者を確保ロープにより降下させる方法として、次のものがある。

　★　支持点・支点（第2章2－1「支持点・支点の作成」参照）

⑴　左の図のように、上部にカラビナを掛けた支点を作成する方法

⑵　右の図のように、確保ロープをパイプ等に1～2回巻く方法

※　表現の簡略化のため、図中では確保ロープをシングルで表現している。

地物利用による救助法

ポイント

1　確保ロープはダブルで使用する。
2　壁体又は建物の一部が出ているときなどには、要救助者が壁から離れるように誘導ロープで誘導する。
3　確保ロープを保持する場合、必要に応じてプルージックにて結着し、要救助者の落下防止を行う。

10－9　ほふく救助

　ほふく救助とは、狭い横坑等で立ったままの姿勢で進入・検索・救助活動が困難な場合に、ほふく姿勢のまま進入し、要救助者を救助する救助法である。

　この救助法は、下水道・地下等の横坑等で発生した有毒ガス・酸欠事故等の救助活動によく利用される。

実 施 要 領

1　進入準備

(1)　進入隊員

　　呼吸保護具を着装し、坑口で進入姿勢をとる。

(2)　確保隊員

　ア　小綱の両端で、進入隊員の両足首に巻き結び身体結索をとり、結び目を後方へ回す。

　　　★　巻き結び身体結索（第1章1－4「結索法」参照）

　イ　確保ロープの一端にもやい結びを作り、この輪にカラビナを掛け、進入隊員の足に結着した小綱の中央にカラビナを掛けて確保ロープを整理し、確保姿勢をとる。

　　　★　確保隊員も酸欠・有毒ガス対策のために呼吸保護具を着装することが望ましい。

(3)　合図の確認

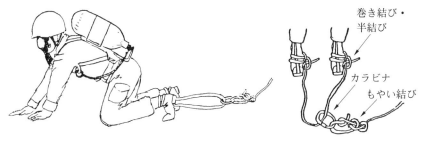

巻き結び・半結び

カラビナ
もやい結び

ほふく救助（進入隊員の結着）

2　進入要領

ほふく前進で進入し、確保隊員は、進入隊員の進行に合わせて、確保ロープを操作する。

3　救助要領

(1)　三角巾の活用

　ア　要救助者の頭部が救助方向を向いている場合

　　(ア)　要救助者の両手を胸の上で重ね、三角巾により本結びで結着する。

　　(イ)　要救助者の腕の中に首を入れ、要救助者の頭部保護のため頭を上げる。

　　(ウ)　後ずさりしながら救助する。

　　　★　発見・救助又は退出の合図を行う。
　　　★　レスクマスク等を使用する。

　イ　頭部が救助方向の逆を向いている場合

　　(ア)　三角巾で両手・両足首を結着し、足首側の三角巾を持つ。

　　(イ)　後ずさりしながら救助する。

　　　★　頭部保護のため、できるだけこの方法は避ける。

(2)　小綱の活用（要救助者の頭部が救助方向に向いている場合）

　ア　要救助者の前で本結び、背中に回して本結び2回・半結び1回をとり、背中側に輪を作り、持つ。

　　イ　後ずさりしながら救助する。

　　　★　確保隊員は、確保ロープを操作して進入隊員を誘導する。

救助の方向

4　その他の救助方法

その他の救助方法として、引きずり救助法がある。

(1)　条件

　　ア　要救助者を縛着する小綱等がない場合

　　イ　要救助者を縛着する余裕のない場合

　　ウ　要救助者が目前にいて呼吸保護具を着装する余裕がなく、緊急に安全な
　　　　場所まで救助しなければならない場合

(2)　要領

　　ア　要救助者の頭部を救助方向へ向ける。

　　イ　要救助者の上衣の襟を緩める。

　　ウ　進入隊員は、要救助者の上衣の後襟を手の甲が上になるようにしっかり
　　　　持つ（2名で行う場合は、互いに向き合って行う。）。

　　エ　後ずさりしながら救助する。

ほふく救助（退出要領）

ポイント

1　確保ロープは、張らず緩めず確保する。
2　進入・退出に際しては、手掌部・膝等の危害防止に留意する。
3　合図は、大きくはっきりと行う。
4　要救助者を引きずる場合は、段差等に注意して、要救助者を保護する。
5　要救助者の襟をつかむときは、首を締め付けないようにする。

第 II 編

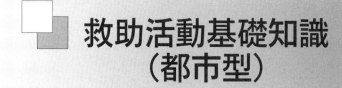

救助活動基礎知識
（都市型）

1-1　都市型救助の基礎知識

1　安全に関する考え方

　救助活動総論「従来型救助法と都市型救助法」4 -(1)-イのとおり、救助ロープ（以下「メインロープ」という。）と二次確保ロープ（以下「バックアップロープ」という。）を別系統で設定することにより二重の安全が確保される。

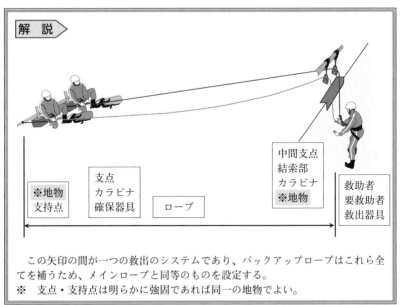

解　説

| ※地物
支持点 | 支点
カラビナ
確保器具 | ロープ | 中間支点
結索部
カラビナ
※地物 | 救助者
要救助者
救出器具 |

　この矢印の間が一つの救出のシステムであり、バックアップロープはこれら全てを補うため、メインロープと同等のものを設定する。
※　支点・支持点は明らかに強固であれば同一の地物でよい。

2　編みロープ及びテープスリングの使用について

⑴　メインロープ及びバックアップロープは、シングルで使用する。

⑵　名古屋市消防局では、メインロープ及びバックアップロープは局配付の難燃性セミスタティックロープ（以下「セミスタティックロープ」という。）を使用している。

⑶　メインロープとバックアップロープは、異なる2系統で設定する。ただし、支点・支持点は明らかに強固であれば同一の地物で設定可能とする。

⑷　編みロープの確保は、専用器具（ディッセンダー）及び身体確保を条件に合わせて行うものとする。

⑸　支点は、救助活動用テープスリング（以下「テープスリング」という。）により作成する。

⑹　名古屋市消防局では、テープスリングは局配付のソウンスリング（縫い合わせてあるスリング）を使用している。

　　名古屋市消防局では、配付以外のもの（個人購入した市販品等）は使用しないこととなっている。

3　器具の使用について

⑴　カラビナについて

　ア　ダブルロッキングカラビナ（以下「ダブルロックカラビナ」という。）を主として使用する。

　イ　ダブルロックカラビナは、1枚使用とする。

　ウ　アサップ、レスキューフレーム等に付属のアルミ製カラビナは、セットとして使用し、単体での使用はしない。

⑵　懸垂降下は、専用器具（ディッセンダー）を使用する。

⑶　滑車には、原則として補助カラビナは設定しない。

⑷　器具本体に衝撃を与えたり、傷がつくような場所での使用はしない。

⑸　器具が汚れた場合は乾いた布で乾拭し、必要に応じてきれいな水で洗い流し乾かしてから使用する。

⑹　名古屋市消防局では、器具の点検は器具メーカーの点検マニュアル等を参照し、異常があれば使用しないこととなっている。

解　説

アルミ製カラビナの特性

　アルミ製カラビナは、スチール製と比較して延性に乏しいため、破断に至るまでの過程に違いがある。

　スチール製カラビナは曲がりながら変形して破断していくのに対し、アルミ製カラビナは粘性が少ないために、変形などの予兆がなく、突然破断して折れてしまう。

【参考】用語について

都市型救助で用いられる用語には、次のようなものがある。

メインロープ：救助専用ロープ

バックアップロープ：二次確保専用ロープ

フィックスロープ：地物に両端末を結着し固定した、自己確保専用ロープ

レストレイン（危険区域の進入制限）：作業者が墜落の危険性がある場所に入り込むのを防ぐために保護具を使用する技術

ワークポジション（作業姿勢）：作業者を保護し、墜落を防ぐためにロープが張られた状態で保護具を使用する技術

フォールアレスト（墜落時の安全停止）：安全に墜落を止めるために保護具を使用する技術

同一系統の何分の１：滑車を使用した倍力システムで一つの系統（ロープ）で引き込みを実施する場合の呼称

別系統（ピグリグ）の何分の１：滑車を使用した倍力システムで別系統（別のロープ）で引き込みを実施する場合の呼称

ギア：カラビナ、プーリー、アッセンダー、ディッセンダー等の金属系器具の総称

システム：ロープとギアを組み合わせて作成する設定の総称

ランヤード：ハーネスと親綱その他の先端器具等とを接続するためのロープのこと

ディッセンダー：降下及び確保用の器具の総称

アッセンダー：登はん（登高）器具の総称

ユマーリング：垂直のロープを登ること

クリアランス：支点から地面又は障害物までの空間

ショックアブソーバー：振動、衝撃を緩衝するシステム

アンカー：支点のこと

ザイル：ロープの独語表記

ループ：結びによってできた輪の部分

ビレイ：確保のこと

ＥＮ規格：ＥＵ（ヨーロッパ連合）地域における製品の「安全」を統一規格として制定される規格の総称

ＮＦＰＡ基準：全米防火協会におけるロープに関する基準

1－2　編みロープ等の基礎知識

1　救助活動に使用する編みロープについて

(1)　編みロープの構造

　　編みロープの構造は、繊維（ナイロン）を撚って束ねた芯（コア）と繊維（ナイロン等）を編んだ外被（シース）の二層からなり、芯（コア）が全体強度の大部分を占めている。

　　なお、名古屋市消防局が採用するEN規格のロープは、全てこの構造であり、この構造を持つロープを「カーンマントル構造」という。

　　また、ロープを挟み込むことで機能する器具等は、カーンマントル構造をしたロープの使用を前提としている。

(2)　編みロープの特性

　　編みロープは、伸び率により2種類に分類され、一般的に伸び率の小さいロープは「スタティックロープ」、伸び率の大きいロープは「ダイナミックロープ」と呼ばれる。

　　スタティックロープは、伸び率が小さい特性を利用し、救助者や要救助者の吊り下げ、引き上げに適しており、ダイナミックロープは、伸び率が大きい特性を利用し、高所進入時の確保ロープに適している。

2　編みロープの取扱い

(1)　編みロープの取扱いは、ナイロン三つ打ちロープと同様に行う。

　　（第Ⅰ編第1章1－3「救助用ロープの取扱い」参照）

(2)　編みロープの管理は、使用直前及び直後に目視と手触りで傷の有無を確認する。外被（シース）と芯（コア）のずれが大きかったり、外被の隙間から芯がのぞいているロープは使用しない。

(3)　編みロープの収納

　　ア　投下袋

　　　　投下袋に厚紙等で仕切りを作り、メインロープとバックアップロープを収納する。

イ　ロープバッグ

専用のロープバッグに、バッグと同色のロープを収納する。

★　投下袋ではないため、原則投下はしないこと。

ウ　救助活動セット

火災現場において使用するためのもので、応急はしご救助のほか、かかえ救出時の確保や検索用として使用する。

セミスタティックロープ（白色）

レスキュートライアングル（ピタゴール）

墜落制止用器具

【参考】セミスタティックロープに関するＥＮ規格：ＥＮ1891

　名古屋市消防局採用のセミスタティックロープ（ＴＥＮＰ11）は下の表のタイプＡに該当する。

1	タ　イ　プ	A	B
2	素　　　　材	>195℃	
3	直径〔Ｄ〕	8.5〜16㎜	
4	しなやかさ	<1.2	
5	外被のずれ	（Ｄ≦12の場合） ≦20＋10（Ｄ−9）㎜ （12.1≦Ｄ≦16の場合） ≦20＋5（Ｄ−12）㎜	≦15㎜
6	伸　び　率	≦5％	
7	外　被　率	≧（4Ｄ−4）／Ｄ²×100%	
8	衝　撃　荷　重	≦6kN	
9	耐墜落回数	≧5	
10	破　断　強　度	≧22kN （両端を摩擦で固定） ≧15kN （両端をエイトノットで固定）	≧18kN ≧12kN

1　タイプ
　　タイプＡとタイプＢの2種類がある。タイプＡのロープには、タイプＢのロープよりも高い強度が求められる。
2　素材
　　ロープの芯と外被の素材の融点は、195℃より上であることが求められる。
3　直径
　　10㎏の静荷重をかけたときのロープの直径を測る。
4　しなやかさ
　　ロープの柔軟性を示し、結び目の内径／ロープの直径で算出する。結び目の内径がロープの直径の1.2倍未満であることが求められる。柔軟なロープほど数値が低くなる（結び目の内径：ロープにひと結びを作成し、10㎏の静荷重を1分間かけたあと、さらに1㎏の静荷重をかけた状態で結び目に専用の物差しを差し込み、結び目の内径を測る。）。

結び目の内径の測定方法

5　外被のずれ
　　ロープの芯と外被のずれを表す。片方の末端は芯と外被を熱処理して一体にし、他方の末端はそのまま処理しない状態にしたロープ（長さ2.25m）を用意する。ロープを規定の装置に通し、一定の力で挟みながら引き抜く。これを5回繰り返した後の芯と外被のずれの長さを測る。数値が低いほど耐久性に優れたロープといえる。
6　伸び率
　　50kg荷重時と150kg荷重時のロープの長さの差を測る。セミスタティックロープは、伸び率が5％以下であることが求められる。
7　外被率
　　ロープに占める外被の質量の割合を表す。
8　衝撃荷重
　　ロープにより墜落が止められたときに、人体、コネクター、支点にかかる荷重を表す。タイプAのロープには100kgの重りを、タイプBのロープには80kgの重りを使用し、長さ2m（両端のエイトノットを含む。）のロープを使って墜落距離0.6mの落下（落下係数0.3）をさせたときの衝撃荷重を測る。
9　耐墜落回数
　　ロープが重りの墜落に耐える回数を表す。タイプAのロープには100kgの重りを、タイプBのロープには80kgの重りを使用し、長さ2m（両端のエイトノットを含む。）のロープを使って2m落下させ（落下係数1）、ロープが切断するまでの回数を測る。
10　破断強度
　　ロープの両端を、結び目を作らずに固定したときと、エイトノットで固定したときの破断強度を測定する。

3　テープスリングの取扱い

(1)　テープスリングの管理は、使用直前及び直後に目視と手触りで傷の有無を確認する。縫製箇所のほつれや本体の傷、裂け目があるテープは使用しない。
(2)　テープスリングの収納
　ア　二重の輪にしたテープスリングをねじり、中心で折り返してカラビナと結合する。

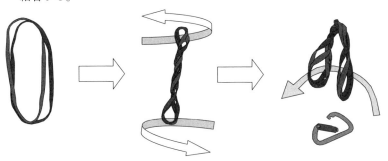

イ　テープスリングを数本束にして、ハーネスのギアループに取り付ける。

1－3　救助ロープ（都市型）等の安全管理基準

1　管理する器具

(1)　編みロープ

(2)　テープスリング

(3)　都市型救助資器材（アルミ製）

2　耐用年数

　管理する器具の耐用年数は、次のとおりとする。ただし、廃棄基準に該当した場合は、廃棄するものとする。

編みロープ	5年
テープスリング	
都市型救助資器材（アルミ製）	15年

※　期間の算定は、使用を開始した年の4月1日から起算する。

3　廃棄基準

編みロープ	1　強い衝撃荷重がかかってしまったもの（落下係数1以上） 2　編みロープを構成する芯材と外被のうち、外被に大きなダメージ（外被が損傷し、芯材が見えるような状態）が見られる場合 3　型崩れ、押しつぶれが著しいもの 4　熱や摩擦熱による繊維の融着があるもの 5　薬品等により汚染があるもの
テープスリング	1　強い衝撃荷重がかかってしまったもの（落下係数1以上） 2　テープスリングを構成する繊維のうちおおむね10％以上が損傷を受けているもの 3　熱や摩擦熱による繊維の融着があるもの
都市型救助資器材	1　高所から落下させた等強い衝撃を受けたもの 2　本体にサビ等による腐食があるもの 3　本体に摩耗又は変形があるもの 4　アルミ滑車については、第Ⅰ編第1章1－1「救助用ロープ等の安全管理基準」3「廃棄基準」にある滑車と同様

第2章　結索法

2－1　編みロープ、テープスリングの結索法

1　編みロープ

⑴　8の字結び【基本形】

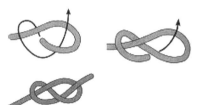

　ロープの端末に節を作る場合などに使用する。比較的大きな荷重が加わっても、容易に結索を解くことができる。

⑵　8の字結び【エイトノット】

　ロープに輪を作成する結索で、使用頻度の高い結索である。

⑶　8の字結び【変形8の字】

　ロープの中間に輪を作る結索で、荷重が加わる方向に合わせて作成する。

(4)　8の字結び【編込】

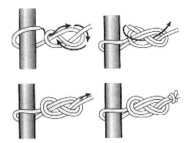

直接地物等に結索する際に使用する。地物の大きさに合わせて輪の長さを調整することができる。

2　テープスリング

(1)　8の字結び【エイトノット】

テープスリングにループを作る際に使用する。比較的大きな荷重が加わっても、容易に結索を解くことができる。

(2)　カウヒッチ

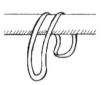

直接地物等に結着する際に使用する。迅速に設定できるが、横にスライドしやすい特性がある。

(3)　バッチマン

直接地物等に結着する際に使用する。カウヒッチと比較し、締め込みやすいため、縦の地物にも有効に結着できる。
　また、巻き数により長さ調整がしやすい特性がある。

★　ロープの中間にテープスリングで支点を設定しないこと。

第3章　編みロープ等の設定

3 − 1　支点の作成

1　支点の作成

支点はテープスリング又はベルトスリングで作成する。

2　支点作成時の注意事項

⑴　テープスリングは、折り返して使用したり、カウヒッチにしたり、2本の
テープスリングをつなぎ合わせたりすることにより強度が変化する。また、
カウヒッチで支点作成した場合には、テープスリングの交点の位置によって
も強度が変化するので注意を要する。

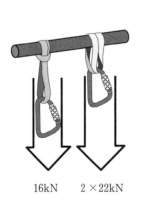
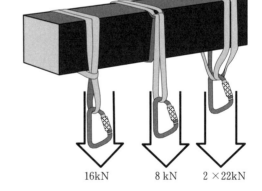

16kN　　2 ×22kN　　　　　　　　16kN　　　8 kN　　2 ×22kN

【参考】テープスリングの結合及び結索の強度変化について

テープスリングの結合：10kN　　　結索（エイトノット）：12kN

⑵　テープスリングの設定角度と張力の関係を十分考慮する。設定角度が120°
　　を超えてしまうと支点への荷重を分散する意味が無くなってしまうので、玉
　　掛作業同様60°以内に設定する必要がある。

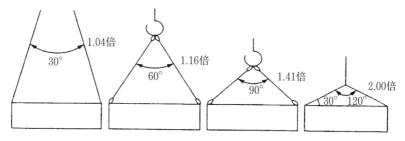

⑶　必要に応じ、当て布等で保護をする。

【参考】ベルトスリングの支点使用について

　　大きな地物の場合、テープスリングの代わりに玉掛用のベルトスリングを使用
　することも可能である。

3　固定支点

テープスリングは結んだりせず、地物に巻き付けたり、折り返して作成する。

4　分散支点・流動分散支点

支点への荷重を分散するとともに、救助活動で必要な支点を任意の位置に設定することができる。

(1)　分散支点（テープスリング）

支点を選定し、2本のテープスリングで荷重の分散をする。

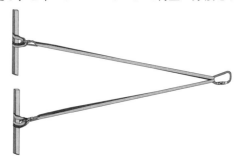

(2)　流動分散支点

ア　テープスリングで作成する方法

2か所以上の支点から流動分散支点を作成する場合には、分散した支点側のテープスリングを必ずひねってからカラビナに掛け、テープスリングの抜けを防止する。

㈎　2 か所の支点からの流動分散支点

㈑　3 か所の支点からの流動分散支点

　　a　1 本で作成する方法

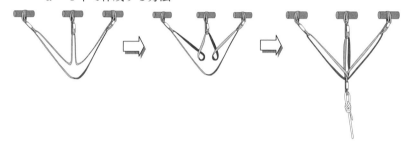

　　b　3 本で作成する方法

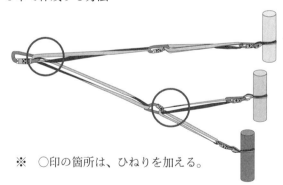

　　　※　○印の箇所は、ひねりを加える。

イ　ロープで作成する方法

ポーを活用し、2か所の支点から流動分散支点を作成する。

テープスリングに比べ、長い距離での作成ができる。

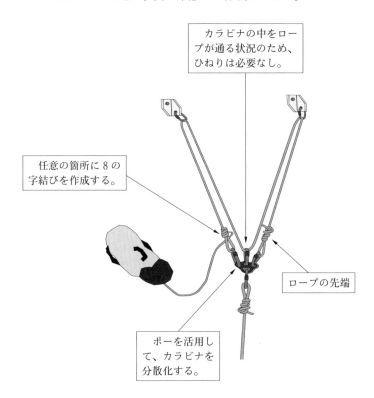

カラビナの中をロープが通る状況のため、ひねりは必要なし。

任意の箇所に8の字結びを作成する。

ロープの先端

ポーを活用して、カラビナを分散化する。

3－2　懸垂ロープ・展張ロープの設定

1　懸垂ロープの設定方法

図のように、テープスリングで作成した支点に、ロープの輪を取り付ける。

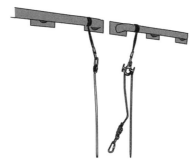

★　別系統でバックアップを設定した場合は、控えを省略できる。

2　展張ロープの設定方法

1／4滑車システムを使用してけん引する。ロープ展張後、作業空間を確保するため、展張ロープをエイト環で固定した後、1／4滑車システムを取り外す。

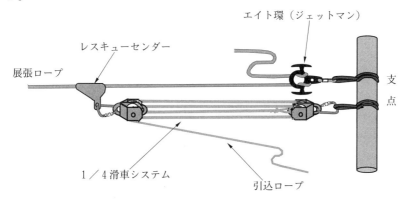

★　展張時、ウインチ等で機械的な荷重をかけないこと。

第4章　都市型器具等

4 − 1　ロープ・救助用テープスリング・カラビナ

1　難燃性セミスタティックロープ（TENP11）

(1)　諸元

　　ア　製造会社　　　エーデルワイス

　　イ　ロープの太さ　11mm

　　ウ　破断強度　　　25kN

　　エ　質量　　　　　79g／m

(2)　特性

　　難燃性セミスタティックロープ（TENP11）は、芯（コア）と外被（シース）の間にあるケブラー素材により芯材が保護されており、耐炎・耐熱性に優れている。

(3)　セミスタティックロープの色指定

　　ア　白色

　　　　火災現場（応急はしご、検索救助）で使用するロープ

　　イ　黄色

　　　　救助活動で使用するメインロープ

　　ウ　赤色

　　　　救助活動で使用するバックアップロープ

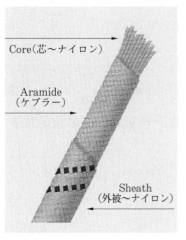

難燃性セミスタティックロープ

2　テープスリング（アノー）

(1)　諸元

　　ア　製造会社　　　ペツル

イ　破断強度　　22kN
ウ　長さ　　　　120cm
(2) 特性
　　支点の作成以外に、担架の作成や
自己確保のランヤードなどに使用で
き、汎用性が高い。リング状に縫い
合わせているため結索する必要がな
く、迅速な設定が可能である。

3　ダブルロッキングカラビナ

(1) 諸元
　ア　製造会社　　ＤＭＭ
　イ　破断強度　　45kN
　ウ　サイズ　　　縦　12.5cm
　　　　　　　　　横　7.5cm
　エ　素材　　　　カーボンスチール
(2) 特徴
　ア　安全環がオートロック方式となっている
　　　ので閉め忘れが発生しない。
　イ　振動等により安全環が開放してしまうお
　　　それがない。

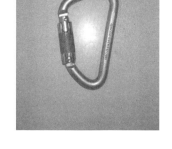

　ウ　破断強度がＯ型環付きカラビナと比較すると強く、かつ、安全環が開放
　　　する危険性が極めて少ないことからシングルでの使用を基本とする。
(3) 設定要領
　ア　安全環を押し上げてから回し、押し開ける。
　イ　設定後は、安全環が閉まったことを触って確認する。
　　★　ダブルロッキングカラビナについても、安全環付きカラビナの確認呼称「カラ
　　　ビナよし！安全環よし！」を実施する。

開閉かんの凸部

Q&A

トリプルアクセスになってもよいか？
120°以内のトリプルアクセスについては、以下の理由から可能といえる。
1　特別消防隊の検証結果では20kN以上の強度が確認できている。
2　トリプルアクセスは角度が広がった場合に横引きになり、強度低下を招く
ため120°以内としている。

解　説

ダブルロッキングカラビナの素材について
　カーボンスチールにホウ素を混ぜたもので、これにメッキを強制的に酸処理す
ることにより、金属の表面に不導態被膜ができ下地の金属をサビ等から保護して
いる。
　不導態とは金属の表面が不溶性の超薄膜に覆われて腐食されにくくなる現象又
はその状態をいう。なお、このカラビナのメッキは、3ミクロンの厚さの亜鉛に、
金色を酸処理している。

4－2 ディッセンダー

1 エイト環（ジェットマン）

(1) 諸元

　ア 製造会社　　　ＭＩＺＯ

　イ 破断強度　　　41kN

　ウ 素材　　　　　アルミニウム

(2) 特徴

　ア 環の形状が小さいため、ロープとの摩擦が大きく、制動力が大きい。

　イ 両サイドにある4本の角にロープを巻き付けることにより、容易に固定を完成させることができる。

　★ **廃棄の目安**　摩耗により厚みが半分になると強度も半分になることから、耐用年数にかかわらず、おおむね半分の厚みとなる前に廃棄する。

4-3 アッセンダー

1 カム加重式ロープクランプ（レスキューセンダー）

(1) 諸元

 ア 製造会社　　　ペツル

 イ 滑り出し荷重　4 kN

 ウ 素材　　　　　アルミニウム

(2) 各部名称

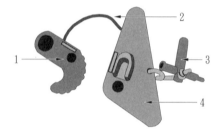

1	カム
2	ワイヤー
3	ピン
4	本体

初期型

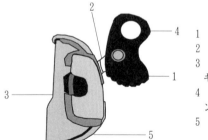

1	カム
2	リンク
3	セーフティ キャッチ
4	アタッチメ ントホール
5	本体

新型（平成28年度以降）

(3) 特徴

 ア 任意の場所に取り付けることが可能である。

 イ 一定以上の負荷（4 kN）がかかると、レスキューセンダーが滑り出す。

 ウ ロープを挟み込む器具のため、カムがスパイク状の器具に比べ、ロープ
の外被を傷めにくい。

(4) 設定要領

 ア スプリングの付いたピンを引き、カムからピンの軸を外す。

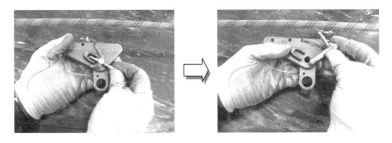

イ　器具本体からカムを外し、器具にロープを入れる。

　　★　制動のかかる方向に注意する。

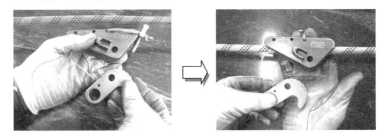

ウ　カムを戻し位置を合わせ、ピンの軸を挿入する。

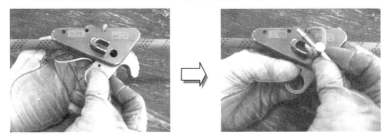

エ　スプリングのついたピンを戻し、カムにカラビナを取り付ける。

　　★　必ず作動確認を実施する。

(5)　注意事項

　ア　カム及び本体を接続しているワイヤーは、カムの落下防止だけではなく、カムと本体の調整スプリング機能を有している。

　　　設定時にはワイヤーをねじることなく取り付けを行う等、ワイヤーの取扱いには十分留意する。

　イ　設定時、異物を挟まないように留意する（カムの動きの妨げになるため。）。

　ウ　チルホール等による機械引きは行わないこと。

　エ　懸垂ロープの中間に支点として設定すると、緩んだ場合や滑り出した場合に対処が困難となるため行わないこと。

　オ　セミスタティックロープに使用すること。

　カ　支点や確保器具として使用しないこと。

2　ロープ登高用ロープクランプ（アッセンション）

ロープ登高やロープの手掛かりに使用する器具

(1)　諸元

　ア　製造会社　　　　　　　　　ペツル

　イ　滑り出し荷重　　　　　　　4〜6.5kN

　ウ　使用強度

　　㋐　アッパーコネクションホール　18kN

　　㋑　ロワーコネクションホール　　20kN

　　㋒　エトリエ用コネクションホール　15kN

　エ　素材　　　　　　　　　　　アルミニウム

(2)　各部名称

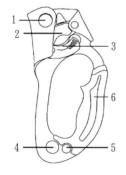

1　アッパーコネクションホール
2　カム
3　トリガー（セーフティキャッチ）
4　ロワーコネクションホール
5　エトリエ用コネクションホール
6　ハンドル

(3)　特徴

　ア　カムがスパイク状であり、器具が一方向にのみスライドする構造となっ

ている。

イ　左手用及び右手用がある。

左手用　　　　　　　　　　　　　右手用

(4)　設定

　　ア　トリガーを引きカムを開ける。

　　イ　ロープをセットし、トリガーを戻
　　　　す。

　　ウ　テンションをかけ、カムが効いて
　　　　いるか確認する。

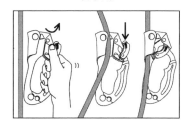

アッパーコネクション
ホールにカラビナをセッ
トすることによりロープ
からの脱落防止となる。

(5)　注意事項

　　ア　大きな荷重が加わった場合はロープの外被を切断する可能性があるため、
　　　　支点や確保器具として使用しないこと。

　　イ　セミスタティックロープに使用すること。

支点としての利用　　　　　確保器具としての利用

3　モバイルフォールアレスター（アサップ）

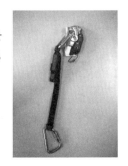

墜落、滑落及びコントロールを失った降下を停止させる器具で、墜落時に身体にかかる衝撃荷重を吸収するショックアブソーバーを有している。

⑴　諸元

　ア　アサップ

　　㋐　製造会社　　ペツル

　　㋑　運用荷重　　58kg〜140kg

　　㋒　素材　　　　アルミニウム、ステンレス

　イ　アサップソーバー

　　㋐　製造会社　　ペツル

　　㋑　破断強度　　22kN

　　㋒　運用荷重　　130kg（1人用）

　ウ　オーケートライアクトロック（以下「アルミカラビナ」という。）

　　㋐　製造会社　　ペツル

　　㋑　破断強度　　縦方向　25kN　横方向　8 kN

　　㋒　素材　　　　アルミニウム

(2) 各部名称

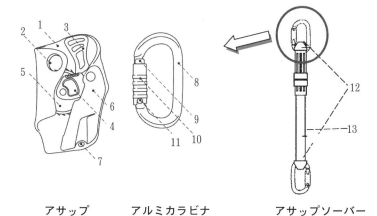

アサップ　　　　アルミカラビナ　　　　アサップソーバー

◇アサップ◇
1　本体
2　アタッチメントホール
3　セーフティキャッチ
4　アーム
5　ジャミングローラー
6　保護カバー
7　キーパーコード取付けホール

◇アルミカラビナ◇
8　本体
9　ゲート
10　ロッキングスリーブ
11　ヒンジ
◇アサップソーバー◇
12　ストリング（ゴム部分）
13　ストラップ

(3) 特徴

　ア　手で操作をしなくてもロープ上を上下に移動する。

　イ　高所作業中にバランスを失った場合や墜落をした場合等、下方へ急激
　　に動くと、器具がロープ上でロックし墜落を防ぐ。

　ウ　ショックアブソーバーにより落下係数「2」までの使用が可能である。

(4) 設定方法

　ア　アサップをハーネス胸部アタッチメントポイント（胸部D環）に正しく
　　接続する。

　イ　本体とアルミカラビナをキーパーコードでつなげたまま、本体のジャミ
　　ングローラーを下に引いてロープにセットする。

ウ　本体をロックさせた後、アルミカラビナをキーパーコードから外し、ア
　タッチメントホールに設定する。

　　★　キーパーコードは、アサップ本体をロープに取り
　　付ける際の、落下防止用ひもである（平成27年度以
　　降に更新されたアサップにはキーパーコード取付け
　　ホールがないため、キーパーコードを取り付けるこ
　　とができない。設定する際には落下防止に注意する
　　こと。）。
　　★　アタッチメントホールを通してロープがアルミカ
　　ラビナの内側を通ってセットされていることを必ず
　　確認し、右図のような設定は絶対行わない。

エ　アサップがロープ上を上下にスムーズに動くこと
　を確認する。
オ　墜落する方向に強く引き、再度ロック機能が
　作動するか確認する。

⑸　注意事項

ア　複数の人の荷重がかかるような設定はしない（一人用）。

イ　アサップ、アルミカラビナ及びアサップソーバーはセットで使用し、それぞれを単体で使用しない。

ウ　他の器具（テープ、カラビナ等）と連結し、全体の長さを増やさないこと（落下距離が増し危険）。

エ　安全に墜落するためには、重量及び落下係数等により変動するが、最大で4.1mのクリアランス（アサップから地面まで、又は障害物まで）が必要。

オ　ストリング（アサップソーバーのゴム部分）はカラビナの向きを正しい位置で保つと同時に、ランヤードの末端を保護する働きがある。必ずストリングが付いた状態で使用すること。

カ　降下や吊り下ろしでのバックアップとして使用する場合に、急激なロック作動に注意すること。

キ　セミスタティックロープに使用すること。

4 − 4　その他の器具

1　プーリー（マインダー）

　滑車の直径が大きく密封型ボールベアリングが内蔵されているため、抵抗が少なく高効率な引き上げシステムの作成及び方向変えが可能である。

(1)　諸元

　　ア　製造会社　　　　ペツル
　　イ　破断強度　　　　36kN
　　ウ　最大運用荷重　　8 kN（4 kN）
　　エ　素材　　　　　　アルミニウム

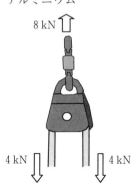

(2)　注意事項

　　ア　器具本体に衝撃を与えたり、変形させるような場所での使用は避ける。
　　イ　セミスタティックロープに使用すること。

2　リギングプレート（ポー）

　(1)　諸元

　　ア　製造会社　　　ペツル
　　イ　破断強度　　　36kN
　　ウ　素材　　　　　アルミニウム
　　エ　本体の質量　　210 g

　(2)　特徴

　　ア　一つの支点から複数の支点を作成することができる。
　　イ　他方向から集まったカラビナをまとめる場合に使用できる。

　(3)　注意事項

　　ア　器具本体に衝撃を与えたり、変形させるよ
　　　　うな場所での使用は避ける。
　　イ　介添え時のみ、メインとバックアップを同
　　　　時にポーに設定できる。

3　ワークポジショニング用調節型ランヤード（グリヨン）

　(1)　諸元

　　ア　製造会社　　　ペツル
　　イ　破断強度　　　15kN

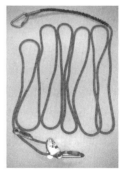

　　　　　　2 mランヤード付き　　　10mランヤード付き

(2)　各部名称

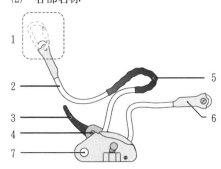

1	コネクター
2	ランヤード
3	ハンドル
4	カム
5	スライド式プロテクター（保護布）
6	ホールプラグ付き末端
7	アタッチメントホール

(3)　特徴

ア　自己確保用として、ワークポジションやレストレイン用として活用できる。

イ　フィックスロープとして活用できる。

ウ　一箇所吊り救助等の支点やはしごクレーン救助のはしご確保用ロープとして活用できる。

エ　活動中の誤作動及びロープの緩みが予測される場合には、端末処理としてふた結びを施すこと。

(4)　注意事項

ア　フォールアレスト用として使用しない。

イ　器具を変形させるような使用はしない。

ウ　座席懸垂や吊り下ろし、又はそれに類似する使用方法は行わないこと。

4　エネルギーアブソーバー付ランヤード（アブソービカ YMGO）

高所において移動する際に確保を維持するための器具で、墜落時に身体にか
かる衝撃荷重を吸収するショックアブソーバーを備えている。

(1)　諸元

　ア　製造会社　　ペツル

　イ　破断強度

　　(ア)　コネクター「ＭＧＯ」　　　　25kN

　　(イ)　ランヤード　　　　　　　　15kN以上

　　(ウ)　アブソーバーウェービング　15kN以上

　ウ　ランヤードの長さ　　　　　　1.15m

　　　（衝撃吸収後　　　　　　　　1.85m）

　エ　コネクター「ＭＧＯ」（以下「ＭＧＯ金具」と
　　　いう。）の開口部（キャッチ部）　60㎜

(2)　各部名称

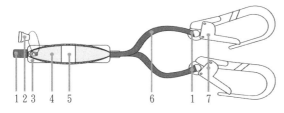

1　アタッチメントポイント
2　ストリング
3　プロテクションポーチ
4　アブソーバーウェービング
5　リテイナー
6　ランヤード
7　コネクター「ＭＧＯ」

(3)　特徴

　ア　ＭＧＯ金具が二つあることにより、常に墜落防止措置を保ったままの移
　　　動が可能である。

　イ　墜落時、特殊な縫い目が裂けることにより衝撃を吸収する。

　ウ　落下係数「2」までの使用が可能である。

(4)　設定

　　　アブソービカYMGOを、ハーネス胸部のアタッチメントポイントに付属
のカラビナで正しく接続する。

(5)　注意事項

ア　他の器具（テープ、カラビナ等）と連結し、全体の長さを増やさないこと（落下距離が増し危険）。

イ　斜度が15°を超えるケーブルやバー等に設定しないこと（スライドして落下距離を増加させるため）。

ウ　一方のＭＧＯ金具を自分側（墜落側）に取り付けたまま墜落するとアブソーバーが伸び切らない可能性がある。

エ　安全に墜落するためには、重量及び落下係数等により変動するが、最大4.35mのクリアランス（ＭＧＯ金具から地面まで、又は障害物まで）が必要。

オ　ストリング（アタッチメントポイントのゴム部分）はカラビナの向きを正しい位置で保つと同時に、ランヤードの末端を保護する働きがある。
　　必ずストリングが付いた状態で使用すること。

5　1／4滑車システム

滑車（ツイン）を組み合わせてあり、4倍力で引き上げ等が行えるシステム。

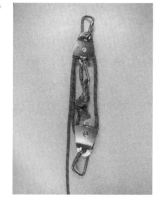

(1)　諸元

ア　ツインプーリー（ツイン滑車）

　(ｱ)　製造会社　　　　　ペツル

　(ｲ)　破断強度　　　　　45kN

　(ｳ)　最大運用荷重　　　12kN

イ　メインロープ（セミスタティックロープ）

　　（4－1、1「難燃性セミスタティックロープ」参照）

ウ　カラビナ（ダブルロックカラビナ）

　　（4-1、3「ダブルロッキングカラビナ」参照）

⑵　特徴

　　事前に組み合わせているため、複雑な設定が必要なく、カラビナを取り付けるのみで使用することができる。

⑶　注意事項

　　システムを分解して使用しない。

6　フルボディーハーネス

⑴　諸元

　　ア　製造会社　　　　　ペツル

　　イ　最大使用荷重　　　140kg

　　ウ　破断強度

　　　㋐　各アタッチメントポイント　　15kN

　　　㋑　ギア・ループ等　　　　10kg又は15kg

　　　★　型によって仕様、強度が異なるため、
　　　　　詳細は取扱説明書を参照

（例　アバオ・ボッド）

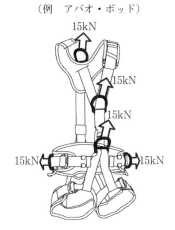

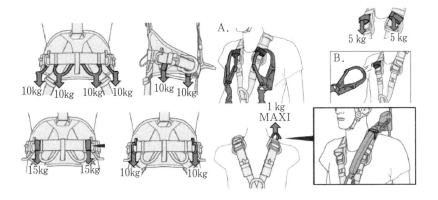

(2)　各部の名称

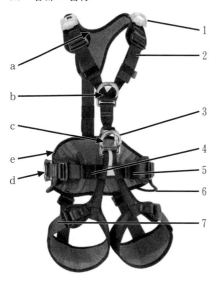

1　フォールアレスター用のランヤード
　　コネクターホルダー
2　ショルダーストラップ
3　反転防止機能付コネクター
4　ウエストベルト
5　伸縮性ストラップリテイナー
6　ギアループ
7　レッグループ

a　背部アタッチメントポイント
b　胸部アタッチメントポイント
c　腹部アタッチメントポイント
d　側部アタッチメントポイント（左右
　　に一つずつ）
e　後部レストレイン用アタッチメント
　　ポイント

(3)　特徴
　　　高所作業や救助活動を目的として作られているためパッドの幅が厚く、従来の小綱を使用して結索した座席結びと比較すると、救助員へのロープの食い込み等、身体への負担が軽減される。
　　　アタッチメントポイントは、場所によって用途が異なるので注意すること。
(4)　アタッチメントポイント及びギアループの使用用途
　ア　腹部アタッチメントポイント
　　　自己確保や作業姿勢をとるために使用する。
　イ　背部及び胸部アタッチメントポイント
　　　墜落の危険が高い場所において、墜落時に頭部が逆さまにならないようにするために使用する。
　ウ　側部アタッチメントポイント
　　　U字吊りにより、作業姿勢をとるために使用する。
　　　レストレインを設定するときに使用する。
　エ　後部レストレイン用アタッチメントポイント
　　　レストレインを設定するときに使用する。
　オ　ギアループ
　　　資器材を携行するために使用する。

(5)　注意事項

　ア　ウエストベルト、レッグループ及びショルダーストラップは緩みができ
　　　ないよう適切な大きさに調整する。

　イ　ウエストベルトは、救助服ズボンのベルトよりも高い位置で着装する。

　ウ　ギアループに自己確保をとらないこと。

　エ　エイト環等の下降器は、必ずハーネス中央の腹部アタッチメントポイン
　　　トを使用すること。

　オ　左右側部アタッチメントポイントの片方のみを自己確保やバックアップ
　　　に使用すると、万一墜落した場合に大きな荷重が片方のみに集中し、身体
　　　に深刻なダメージを与えるおそれがあるので、絶対に行ってはならない。

　カ　フォールアレスター用のランヤードコネクターホルダーは、ＭＧＯ金具
　　　をクリップする以外の用途では使用しない。

7　レスキュートライアングル（ピタゴール）

(1)　諸元

　ア　製造会社　　　　　ペツル

　イ　最大使用荷重　　　140kg

(2)　各部名称

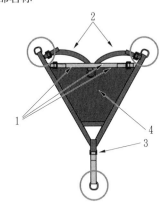

1　バック・ストラップ
2　ショルダー・ストラップ
3　センター・ストラップ
4　バック・リング

(3)　特徴及び使用方法

　ア　要救助者に着装し、図の丸の３点をカラビナで結合して使用する。

　イ　アタッチメントポイントの付いたセンター・ストラップは、長さ調整が
　　　可能なため、要救助者の傷病状態、救助現場の状況を考慮し、救助活動で
　　　きる。

　ウ　座位状態での救出方法

センター・ストラップの長さを短くすると、シット・ハーネスと同様で椅子に座ったような状態で救出することができる。

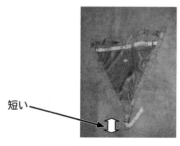

短い

エ　垂直状態での救出方法

センター・ストラップを最大限に伸ばした場合は、要救助者をほぼ垂直な状態で救出することができる。マンホール等の場所からの救助活動も可能である。

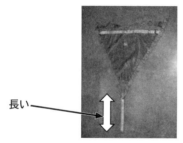

長い

(4)　注意事項

ア　バック・リングは、誘導に使用するためのもので、吊り上げ、吊り下げ用として使用しない。

イ　バック・ストラップを吊り上げ前に必ず引き上げ、脇から外れないようにすること。

ウ　ショルダー・ストラップを着装することにより、要救助者の落下を防ぐことができる。

エ　ショルダー・ストラップのないタイプの方法

要救助者を窓枠等から吊り出す場合は、脇側から出てくるバック・ストラップをしっかり保持して要救助者を吊り上げること。

【参考】資器材一覧（破断強度）

分　類	名　　称	破断強度	用　　途
ロープ等	セミスタティックロープ【エーデルワイス社製】	破断強度25kN	(黄色)メイン用(赤色)バックアップ用(白色)火災用
	テープスリング【ペツル社製】	破断強度22kN	支点等全般
カラビナ	ダブルロッキングカラビナ【DMM社製】	破断強度45kN	全般
	オーケートライアクトロック【ペツル社製】	破断強度縦　25kN横　　8kN	アサップ専用
プーリー	マインダー【ペツル社製】	破断強度36kN	方向変え等
	ツイン【ペツル社製】	破断強度45kN	1／4滑車システム専用
ディッセンダー	ジェットマン【MIZO社製】	破断強度41kN	降下確保
アッセンダー	レスキューセンダー【ペツル社製】	滑り出し荷重4kN	ロープの展張等
	アッセンション【ペツル社製】	滑り出し荷重4～6.5kN	登はん手掛かり
	アサップ　【ペツル社製】	ソーバー部分破断強度 22kN	確保用
その他の器具	ボーM【ペツル社製】	破断強度 36kN	複合支点用
	グリヨン2m・10m【ペツル社製】	破断強度15kN	自己確保用フィックス用はしごクレーン確保用
	アブソービカYMGO【ペツル社製】	破断強度15kN以上	登高用
	フルボディーハーネス【型によって仕様、強度が異なるため、詳細は取扱説明書を参照】	最大使用荷重140kg	身体保護具
	ピタゴール【ペツル社製】	最大使用荷重140kg	救出用具

5 - 1　自己確保の概念

都市型救助における自己確保には以下に示すような概念がある。

1　レストレイン（危険区域の進入制限）

　訓練塔上の活動スペースなどから墜落の危険のあるスペースへ隊員が進入することを防ぐ自己確保。使用するアタッチメントポイントはバック及びフロントとする。

  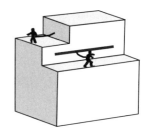

2　ワークポジション（作業姿勢）

　自己確保ロープ又は懸垂ロープ等によって身体が宙吊りになった状態で完全にロープに身を預けて、両手を使って高所作業ができる状態を作る自己確保。使用するアタッチメントポイントは、フロント及び左右腰部（U字での使用）とする。

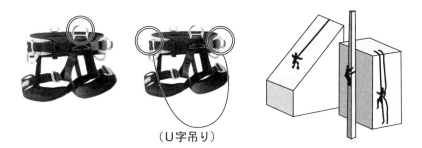

（U字吊り）

3　フォールアレスト（墜落時の安全停止）

　隊員が落下した場合に身体的影響を少なくする自己確保。使用するアタッチ
メントポイントはバック及びフロントとし、併せてダイナミックロープ又は
ショックアブソーバーを有した器具を必ず使用すること。

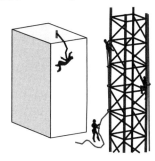

5－2　器具（グリヨン）を使用した自己確保

1　2mランヤード付きグリヨン

⑴　レストレイン用としての活用
　　墜落しないように設定を行う。

⑵　ワークポジションとしての活用
　　作業姿勢をとる対象物に当て布（スライド式プロテクター）が当たるようにセットする。

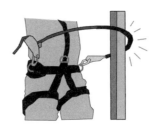

　　★　グリヨンはフォールアレストとしては使用しないこと。状況によっては、ワークポジショニング用システムとは別にフォールアレスト用システムを併用する。

2　10mランヤード付きグリヨン

⑴　レストレイン用としての活用
　　2mグリヨン同様墜落しないように設定する。

★　余長でふた結びを施して、活動中の誤操作及び緩み
を防止する。

(2)　レストレイン用のフィックスロープとして活用

グリヨン又はロープ等を活用して、強固な支点で

フィックスロープが設定できる場合は、次のとおりとする。

ア　使用できる人数に制限なし。

※　転落危険がある場合は原則、1スパンに一人とする。

イ　中間支点を設ける必要なし。

★　フィックスロープの伸びを考慮し、隊員が危険区域に進入することがで
きないように設定すること。

設定例

(3)　フィックスロープ設定時の注意事項

ア　フィックスロープは常設しないこと（訓練の開始から撤収まで、現場で
は使用開始から撤収まで）。

イ　張るときは、下図のように一人の力で引っ張ること（複数人の力や滑車
等のシステムを活用しての展張はしないこと）。

ウ　ロープに結び目を作って、中間支点に固定しないこと。

エ　余ったロープは、束ねるなどしてまとめること。

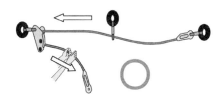
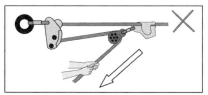

5 - 3　ディッセンダーを活用した確保

ディッセンダーを活用した確保は、次のとおりである。

1　ジェットマンによる確保

(1)　確保要領

　ア　図1のように角に回し、確保する。

　イ　ロープを緩めるときは、図2のように制動を掛けながら操作する。

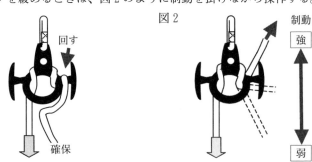

(2)　固定要領

　左右にある角にそれぞれ2回ずつ巻き付け、最後に半結びをとることにより固定を完成させる。

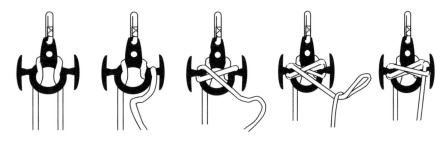

> ## 解　説
>
> **身体確保と器具確保について**
>
> 　身体確保は確保者に対する身体的、精神的負担が非常に大きいことから、ジェットマン等の制動器を用いて確保することにより、余力をもってロープの操作を行えるようになっている。
>
> 　ただし、応急はしごやはしご水平救助第二法の場合には、三連はしごの横さんやカラビナによる摩擦により、確保者は余裕をもって確保することができる。
>
> 　そのような理由から、編みロープであっても身体確保を否定するものではなく、荷重によって選択する必要がある。

6 － 1　担架作成要領

1　バスケットストレッチャー担架作成要領

(1)　テープスリングを活用した水平担架作成要領

　　ア　バスケットストレッチャーのカラー部分（写真の①）にテープスリング
　　　　でカウヒッチを作成する。
　　イ　テープスリングの長さ調整のため写真②で示したテープスリングの折り
　　　　返し部分に8の字結び（エイトノット）を作成し、四つのエイトノットを
　　　　カラビナでまとめる。
　　　　★　担架の揚程を調整したい場合には、カラーに結着するカウヒッチをバッチマ
　　　　　　ンに変更したり、エイトノットを省略する。

(2)　セミスタティックロープを使用したブライドル

　正規のブライドルのほか、セミスタティックロープにて代用することも可能である。

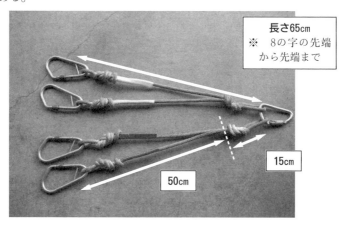

長さ65cm
※　8の字の先端
　　から先端まで

15cm

50cm

　★　正規のレスキューブライドル及びセミスタティックロープは、耐用年数に達したものは順次交換すること。

ア　ブライドルの設定

　ブライドルは、上下又は左右に振り分けて設定する。

　★　設定方法により、カラビナの向きを変えることができる。

　イ　要救助者の収容

　　　次の写真のように、バックボード固定した要救助者の収容が容易にでき
　　る。

【参考】バックルの区別について

　　　バスケットストレッチャーとバッ
　　クボードのベルトは、色、形状と
　　もに類似している。
　　　現場で救出後に救急隊に引き継
　　ぐ際、誤ってバックボードのベル
　　トを外さないように、バスケット
　　ストレッチャーのバックルに印を
　　つけるとよい（ヒューマンエラー
　　の防止）。

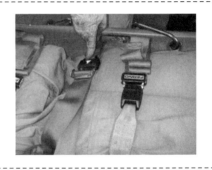

(3)　誘導ロープの設定

　　　バスケットストレッチャーの取手にロープを結着する。若しくは、テープ
　　スリングを結着し、ロープ、カラビナを連結する。

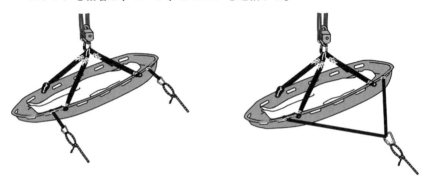

テープスリングを使用した設定例

2 バーティカルストレッチャー担架作成要領

(1) 水平担架作成要領

　　頭部側及び足部側2か所のキャリングハンドル（写真①）に付属のスリング2種類（赤色、青色）をカウヒッチで結着する。中央のキャリングハンドル（写真②）に補助スリング（黒色）を素通しで設定する。

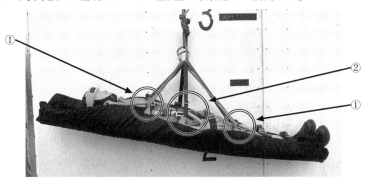

★　スリング（赤色、青色）は、ハンドルカバーへの結着を避け、しっかりと締め込みズレを防止する。補助スリングは、吊ったときにテンションがかからないように、締めすぎに注意する。

(2) 垂直吊り担架作成要領

　　左右2か所のループ（写真①）に同色のスリング（赤色又は青色）をカウヒッチで結着する。2本のスリングをカラビナでまとめて設定する（写真②）。

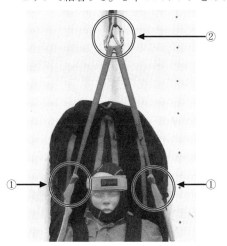

スリング（青色）で設定

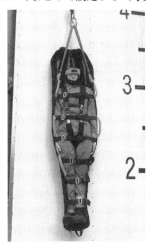

垂直吊り担架設定状況

　★　垂直吊り担架設定時は、下方向へずり落ちることを防ぐためショルダーストラップ、チェストストラップ、レッグストラップを設定する。

【参考】要救助者収容要領

① 頭部先端のシンチストラップを締めて巻き戻りを防ぐ。
② ショルダーストラップの縫い合わせの位置と要救助者の肩の位置を合わせる。
③ ヘッドバンドを設定する（位置調整できるループが6か所ある。）。
④ 各ストラップ（ショルダー、チェスト）を設定する。

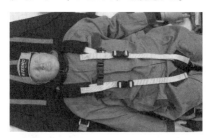

　　　　送り締めする　　　　　　　　締めすぎない

　★　樹脂製バックルは破損しやすいため、必ず送り締めし、締めすぎない。
⑤ レッグストラップを設定する（水平担架の場合は省略できる。）。

⑥ レストレイント（全6か所）を設定する。

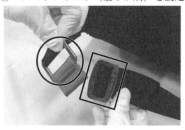
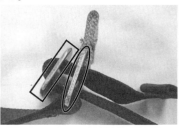

　★　○の金具に□の金具を通し締め付ける。誤って金具を通すと、締めても緩んでしまう。

⑦ 設定完了

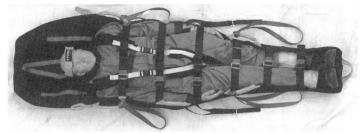

> ★ 肩のラインに合わせると、要救助者によっては足部がはみ出してしまう場合がある。その場合は、身体保護を優先し、全身がストレッチャー内に収まるよう移動すること。

(3) 誘導ロープの設定

頭部側はループ、足部側はフットハンドルに、ロープ・カラビナを連結する。シンチストラップ、フットストラップには設定しない。

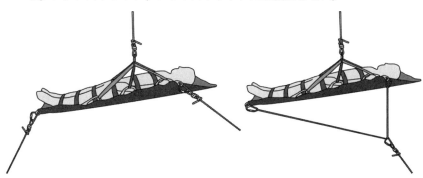

水平担架での設定方法

垂直吊り担架での設定方法

6 − 2　担架の介添え

　担架（バスケットストレッチャー、バーティカルストレッチャー）で救出する場合、進入隊員が介添えを行うことができる。

1　介添えの目的

(1)　誘導効果
　　ア　救助員の足による障害物のクリア
　　イ　担架の安定化
(2)　要救助者への配慮
　　ア　継続した観察
　　イ　呼び掛けによる不安の排除

2　準　備

　進入隊員用のメインとバックアップの2系統を準備する。
(1)　メイン：2mランヤード付きグリヨン
(2)　バックアップ：テープスリング

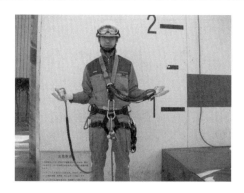

★　胸部と腹部、別々のアタッチメントポイントに設定する。

3　設定方法

(1)　高所からの吊り下ろしやピグリグによる引き上げ時等の設定例

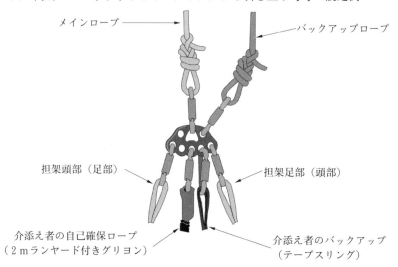

(2)　1／4滑車システムを使用した場合の設定例

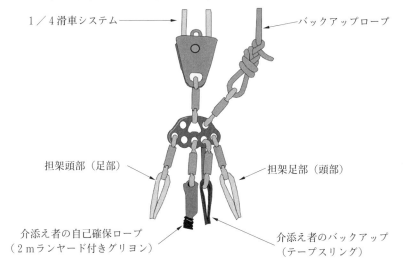

1／4滑車システム ————————→　　　　　　←———— バックアップロープ

担架頭部（足部）　　　　　　　　　　　　担架足部（頭部）

介添え者の自己確保ロープ　　　　　　　　介添え者のバックアップ
（2mランヤード付きグリヨン）　　　　　　（テープスリング）

(3)　その他

　　ア　ポーは密集したカラビナが整理できるメリットの一方、全体の揚程がよ
　　　り多く必要になるといったデメリットがある。

　　イ　器具自体が横方向に長いため、取付け方によってはバランスが崩れるこ
　　　とに注意する。

　　ウ　必要に応じポーを省略してよい。

【参考】ポーを省略した場合の方法について

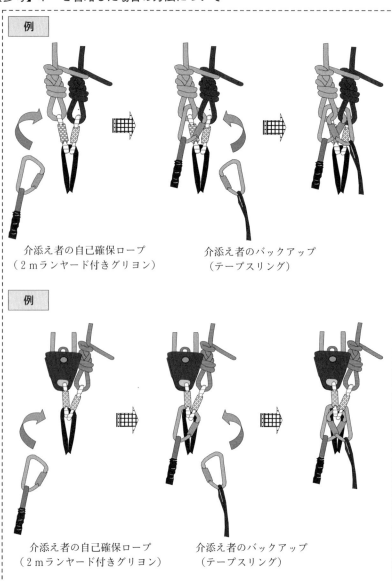

例

介添え者の自己確保ロープ　　　　介添え者のバックアップ
（2mランヤード付きグリヨン）　　（テープスリング）

例

介添え者の自己確保ロープ　　　　介添え者のバックアップ
（2mランヤード付きグリヨン）　　（テープスリング）

★　介添え者のバックアップは、メイン・バックアップ両方を合わせた箇所やバッ
　　クアップ単体など、干渉しない場所を選択して設定してよいが、バックアップ
　　の観点から、メインのシステム単体への設定はしないこと。

4 注意事項

(1) 介添えする隊員は、必ずバックアップを設定すること。

(2) グリヨンがバスケットの角に当たらないようにすること。

(3) グリヨンの接触によりロープが緩む危険性があるため、必ずふた結びを施すこと。

※ 写真はふた結びを省略

(4) 介添え者の自己確保ロープ及び介添え者のバックアップはバスケット側（ブライドル又はテープスリングのループ）に設定しないこと。

バスケットのテープに介添え者のロープを設定

ブライドルのループに介添え者のロープを設定

(5) 三連はしごを活用した以下の救助法では、絶対に介添えを行わないこと。
　　高所：はしご水平救助第一（二）法
　　低所：はしごクレーン救助

(6) カラビナが密集するため、カラビナ同士の無理なこじれや、干渉に注意すること。

解　説

介添え時のみポーにメインとバックアップを同時に設定してよい理由
ポーを使用することによりヒューマンエラーを防ぐことができる。
★　第4章4－4、2、⑶に記載される事項を厳守し、使用すること。

第7章 低所・高所への進入

7－1 低所への進入

1 ジェットマン降下

(1) 設定準備

ア 腹部アタッチメントポイントにカラビナでジェットマンをセットする。

イ ハーネス右側の側部アタッチメントポイントにカラビナを掛ける。

カラビナ　　　　　　　　　　　　　　　　　　　　ジェットマン

(2)　降下要領

　ア　ロープをジェットマン及び腰部カラビナに設定する。

　イ　降下要領は、第Ⅰ編第5章5－1「座席懸垂」に準ずる。

(3)　作業姿勢

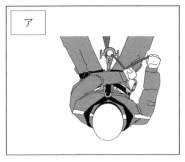

ア

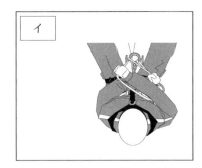

イ

　ア　腰部のカラビナを介したロープを折り返し、左手でしっかりと握る。この時点で、完全な停止状態となる。

　イ　以下は、第5章5－3、1、(2)「固定要領」と同様の手順

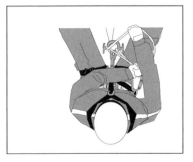 

作業姿勢の完成

2　注意事項（共通）

(1)　降下する際はバックアップロープを設定すること。

(2)　編みロープによる身体懸垂は行わないこと。

７－２　高所への進入

1　アブソービカYMGOを活用した進入要領

　はしごや固定ロープを設定できない場合に、救助員が鉄塔等の備え付けはしごや足場を利用して、自己確保のランヤードを掛け替えながら登はんする方法

(1) 特徴

　ア　確保員が不要のため、一人での登はんが可能

　イ　ロープが設定されていない最初の登はんに適している。

(2) 進入準備

　胸部アタッチメントポイントにアブソービカYMGOをセットする。

　　★　二人目以降の進入に備え、ロープ等を携行する。

(3) 進入方法

　ア　MGO金具をはしご等に直接掛ける。

　イ　常にMGO金具の一方が掛かっているようにし、ランヤードを連続して掛け替えて高所へ進入する。

登はんの様子

MGO金具を直接掛ける

⑷　注意事項

　ア　アブソービカYMGOは落下係数「2」までの使用が可能となるが、こ
　　れはあくまで備わっているショックアブソーバーにより、墜落時の身体へ
　　の衝撃荷重を安全の範囲内にとどめるというものであり、落下係数とは別
　　に、他の地物に体をぶつけて負傷する可能性があることを念頭に置く。

　イ　テープ等でMGO金具を掛けるための支点は、原則作成しない。

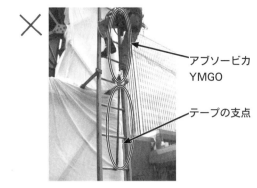

アブソービカ
YMGO

テープの支点

テープにて支点をとりMGO
金具を掛けた状態

墜落距離が増し衝撃荷重が安
全の範囲内を超えるため危険

　ウ　テンションがかかった時（墜落時）に、MGO金具がねじれるような位
　　置に設定しない。

　エ　同様の理由から、地物にランヤードを回してMGO金具を設定しない。

墜落時にMGO金具がねじれる状態

ランヤードを回して掛けた状態

　オ　墜落時に一方のMGO金具が自分のハーネスに付いていると、アブソー
　　バーが伸びきらない可能性があるため、登はん時はMGO金具をハーネス
　　に取り付けない。

写真のように、自分に付いている側のランヤードにもテンションがかかり、アブソーバーが伸びるための衝撃が分散される。

一方のMGO金具をハーネスに付けたまま墜落した状態

2　アサップを活用した進入要領

　アサップを活用することにより、確保を保持したまま進入することが可能となる。

(1)　特徴

　　ア　確保員が不要のため、一人での登
　　　はんができる。

　　イ　器具の特性から、本体を操作する
　　　ことなく昇降することができる。

(2)　進入準備

　　胸部アタッチメントポイントにア
　サップをセットする。

(3)　進入方法

　ア　高所の地物等にロープ先端を固定し、地上にロープバッグを降ろす。

　イ　アサップがスムーズに可動するよう、ロープバッグを重りにしたり、固定するなどしてロープに軽くテンションをかける（下記の例参照）。

　ウ　進入隊員はロープにアサップを設定し、進入する。

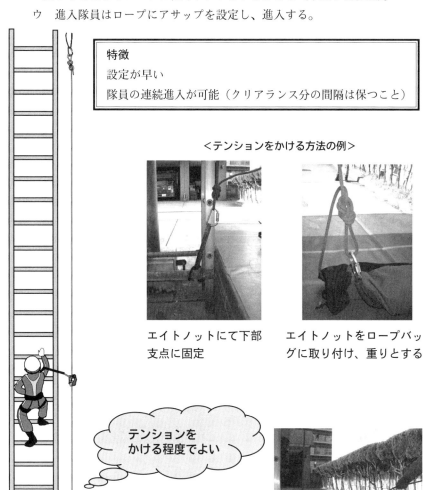

特徴
設定が早い
隊員の連続進入が可能（クリアランス分の間隔は保つこと）

＜テンションをかける方法の例＞

エイトノットにて下部支点に固定

エイトノットをロープバッグに取り付け、重りとする

テンションをかける程度でよい

他の隊員により、軽くテンションをかける

【参考】下記のように設定することも可能である。

1　高所の地物等に中間支点を設け、ロープを支点に通したのち、両端末を地上
　へ降ろす。
2　ロープの先端を地物等に固定（先端固定）し、中間支点を介した反対側のロー
　プもジェットマンで固定する。
3　進入隊員は先端固定側のロープにアサップを設定し進入する。

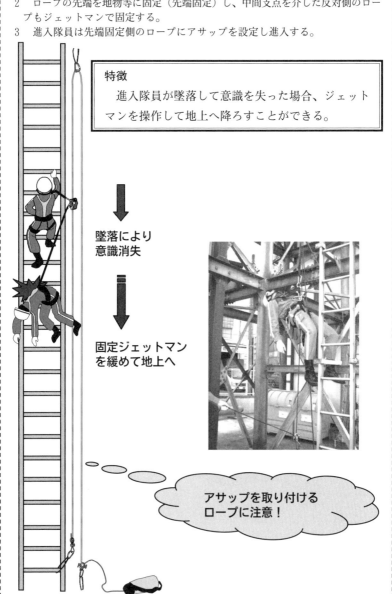

特徴
　進入隊員が墜落して意識を失った場合、ジェット
マンを操作して地上へ降ろすことができる。

墜落により
意識消失

固定ジェットマン
を緩めて地上へ

アサップを取り付ける
ロープに注意！

⑷　注意事項

　　ア　登はん時は、墜落距離が少なくなるようアサップソーバーのストラップ
　　　部分を腕で持ち上げるように登はんして、アサップを高い位置で保持する
　　　こと。

　　イ　ロープは原則、赤色で設定する（二重の安全措置の観点からバックアッ
　　　プ用であるため。）。

腕で持ち上げることにより墜落距離
を少なくする

アサップが低いと墜落距
離が大きくなる

解　説

　ショックアブソーバーについて
　アブソービカＹＭＧＯやアサップのようなショックアブソーバー付きの器具は
モバイルフォールアレスターといい、墜落時にショックアブソーバーが伸びるこ
とにより、衝撃を吸収し、安全に墜落を止めるための資器材である。
　ショックアブソーバーは荷重をかけて作業するためのものではないため、高所
進入後、ワークポジション用として使用しないこと。
　また、墜落して一度伸びてしまったショックアブソーバーは再利用せず交換、
廃棄すること。

第8章　救助法

8-1　応急はしご救助

1　応急はしご救助の全体イメージ

2　必要資器材

(1)　三連はしご
(2)　セミスタティックロープ（白色）
(3)　レスキュートライアングル（ピタゴール）

3　全体のポイント

(1)　メインロープにセミスタティックロープ（白色）を使用
(2)　身体確保により確保
(3)　救出器具にピタゴールを使用

4　各場所の設定

図のとおり

8-2 はしご水平救助第一法

1 はしご水平救助第一法の全体イメージ

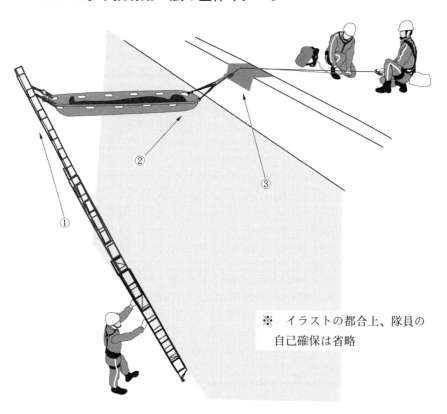

※ イラストの都合上、隊員の
自己確保は省略

2 必要資器材

(1) 三連はしご

(2) バスケットストレッチャー

(3) メインロープ

(4) バックアップロープ

(5) カラビナ・テープスリング・ジェットマン等

3　全体のポイント

(1)　各支点にテープスリングを使用

(2)　メインロープ、バックアップロープにセミスタティックロープを使用

(3)　確保器具にジェットマンを使用

4　各場所の設定

(1)　担架の作成（足部側）及び三連はしごとの結着（図の①）

三連はしごの裏主かん、支かん及びバスケットストレッチャーの取手部分をまたぐようにテープスリングを通し、カラビナで結着する。

　★　カラビナは、ダブルロックカラビナ1枚とし、ねじれるような位置に設定しないこと。

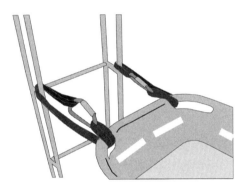

(2)　担架の作成（頭部側）（図の②）

丸で表示したバスケットストレッチャーの取手部分に、テープスリングで結着（バッチマン又はカウヒッチ）する。

(3)　ロープの設定（図の③）

頭部側のテープスリングにメインロープ、バックアップロープを設定する。

8 - 3　はしご水平救助第二法

1　はしご水平救助第二法の全体イメージ

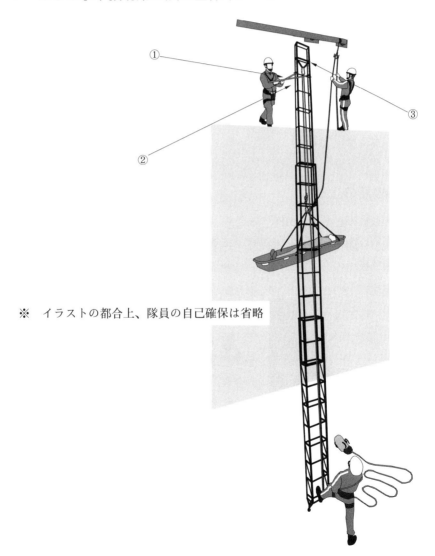

① ② ③

※　イラストの都合上、隊員の自己確保は省略

2　必要資器材

⑴　三連はしご
⑵　バスケットストレッチャー
⑶　メインロープ
⑷　バックアップロープ
⑸　とび口
⑹　カラビナ・テープスリング・ジェットマン等

3　全体のポイント

⑴　各支点にテープスリングを使用
⑵　メインロープ、バックアップロープにセミスタティックロープを使用
⑶　メインロープの確保は身体確保、バックアップロープの確保にはジェットマンを使用
⑷　とび口の結着にテープスリングを使用

4　各場所の設定

⑴　とび口の結着（図の①）
　　二本のとび口をカウヒッチでまとめて、テープスリングをとび口に巻き付け、最後にカウヒッチの折り返し部分にカラビナを掛ける。

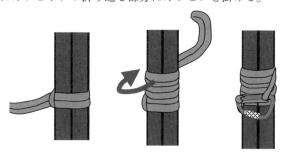

⑵　とび口と三連はしごの結着（図の②）
　　とび口の先を三連はしごの主かんと支かんに掛け、とび口の先の柄の部分にテープスリングをカウヒッチで結着し、とび口の歯を押さえるように主かんに巻き付け、とび口と支かんをまとめてとび口が三連はしごから外れることのないようにテープスリングを巻き付け、最後にカラビナを三連はしごの一部に掛け固定する（図のように支かんととび口の柄をまとめてカウヒッ

結着してもよい。)。

(3)　上部支持点（図の③）

　メインロープを設定する横さんの一段上の左右支かんに、テープスリング
を巻き付け設定する。

★　横さんの補強ではないため、メインロープが横さんに荷重をかけないよう、巻
き数を調整し設定すること。

8－4　つるべ式引き上げ救助

1　つるべ式引き上げ救助の全体イメージ

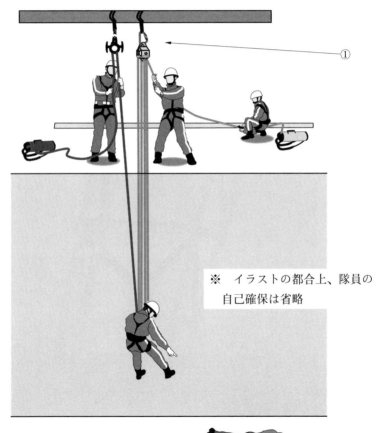

①

※　イラストの都合上、隊員の
自己確保は省略

2　必要資器材

(1)　1／4滑車システム
(2)　バックアップロープ

(3)　バスケットストレッチャー等

(4)　カラビナ・テープスリング・ジェットマン等

3　全体のポイント

(1)　各支点にテープスリングを使用

(2)　メインロープに1／4滑車システムを使用

(3)　バックアップロープにセミスタティックロープを使用

(4)　確保器具にジェットマンを使用

4　各場所の設定

ロープの設定（図の①）

メインロープは、1／4滑車システムを設定し、後方で確保する。

バックアップロープは、テープスリングで支点作成したのちジェットマンを設定し確保する。

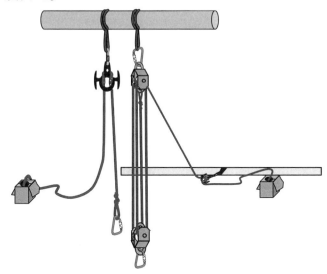

8－5　はしごクレーン救助

1　はしごクレーン救助の全体のイメージ

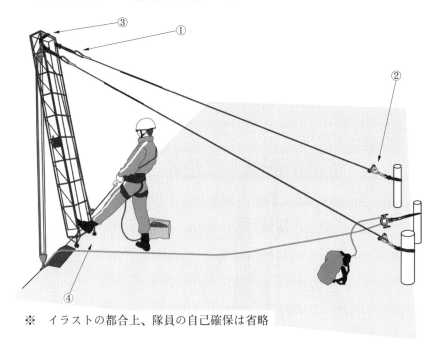

※　イラストの都合上、隊員の自己確保は省略

2　必要資器材

⑴　三連はしご
⑵　1／4滑車システム
⑶　バックアップロープ
⑷　10mグリヨン
⑸　バスケットストレッチャー等
⑹　カラビナ・テープスリング・ジェットマン等

3　全体のポイント

⑴　各支点にテープスリングを使用

(2) メインロープに1／4滑車システムを使用

(3) バックアップロープにセミスタティックロープとジェットマンを使用

(4) メインロープの確保は身体確保、バックアップロープの確保にはジェットマンを使用

(5) はしご確保ロープに10mランヤード付きグリヨンを使用

　★　三連はしごの安定度を考慮して、隊員の介添えは厳禁とする。

4　各場所の設定

(1) はしご確保ロープの設定（図の①）

　テープスリングを三連はしごにカウヒッチ等で結着し、10mランヤード付きグリヨン先端のカラビナと結合する。

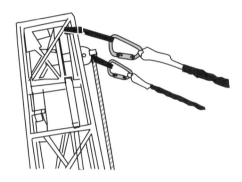

(2) 10mランヤード付きグリヨンの端末処理（図の②）

　活動中の誤操作及びロープの緩み防止のため、端末処理としてふた結びを施す。

(3) メインロープ（1／4滑車システム）の設定（図の③）

設定例1

　三連はしごの先端にテープスリングで支点を作成する。揚程を多く取ることができる。

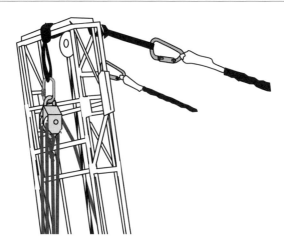

設定例2

上部より3段目の横さんに支点を設定する。

★　三連はしごは、メーカー、年式等により形状が
異なるので、動滑車の通し位置等は、それぞれに
あった箇所で行うこと。

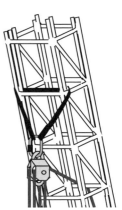

(4)　下部支点の設定例（図の④）

下部支点は、テープスリ
ングでカウヒッチ等により
結着する。

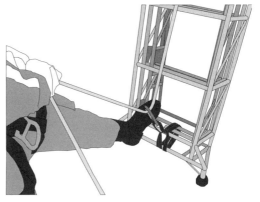

8 − 6 一箇所吊り担架水平救助

1 一箇所吊り担架水平救助の全体イメージ

2 必要資器材

(1) メインロープ

(2) バックアップロープ

(3) バスケットストレッチャー等

(4) カラビナ・テープスリング・ジェットマン等

(5) 10mランヤード付きグリヨン

3 全体のポイント

(1) 各支点にテープスリングを使用

(2) メインロープとバックアップロープにセミスタティックロープを使用

(3) 確保器具にジェットマンを使用

4　各場所の設定

　図のとおり

【参考】10mランヤード付きグリヨンを活用した支点について

　　上階から支点を設定する場合、器具の長さ調節機能を活かし、10mランヤード付きグリヨンを活用することが可能である。

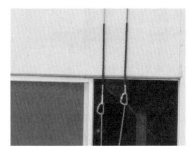

|写真1|写真2|

　10mランヤード付きグリヨン活用時の注意点

1　支点の高さ調整をした後、端末はふた結びにより誤操作及び緩み防止の措置をすること。
2　鋭利な角には当て布等を利用し、手が届きにくく当て布が設定しづらい場所（例：写真2）ではスライド式プロテクターを活用すること。
3　強固な支点であれば隊員の介添えは可能であるが、荷重がかかった際のロープの伸びによる支点の沈み込みに十分留意すること。

写真3

8－7　別系統のシステムを活用した救助（ピグリグ）

1　別系統のシステムを活用した救助（以下「ピグリグ」という。）の全体イメージ

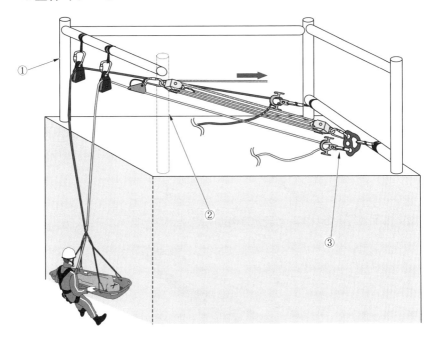

2　必要資器材

(1)　1／4滑車システム

(2)　マインダー

(3)　レスキューセンダー

(4)　ポーS（M）

(5)　メインロープ

(6)　バックアップロープ

(7)　バスケットストレッチャー等

(8)　カラビナ・テープスリング・ジェットマン等

3　全体のポイント

⑴　各支点にテープスリングを使用

⑵　メインロープ、バックアップロープにセミスタティックロープを使用

⑶　別系統のシステムに1／4滑車システム、レスキューセンダーを使用

⑷　メインロープ、1／4滑車システム用後方支点にポーS（M）を使用

⑸　中間支点にマインダーを使用

⑹　確保器具にジェットマンを使用

4　各場所の設定

⑴　中間支点の設定（図の①）

⑵　レスキューセンダーの設定（図の②）

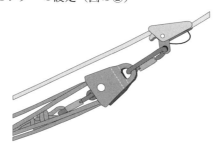

⑶　メインロープ、1／4滑車システムの後方支点にポーSを使用した場合の
　　設定例（図の③）

5　ピグリグによる引き上げ要領

(1)　1／4滑車システムを引き
きったらメインロープをジェッ
トマンで確保する。
　　※　バックアップロープも同時
　　に確保する。

(2)　1／4滑車システムを緩めテ
ンションをメインロープにかけ
換える。

(3)　レスキューセンダーのカムを
起こして緩め、レスキューセン
ダー及び1／4滑車システムを
前方に移動させる。
　　※　レスキューセンダーは取り
　　外さずロープ上をスライドさ
　　せる。

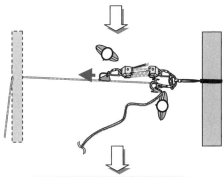

(4)　レスキューセンダーをセット
する。

(5)　1／4滑車システムを引き救
出を再開する。
　　※　同時にメインロープの余長
　　をとる。

8－8　レスキューフレームを活用した低所救助

1　レスキューフレームを活用した低所救助の全体イメージ

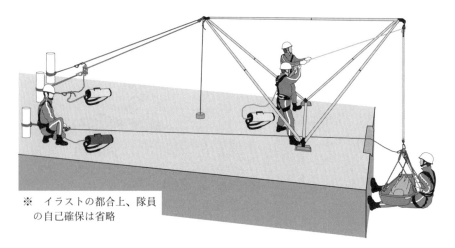

※　イラストの都合上、隊員の自己確保は省略

【参考】用語の解説

(1)　傾斜限界

レスキューフレームが安全に使用できる限界の角度をいう。

前方への最大傾斜角度は、地盤面と前部圧縮パイプの角度が30度までとし、柵等の障害物がある場合はフレームが障害物に接触する前の角度とする。

(2)　バランスポイント

前部頂点に荷重がかかった状態で、重心が後方から前方の作業範囲側へ移り変わるときの角度をいう。

地盤面と前部圧縮パイプの角度が約90度であり、レスキューフレーム本体の支持が、用手から控え綱（バックガイロープ）に移り変わる重要なポイントである。

無荷重でフレームを起こす場合は、バランスポイントの設定を省略することができる。

(3)　使用ポイント

要救助者の引き上げ（吊り下ろし）を、実際に行う時に使用する角度をいう。

2 必要資器材

(1) レスキューフレーム一式
(2) バックアップロープ
(3) バスケットストレッチャー等
(4) カラビナ・テープスリング・ジェットマン等

3 全体のポイント

(1) 300kgまでの重量物を基底部より約2.5m前方までの作業範囲で引き上げ・吊り下ろしが可能
(2) 隊員の介添え救助が可能
(3) メインロープに付属品の1／4動滑車（ロック機能付）を必ず使用
(4) バックアップロープにセミスタティックロープを使用
(5) 1／4動滑車（ロック機能付）のロック機能で確保が可能
(6) ヒンジキャスティング部での下部折り返し肩確保が可能

4 設定までの流れ（吊り下ろし）

(1) レスキューフレーム本体の設定
(2) 控え綱（バックガイロープ）の設定
　　付属品のバックガイキット又は当局指定の編みロープとジェットマンを使用する。ヒンジパイプから後方3m以上の場所に1か所又は2か所の地物に支点を作成しロープ、ジェットマンを設定する。

【設定例】

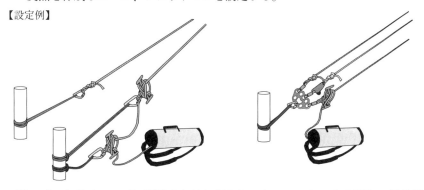

(3) バックガイロープに荷重をかけながらレスキューフレームを倒し、傾斜限界を設定
(4) レスキューフレームを戻しながらバランスポイントを設定（ジェットマン

固定）

⑸　1／4動滑車（ロック機能付）を使用し、隊員を吊り上げる。

⑹　バランスポイントまでレスキューフレームを倒し、ロープを緩めながら使用ポイントの設定（ジェットマン固定）

⑺　下部折り返し肩確保の設定（吊り下ろし時）

　　ヒンジキャスティング部にカラビナを設定し、1／4動滑車（ロック機能付）のロープを通す。確保時は、基底部が浮く危険性があるためベースプレートを踏む。

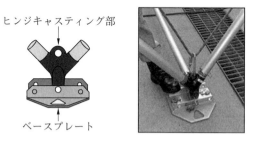

ヒンジキャスティング部

ベースプレート

⑻　1／4動滑車（ロック機能付）を緩め、隊員を吊り下ろす。

5　引き上げ要領

　　引き上げ隊員は必ず1／4動滑車（ロック機能付）のロックが効き、ロープが滑り出さないことを確認した後に、「ロックよし」の確認呼称後、次の引き上げ操作に移行すること。

　　連続で引く場合も、引く作業を中断する際は必ず1／4動滑車（ロック機能付）のロックが効いていることを確認した後に、「ロックよし」の確認呼称後、次の作業に移行すること。

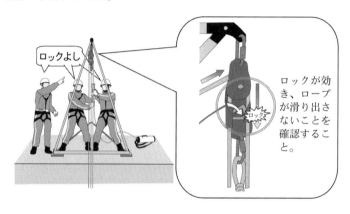

ロックよし

ロックが効き、ロープが滑り出さないことを確認すること。

6　注意事項

(1)　引き上げ用ロープをレスキューフレームの外側で引くことは、レスキューフレーム本体のズレ、回転などが生じるおそれがあるため禁止する。

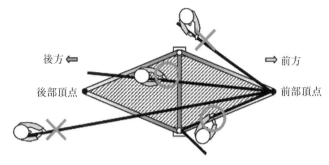

真上から見た図

(2)　吊り下ろしが完了し荷重が抜けると、レスキューフレームが起き上がることがあるので注意すること。

(3)　誘導ロープを引くときは、引張パイプの直線上のみ可能とする。

(4)　1／4動滑車（ロック機能付）のロックを解除する際は、必ずロックのカムにかかる荷重を抜いてから行うこと。

Q&A

バックガイロープがつるべ（1／2）となっている理由は何か？
1　バックガイロープの伸びを減らすことができる。
2　レスキューフレームを引き込む隊員の負担を減らすことができる。
　　上記の理由から、バックガイロープは原則、つるべ（1／2）を作成すること。

傾斜限界用ロープの役割は何か？
　バックガイロープの伸び等により、レスキューフレームが30°以下に傾くことがないよう、目視で確認するためのロープである。

【参考1】傾斜限界と使用ポイントが近く、ロープの余長が足りず使用ポイント
　　　　の設定ができない場合、下記のように設定することも可能である。

　　傾斜限界を10mグリヨン、使用ポイントを編みロープとジェットマンで設定す
　る方法
　1　後部頂点
　　　後部頂点にポーを設定し、傾斜限界用ロープと使用ポイント用ロープを分
　け、それぞれを設定する。

　2　控え綱（バックガイロープ）の支点
　　　レスキューフレーム後方に1か所又は2か所の地物に傾斜限界と使用ポイ
　ントの支点を設定する。

　3　レスキューフレームの設定
　　　傾斜限界を設定した後、使用ポイントを設定する。活動中は、使用ポイン
　ト用ロープに常に荷重がかかる長さに設定する。

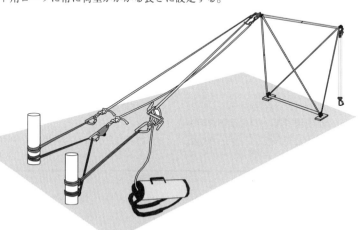

　★　後方支点を2か所、傾斜限界用ロープに10mグリヨン、使用ポイント用
　　ロープに編みロープを使用した設定例

【参考2】レスキューフレームの基底部及び後部頂点の3点が地面に接地した状態（以下、「直置き」という。）でマンホール救助器具として使用することも可能である。

レスキューフレームを控え綱（バックガイロープ）を省略し、直置きで設定する方法

1　レスキューフレーム本体の設置

　　強固かつ水平である場所に設置する。基底部パイプや後部圧縮パイプが地面に接触しているとパイプの破損の可能性があるため、設置時に確認する。また、基底部及び後部頂点の3点を踏み、横ずれを防止する。後部頂点を踏む際には、当て布等で保護する。

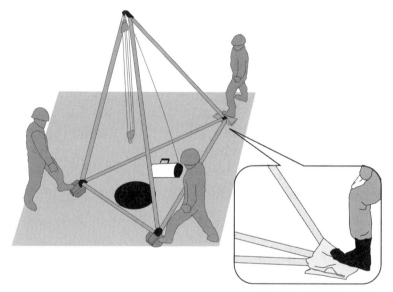

★　後部頂点保護の設定例

2　救助ロープの操作について

　　レスキューフレーム基本操作同様に、救助ロープ操作はフレーム本体枠内で行い、フレーム本体がバランスを崩すことがないように注意する。

第**Ⅲ**編

 救助用器具基礎知識

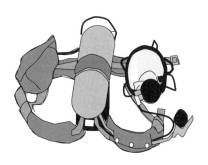

1-1　かぎ付はしご

1　概　要

　かぎ付はしごは、救助活動に欠かせない器具の一つであり、高所及び低所への進入に用いられる。

2　構造及び名称

　鋼製及びチタン製のかぎ付はしご（単はしごともいう。）の構造・名称は次のとおり。

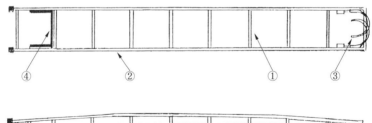

三連はしご各部の名称

No.	名　　　称	No.	名　　　称
①	横　さ　ん	③	か　　　ぎ
②	主　か　ん	④	ス　テ　ー

3　主要諸元

材　　質	長　さ	質　量	耐荷重（吊り下げ時）
銅　　製	3.05m	10kg	二人又は1.2kN
チタン製	3.10m	8 kg	二人又は1.8kN

4　取扱方法

⑴　はしごを掛けるときは、はしごの先端のかぎを、てい体と直角になるまで開き、建物等にかぎの部分を確実に掛ける。

⑵　垂直に吊り下げて使用する。

★　チタン製は、吊り下げ使用のほか、立てかけ使用、水平架ていも可能。

⑶　登はんするときは、他の１名がてい体を支持する。

5　セーフティポイント

⑴　はしごを掛ける窓枠等は、十分強度のある所を選定する。

⑵　確保ロープは、次図の要領で送る。

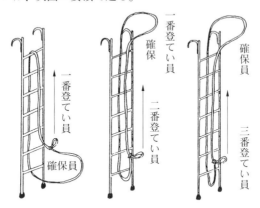

かぎ付はしごの確保ロープ使用例

1－2 三連はしご

1 概 要

三連はしごは、救助活動に欠かせない器具の一つであり、高所等への進入のほか、要救助者の吊り上げ、吊り下げ等にも用いられる。

2 構造及び名称

鋼製・チタン製・アルミ製三連はしごの構造・名称は、次のとおりである。

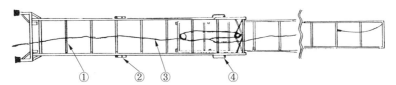

三連はしご各部の名称

No.	名　　称	No.	名　　称
①	横　さ　ん	④	掛　　金
②	取　　手	⑤	主　か　ん
③	引　き　綱	⑥	支　か　ん

3　主要諸元

材　　質	縮てい長	最大伸てい長	質　　量	最大許容荷重
銅　　製	3.1m	7.3m	32kg	二人又は1.8kN
チタン製	3.5m	8.7m	35kg	同　　上
チタン製	3.2m	7.7m	29kg	同　　上
アルミ製	3.5m	8.7m	24kg	同　　上

★　最大許容荷重については、立てかけ（75°）の分散である。

4　取扱方法

(1)　架ていするときは、左右の傾斜のない場所を選ぶ。

(2)　伸てい及び縮ていは、はしごを垂直にして行う。

(3)　必要な長さに伸ていしたら、掛金が完全に作動しているか確認し、引き綱をたるみなく引っ張って、一連目の横さんに結着する。

(4)　架てい角度は、地盤面に対して75°を原則とする。

(5)　架てい時は、てい体を支持し、状況に応じて先端を地物に固定する。

(6)　縮ていするときは、一旦引き綱を引いて掛金を外してから、引き綱を緩める。

5　セーフティポイント

(1)　縮ていは、静かに行い、引き綱を一気に緩めない。

★　滑車から引き綱が外れたり、衝撃によるはしごの変形が起きる。

(2)　通常は、横さんを交互に握り一段ずつ登るのが原則であるが、資器材等を携行する場合には、裏主かんを引きつけながら登る。

(3)　極端な低角度又は水平状態では、原則として使用しない。

★　荷重をかけすぎると、最初に接合部の主かんが折損する。

(4)　てい上での作業は、作業姿勢をとることを原則とする。

Q&A

架てい角度は、なぜ75°なのか？

1　安全性を確保したうえで、許容荷重を最大にするため。

2　登はん又は降下する際に、体を垂直にして、やや腕を伸ばし、横さんを握ったときの角度が、おおむね75°であるため。

1－3　空気式救助マット
（スーパーソフトランディング）

1　概　要

　この空気式救助マット（以下「スーパーソフトランディング」という。）は、火災等の緊急事態に際して15m以下から脱出する人を、救助者に二次災害を与えることなく救助することができるものである。

　スーパーソフトランディングは、救助作業時において要救助者を、死亡→重傷、重傷→中等傷、中等傷→軽傷に軽減させる目的の救助器材であり、使用状況により、確実に安全を保証するものではない。使用については、注意が必要である。

2　構造及び名称

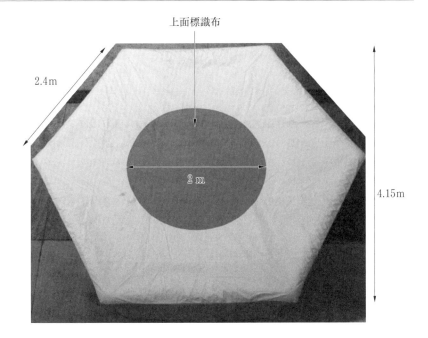

上面標識布

2.4m

2 m

4.15m

3　主要諸元

形　状　・　寸　法	一辺長約2.4m、対辺長約4.15m、高さ２mの正六角柱
上　面　標　識　布	φ2.0m緑色（避難者降下目標を指示する。）
注　　気　　孔	逆止弁付手締め注入孔２個
安　　全　　弁	膨張時、飛び降り時、高温加熱時に気柱内圧の過大による破裂事故防止のためのもの。
排　　気　　口	収納、折りたたみ時に気室の空気を排気するためのもの。
気　室　形　状	上面φ240、底面φ250のせつ頭円錐で構成される正六角柱構造
使　用　空　気　量	約2,400 L（14.7MPa充塡の８Lボンベ２本分）
主要材料・部品	表面・底面布　：難燃・耐油塩化ビニールターポリン 側面　　　　　：難燃塩化ビニールターポリン 気室布　　　　：ポリウレタン引布 安全弁　　　　：0.0016MPa　２個
質　　　　　量	約60kg（空気ボンベを除く。）
適　　　　　用	地上15mまでの高度からの落下救助に適用可能
準　備　時　間	輸送状態から３分以内、第一落下者からの形状復帰時間１分内
衝　撃　強　度	180kg砂袋を地上16mから連続３回中央に落下させ、異状なし

安　定　性	75kg砂袋を端から500mmの箇所に落下させ、本体がひっくり返らないこと。

4　取扱方法

⑴　直径5mの範囲内に、突起物のない比較的水平な場所を探す。

⑵　収納袋から取り出し、注気孔を手前にして、表に上面標識布が現れるように展張する（完全に展張しない状態で空気を充填すると破裂するおそれがある。）。

⑶　2個の排気口と2個の安全弁が閉まっていることを確認した後、注気孔部に異物がないか確認し、ボンベを手締めでしっかり取り付け、ボンベの空気を充填する（ボンベは、充填時に冷却されるので手袋をはめて充填すること。）。

⑷　膨張時に気柱の形状がスムーズに拡張するよう、手で持ち上げて保形する。

⑸　安全弁から排気が始まったら充填完了（急速充填は破裂につながるので注意すること。）。

⑹　移動する場合は、本体取手を持って二人以上で運ぶ。

⑺　避難者に対して、降下目標の上面標識布めがけて、やや後傾姿勢をとり、足から着地するように飛び降りるよう呼び掛ける。

⑻　最初の降下者が完全にスーパーソフトランディングを離れて気柱が自立したことを確認後、次の降下者に飛び降りるよう呼び掛ける。もし、気柱が回復しない場合は、ボンベから空気を補充する。

5　セーフティポイント

⑴　訓練で使用する場合は、6m四方の何もない水平な場所で行い、生体での降下は禁止とし、ダミー人形等で行うこと。

⑵　降下姿勢は、体を大の字に仰向けの状態で、足から着地し、力を抜いて仰向けに受け身を取る（足→腰→肩の順に自然に着地し、手は左右に広げる。）。

⑶　降下者が、ハイヒール等危険と思われるもの、シートに損傷を与えるものを装着している場合は外させる。

⑷　約30MPaの7、8、9Lボンベは、必ず1本で使用する。2本同時使用すると破裂するおそれがある。

⑸　使用場所に設置するために移動する場合は、必ず上空監視員を配置する。緊急時（予期せぬタイミングでの落下等）、上空監視員は警笛等で他の隊員へ伝える。

第2章 重量物排除用器具

2－1 油圧ジャッキ（ポートパワー）

1 概要

　油圧ジャッキは、油圧ポンプとラムシリンダーを高圧ホースで接続したもので、油圧ポンプの作動により、高圧ホースを介して油圧をラムシリンダー部に送り込み、プランジャーを作動させる。

　各種アタッチメントを組み合わせて、プランジャーに取り付けることにより、押さえ付け、引っ張り、持ち上げ、広げ、締め付け等の操作ができる。

　★ **ラム（ram）**　英語。水圧機のピストンという意味。
　★ **プランジャー（plunger）**　シリンダー内を往復するピストンのことであるが、ピストンは比較的低圧の場合で、高圧のときはプランジャーという。

2 構造及び名称

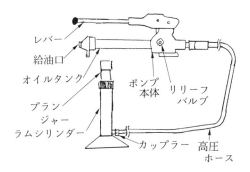

3　主要諸元

種　　　別	10 t 型	20 t 型
型　　　式	RC－159	RC－250
能　　　力	100kN	200kN
ラ ム 最 低 高	300mm	287mm
ラムストローク	150mm	128mm
プランジャー径	42mm	58mm
ラ ム 外 径	57mm	86mm

⑴　RC－159（10 t ポートパワー）

RC－159　アタッチメントの許容荷重

アタッチメントの種類	許容荷重
ラム台　片持板　クランプ台	30kN
フック付きチェーン　チェーン掛け　クランプヘッド	50kN
ウエッジラム　スプレッドラム（ウエッジラム大）	10kN
その他のアタッチメント	100kN

RC－159　アタッチメントの組み立て例

持ち上げ	広　　　　　げ	押さえ付け	引っ張り	締め付け

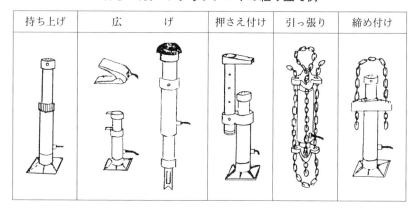

FZ－IL

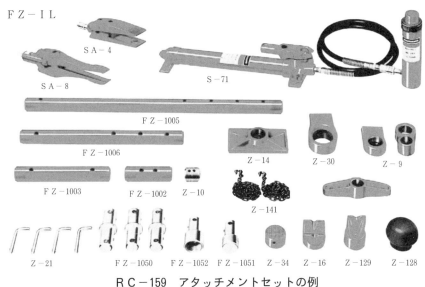

RC－159　アタッチメントセットの例

(2)　RC－250（20 t ポートパワー）

RC－250

★　特に鉄道災害における、軸箱の持ち上げに有効活用できる。
★　RC－159とRC－250に互換性は無い。

4　取扱方法

(1)　ポンプ本体、ラムシリンダー及び必要なアタッチメントを準備する。

(2)　リリーフバルブが閉じていることを確認し、アタッチメントを接続する。

(3)　アタッチメントを対象物に設定し、ポンプレバーを上下に動かし、操作する。

(4)　操作が完了したら、リリーフバルブを開放して、収納する。

★　ポンプ本体は、水平又は給油口側が高くなるようにする（給油口側が低くなると空気がポンプ内に流入するおそれがある。）。

★　エアー抜きの方法は、プランジャーねじ部を下にして、10cmほど伸ばしてからリリーフバルブを開けると、空気はホースを伝わってポンプの所定の位置に戻る。

5　セーフティポイント

⑴　荷重は、ラムの中心にかかるようにする。

⑵　レバー操作は片手で容易に作用する範囲にとどめ、許容荷重以上の負荷をかけない。

⑶　高圧ホースは、極端に曲げたり折ったりしない。

⑷　給油時は、気泡が流入しないように注意する。

⑸　ストロークの不足や対象物への設定が完了した後には、当て木、レスキューブロック等を活用する。

⑹　高圧ホースやアタッチメントの接続部分に土砂等を付着させないようにする。

2－2　可搬式ウインチ （チルホール）

1　概　要

可搬式ウインチは、重量物のけん引、ロープの展張等救助活動に使用される頻度が最も高い資器材で、次の特徴を持っている。

★　可搬式ウインチ　商品名　チルホール

(1)　縦・横・斜め等どんな角度でも操作できる。

(2)　ワイヤロープは、本体内を通るだけなので、どんな長さでも使用できる。

★　ワイヤロープ　TU－16型　約12mm径　　T35型　約16mm径

(3)　小型・軽量（TU－16型で18kg）で、操作が簡単である。

2　構造及び名称

内部に2組のつかみ装置（①・②）があり、ハンドル操作により、つかみ装置がワイヤロープをつかみ、引く、離すという動作を繰り返す。

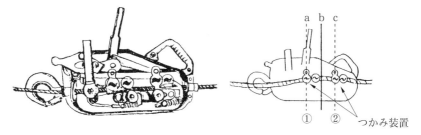

可搬式ウインチの構造

可搬式ウインチの作動原理

区　　分	レバー操作	つかみ装置　①	つかみ装置　②
引っ張り 操　　作	前進レバーを前に引く。	ロープを離してbまで後退する。	ロープをつかんでbまで前進する。
	前進レバーを後ろに引く。	ロープをつかんでaまで前進する。	ロープを離してcまで後退する。

| 緩め操作 | 後退レバーを前に引く。 | ロープをつかんでbまで後退する。 | ロープを離してbまで前進する。 |
| | 後退レバーを後ろに引く。 | ロープを離してaまで前進する。 | ロープをつかんでcまで後退する。 |

No.	名　称
①	解放レバー
②	歯止め
③	安全フック
④	前進レバー
⑤	後退レバー
⑥	安全ピン
⑦	ロープガイド
⑧	ウインチワイヤ
⑨	パイプハンドル

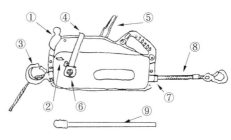

可搬式ウインチの名称

3　主要諸元

形　式	ＴＵ－16型	Ｔ－35型
質　量	18kg	26kg
能　力	16kN	30kN
速　度	3 m/分	1～3 m/分
安全ピンの耐力	32kN	安全ピンなし

4　取扱方法

⑴　作業荷重に耐えられる本体支持物を選定し、本体を固定する。

⑵　ウインチの解放レバーを解放し、ウインチワイヤのフックに、対象物のかけ縄を掛ける。

　　★　解放レバーを解放するときは、一度手前に引くと、歯止めを外しやすい。

⑶　ウインチワイヤを引いてたるみをなくし、解放レバーを元に戻す。

⑷　前進レバーにパイプハンドルを差し込んで操作し、けん引を始める。

　　★　パイプハンドルは、差し込んでから90°回してロックさせる。
　　★　かけ縄が緊張した時点で、一旦けん引を止め、かけ縄の状態を再確認する。

(5)　緩めるときは、後退レバーにパイプハンドルを差し込んで操作する。

5　セーフティポイント

(1)　けん引時には、けん引線上には近寄らない。

(2)　前進レバーと後退レバーを同時に操作しない。

(3)　パイプハンドルは、微動操作が必要なとき以外はできるだけ大きく動かす。

　　★　小さな動きを繰り返すと、つかみ装置が磨耗する。

(4)　解放レバーは、使用しないときはフリーの状態にする。

　　★　取扱説明書上は解放レバーのスプリングの保護のため、固定側にして保管する
　　こととしているが、現場での使用のことを考慮し、名古屋市消防局ではフリーの
　　状態で保管することにしている（始業点検時に解放レバーの作動点検を実施する
　　こと。）。

(5)　本体の内部に砂・水が入らないようにする。

(6)　本体上部から行う、つかみ装置等の連結部への注油を怠らない。

Q&A

安全ピンの働きは？　交換方法は？
1　最大荷重以上で引っ張ると、前進レバーを固定しているピンが破断し、レ
バーが空転状態になる。
2　ピンを交換するときは、ピンの溝が差し込み部の角（エッジ）に掛からな
いようにする。
3　キャリングハンドル用ボルトを外し、安全ピンを釘のようなもので打ち抜
き、前進レバーの根元へ打ち込む。

2－3　マンホール救助器具
（ロールグリス）

1　概　要

　ロールグリス本体は、静止／滑り摩擦の原理によって動作をしている。ロープをドラムに2回半巻き付けることによって必要な摩擦を得ている。ロープドラムは、反時計回りに自由に回転する（上昇時）が、時計回りには固定する（下降時・確保時）。

　摩擦の原理によって負荷を支持（静止摩擦）し、状態を制御しながら（滑り摩擦）下降させることができる。

　定滑車と動滑車が設定されているので、1/3の力で要救助者等を引き上げることができる。

　進入隊員が自ら、降下や上昇の作業を行うこともできる。

2　構造及び名称

1	ロープ登降器（ユマール）
2	ロールグリス
3	スチール製三脚
4	特殊滑車
5	特殊カラビナ

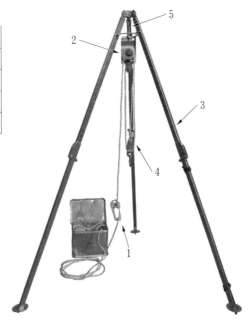

3　主要諸元

(1)　ロールグリス本体・滑車

材　　質	アルミニウム
許容引上荷重	3.5kN若しくは2名
ロ ー プ 径	9〜11mm
質　　量	1.2kg

(2)　ロープ（ザイル）

材　　質	ナイロン
切 断 強 度	17kN
直　　径	9 mm
長　　さ	30m
質　　量	1.5kg

(3)　三脚

材　　質	スチール
許容引上荷重	3 kN若しくは2名
長　　さ	2.1m（伸長時）　　1.3m（縮長時）
質　　量	18kg

4　取扱方法

(1)　三脚を展開し、ロックする。

(2)　三脚の支点にロールグリス本体をカラビナを用いてセットする。

(3)　ハーネス、縛帯等を用いて進入又は引き上げ準備をする。

(4)　引き上げ時には、ユマールを用いて引き上げる。

5　セーフティポイント

(1)　ロープが30mなので、約10mまでしか使用できない。

(2)　三脚の転倒に注意する（垂直方向にロープを引く。）。

　　★　垂直方向にロープを引けない場合は、三脚の転倒防止措置を確実に行う。

(3)　三脚の裏がピン状になっているので、接地が悪い。

(4)　ロールグリス本体の右上にある穴と、ユマールをロープ等で結着することにより転落防止措置を行うことができる。

(5)　ロールグリス本体をマンホール救助以外の低所救助に応用して活用することができる。

２－４　マンホール救助器具
（スイスロール）

1　概　要

　スイスロール本体は、静止／滑り摩擦の原理によって動作をしている。摩擦の原理によって負荷を支持（静止摩擦）し、状態を制御しながら（滑り摩擦）下降させることができる。

　定滑車と動滑車が設定されているので、1/3の力で要救助者等を引き上げることができる。

　進入隊員が自ら、降下や上昇の作業を行うこともできる。

2　構造及び名称

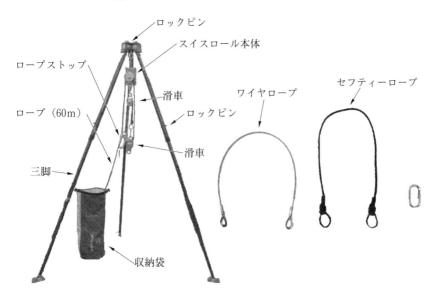

3　主要諸元

機 材 全 質 量	19kg（三脚含む。）
最 大 許 容 荷 重	150kg
ロ ー プ 径	9 mm
ロ ー プ 長	60m
三 脚 （ 質 量 ）	カーボン製（9 kg）
作動高（最小）	0.86m
作動高（最大）	2.02m

4　取扱方法

(1)　ロープローラーは上昇時には回転するが降下時には回転しない（反時計回りには回転するが、時計回りには回転しない。）。

(2)　降下時はロープローラーに2回半巻き付けられているロープの摩擦を利用する。

(3)　スイスロール設定例

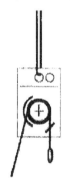  

　　引っ張る力＝荷重　　　引っ張る力＝荷重×1/2　　　引っ張る力＝荷重×1/3

5　セーフティポイント

(1)　倍力の設定とロープの長さに注意する。

(2)　ロープストップの設定位置と向きに注意する。

(3)　ロープストップはそのままだとロープの動きにつられて上がってしまうので、カラビナ等で重りをかける。

2 − 5　救助用簡易起重機
（レスキューフレーム）

1　概　要

　本体は、組立式で持ち運びが容易で、1/4動滑車が設定されているため、要救助者及び資器材等の吊り上げが容易に行える。また、吊り下ろしの作業も可能である。

(1)　組み立てに際し工具は不要であり、短時間で組み立て可能である。

(2)　人力のみで 300kgまでの重量物を、基底部より約2.5m前方までの作業範囲で吊り上げ・吊り下ろしが可能である。

(3)　スペースが狭い場合に対応して、サイズが1/2のハーフサイズでも組み立てて使用できる。ただし、ハーフサイズの使用時は、作業範囲も1/2となる。

(4)　吊り上げ、吊り下ろしする対象物を、フレーム内部で上げ下げできるので安全である。

(5)　バスケットストレッチャーがフレーム内部で上げ下げできるので、安全に収容作業が行える（ただし、フルサイズ使用時のみ）。

(6)　付属の1/4動滑車は、ロック機能付のため、ロープを引くことを止めても、吊り上げているものが落下することがない。

2　構造及び名称

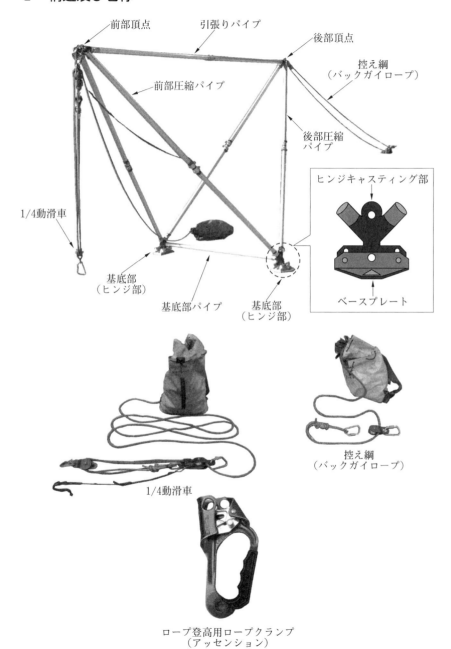

前部頂点

引張りパイプ

後部頂点

控え綱
（バックガイロープ）

前部圧縮パイプ

後部圧縮
パイプ

ヒンジキャスティング部

1/4動滑車

ベースプレート

基底部
（ヒンジ部）

基底部パイプ

基底部
（ヒンジ部）

控え綱
（バックガイロープ）

1/4動滑車

ロープ登高用ロープクランプ
（アッセンション）

3　主要諸元

⑴	最大負荷質量	300kg以下	ロープの長さ　80m
⑵	最大作業範囲	約2.5m	本体重量　40kg
⑶	フレーム材質	アルミ合金	
⑷	前部頂点		

　ア　使用荷重　　400kg
　イ　破断荷重　　2000kg

4　取扱方法

⑴　各種パイプを組み立てる。

⑵　1/4動滑車を取り付ける。

⑶　傾斜限界を設定する。

⑷　使用ポイントを設定する。

⑸　隊員が進入し要救助者を縛着する。

⑹　1/4動滑車にアッセンションを使用し効率よく引き上げる。

5　セーフティポイント

⑴　基底部は水平な場所に設置すること。

⑵　控え綱（バックガイロープ）を結着する地物は、吊り上げるのに十分な強度があること。

⑶　控え綱（バックガイロープ）付近には監視員を配置すること。

⑷　前方に傾斜して使用するときは、前部圧縮パイプと地面の角度を30°以上とすること。

　　★　30°未満に設定すると、基底部が後方に滑る危険性があるため。

⑸　吊り上げ及び吊り下ろし時は、本体の転倒防止のために基底部のパイプに対して垂直に体重をかけること。

⑹　救助ロープの他に、二次確保ロープを必ず設定すること。

⑺　レスキューフレームの応用的な使用方法については、第Ⅱ編第8章8－8「レスキューフレームを活用した低所救助」に記載された事項を厳守し使用すること。

2－6 救助用簡易起重機（チロモント）

1 概　要

　特殊な巻き取りドラム（ナイロン系樹脂）とケーブルワイヤの摩擦力を利用し、隊員の降下及び要救助者の引き上げを行う。

2 構造及び名称

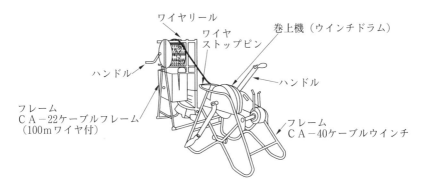

3 主要諸元

形　　式	ＣＡ－40　ケーブルウインチ（パッド付）	ＣＡ－22　ケーブルフレーム（100ｍワイヤ付）
高　　さ	420㎜	710㎜
幅	330㎜	400㎜
長　　さ	560㎜	270㎜
質　　量	13kg	10.5kg
限 界 重 量	20kN	14kN
ワ イ ヤ		ガルバナイススチールグラスファイバー5.1φ
伸 び 最 大		19kN

⑴　ＣＡ−15　ケーブルクランプ

　　ワイヤロープを固定するために使用する。ワイヤ
を傷めずに固定が可能。

全　　　　長	150mm
幅	80mm
質　　　　量	0.5kg
材　　　　質	スチール
限　界　重　量	9 kN

⑵　ＣＡ−16　ロータリーカップリング

　　ワイヤロープの撚りのねじれによる回転を吸収し、
要救助者や隊員が回転するのを防ぐ。

全　　　　長	100mm
直　　　　径	35mm
質　　　　量	0.35kg
材　　　　質	スチール
限　界　重　量	30kN

⑶　ＣＡ−17　ガイドプーリー

　　ワイヤのけん引方向を変換するとき、又は定滑車、
動滑車として使用する。

全　　　　長	190mm
ローラー直径	90m
質　　　　量	0.7kg
材　　　　質	拘束板（金属部）⇒アルミニウム ローラー部⇒ＰＥプラスチック
限　界　重　量	20kN

(4)　ＣＡ−19　ブレーキロック

　　ケーブルワイヤでの降下スピードの調整、及び一
時固定に使用。

全　　　　　長	320mm
ド ラ ム 直 径	175mm
質　　　　　量	1.7kg
材　　　　　質	フレーム⇒スチール ドラム⇒ＰＡＳプラスチック
限 界 重 量	28kN

(5)　ＣＡ−20　ケーブルカップリング

　　アイシングで端末加工したケーブルワイヤ同士の
接続。

全　　　　　長	70mm
幅	25mm
質　　　　　量	0.2kg
材　　　　　質	スチール
限 界 重 量	20kN

4　取扱方法

(1)　作業人員は、最低5名必要である。

　　★　内訳　ワイヤ巻き取り作業　　　1名
　　　　　　　ウインチ巻き上げ作業　　2名
　　　　　　　ワイヤ操作　　　　　　　1名
　　　　　　　救助員　　　　　　　　　1名

(2)　ワイヤロープが要救助者に対して、可能な限り垂直に降下できる場所に設
置し、2〜3点でケーブルウインチを固定する。

(3)　ウインチドラムにワイヤロープを巻き付け、隊員を降下させる。一人あた
りドラムに2巻きし、人数に応じて巻き数を調整する。

(4)　ウインチドラムに巻き付けたワイヤロープを送り出し、隊員を降下させる。
　　降下速度は、ワイヤロープをワイヤリール側に引っ張り、ドラムのゴムと
ワイヤロープの摩擦を増すことにより減速させる。

(5)　要救助者の引き上げは、ワイヤの巻き数を3以上にする。ワイヤがスリッ
プするようなら巻き数を増やす。

5　セーフティポイント

⑴　ケーブルウインチは、不等辺四角形のスチールフレームにより構成され、遊星型のギヤを組み込んだ巻上機と二つのクランクを有するけん制軸がある。

⑵　要救助者の引き上げ時は、歯止めが自動的に巻上機を固定し、落下防止を行う。

⑶　隊員の降下時は、巻上機がブレーキブロックとして働き、摩擦力により降下できる。

⑷　ケーブルワイヤの巻き上げ、巻き下ろしの能力は、20kNである。

2－7　マット型空気ジャッキ（マキシーフォースエアーバッグ）

1　概　要

空気圧を利用してバッグを膨らませ、その力で物を持ち上げたり、押し広げたりする。最少間隔は、20mmあればよい。

2　構造及び名称

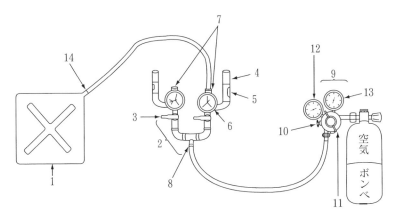

1	エアーバッグ	6	低圧ゲージ	11	圧力調整コック
2	コントロールバルブ	7	空気送出口	12	低圧ゲージ
3	コントロールレバー	8	空気送入口	13	高圧ゲージ
4	コントロールノブ	9	レギュレター	14	ニップル
5	安全弁	10	低圧空気開閉ノブ		

3　主要諸元

(1)　バッグの持ち上げる力をT（kN）、空気圧を0.8MPa、エアーバッグと物との接触面積をS（cm²）とすると、T＝0.08Sとなる。

　★　空気圧（使用圧力）0.8MPaで使用する。

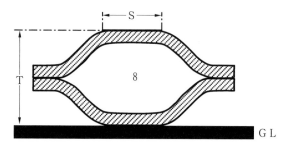

(2)　最大持ち上げ能力

最大持ち上げ能力は、エアーバッグの大きさによって決まる。

最大持ち上げ能力＝8×エアーバッグそのものの面積

★　大きなエアーバッグほど、持ち上げ能力及び揚程が大きい。

(3)　最大揚程

荷重をかけない空の状態で、0.8MPaの圧力をかけたときのエアーバッグの膨らみ幅が最大揚程となる。

マット型空気ジャッキの諸元

型　　　　　　式	KPI−17	KPI−22	KPI−32	KPI−44	KPI−74
質　　　量（kg）	5.0	6.8	9.5	13.0	27.0
寸　　　法（㎜）	531×381	508×508	609×609	711×711	930×930
最大持ち上げ能力（kN）	164	210.3	306.7	422.5	697.4
最　大　揚　程（㎜）	233	282	333	394	508

(4)　持ち上げ能力と揚程の関係

エアーバッグの持ち上げ能力は、(1)から1㎠当たり8kgである。物体が重いほど、物体とエアーバッグの接触面積が大きくなるため、揚程は小さくなる。

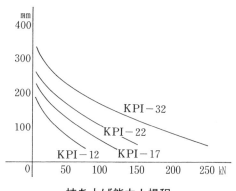

持ち上げ能力と揚程

4　取扱方法

⑴　器具を接続する。

⑵　空気ボンベのそく止弁を開放し、圧力を確認する。

⑶　レギュレターの圧力調整コックを右に回して低圧ゲージの圧力を0.8MPaに調整する。

　　★　安全弁の設定圧力　0.8MPa

⑷　レギュレターの低圧空気開閉ノブを開放する。

⑸　エアーバッグを設定する。必要な当て木等も準備しておく。

⑹　コントロールバルブのコントロールレバーを開放し、バッグを膨らませる。

　　★　膨らませるときは、ゆっくり徐々に膨らませる。

　　★　バッグ内に余分にエアーが供給されると、自動的に安全弁が作動し、空気が抜け「シュー」という音がするのでコントロールバルブを閉じる。

⑺　バッグをしぼませるときは、コントロールレバーを閉じ、コントロールノブを開放して圧力を抜く。

5　セーフティポイント

⑴　持ち上げ時

　ア　エアーバッグの中心が、対象物の真下にくるように設定する。

　イ　鋭利な対象物又は表面温度の高い物に対しては、厚いゴム・板等の当て物をして、バッグの保護をする。

　ウ　エアーバッグの接地面が曲面になるため、対象物が動いたり、バッグがはじき出されることがあるので慎重に作業する。

　エ　エアーバッグで持ち上げたら、当て木で補強する。当て木をするまでは、対象物の下には、もぐらない。

⑵　押し広げ時

　　対象物がもろい材質のとき、対象物が割れて飛ぶことがある。

⑶　バッグの重ね使用

　ア　2枚までとする。

　イ　持ち上げ時は、大きいバッグの上に小さいバッグを重ねる。

　ウ　バッグの中心を合わせる。

　エ　バッグを膨らますときは、下のバッグから膨らます。

バッグは、何℃までならば使用できるのか？

1　バッグは、ネオプレンというゴムの層の間に、ケブラーという強力な繊維のネットを挟み込んでできている。したがって、ネオプレンゴムの耐熱性・耐寒性により使用温度が決まる。

2　ネオプレンゴムの使用可能温度は、−40〜105℃である。

　　★　**ネオプレンゴム**　クロロプレンを主成分とするゴムの商品名。耐油性に優れている。

3　バッグは、短時間ならば−60〜105℃、長時間ならば−25〜65℃の範囲で使用できるといわれている。

4　自動車のエンジン部分等に接触するときは、間に板等を入れて使用する。

2－8　マット型空気ジャッキ（ＮＴレスキューバッグ）

1　概　要

　空気圧を利用してバッグを膨らませ、その力で物を持ち上げたり、押し広げたりする。

2　構造及び名称

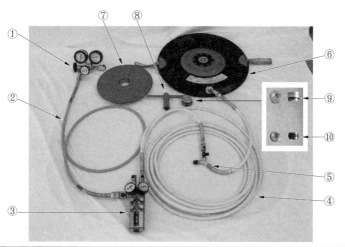

①	レギュレター	1
②	レギュレターホース（2m）	緑×1
③	ハンドヘルデュアルコントローラー	1
④	デリバリーホース（10m）	黄×1　青×1
⑤	安全バルブ付シャットオフホース	黄×1　青×1
⑥	ＲｅｓＱバッグ	ＮＴ－23×2　ＮＴ－58×1
⑦	ポイントロードプレート	1
⑧	ポーラーキー	1
⑨	ポイントロードプレートプラグ	1
⑩	クローズドコネクタープラグ	1

3　主要諸元

型　　　式	ＮＴ－23	ＮＴ－58
質　　量（kg）	7	15
最大持上高（mm）	275（4 t）	445（5 t）
最大持上高（mm）	45（23 t）	50（58 t）
収縮時サイズ（径×高さ）（mm）	520×45	860×50
膨張時サイズ（径×高さ）（mm）	405×275	665×445
最大空気容量（L）	242	1,089

4　取扱方法

(1)　器具を接続する。

(2)　空気ボンベのそく止弁を開放し、圧力を確認する。

(3)　レギュレターの圧力調整コックを右に回して低圧ゲージの圧力を1 MPa に調整する。

(4)　レスキューバッグを設定する。必要な当て木等も準備しておく。

(5)　レギュレターの低圧空気開閉ノブを開放する。

(6)　ハンドヘルドデュアルコントローラーを使用し、バッグを持ち上げる。

5　セーフティポイント

(1)　ＲｅｓＱバッグの積み上げ

　　ＲｅｓＱバッグは、付属のクローズドコネクタープラグにより接続することができる。積み上げる場合は必ず下から大きい順序（ＮＴ－132、ＮＴ－58、ＮＴ－23の順）又は同じ大きさのものを積み上げること。しかし、ＮＴ－58の上にＮＴ－23を二つ積み上げることはできない。

　※　ＮＴ－132は、名古屋にはない。

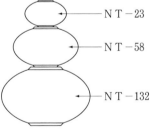

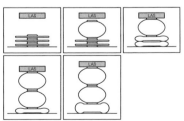

(2)　ＲｅｓＱバッグの膨らませ順序

　　数個積み上げたバッグは、まず始めに一番上を2～4 bar（0.2～0.4MPa）に膨らませ、次に2番目のバッグを

（使用するならばその次に3番目のバッグを）膨らませること。
⑶　安全バルブ付きシャットオフホース
　　ＲｅｓＱバッグを安全バルブ付きシャットオフホースなしで放置しないこと。安全バルブ付きシャットオフホースは、ＲｅｓＱバッグ内の空気圧力が10bar（1MPa以上）になることを防ぐものである。
⑷　ポイントロードプレート
　　荷物を持ち上げる時、カバープレートに100％覆われていない場合、又は10t以上の重さがあると予想される場合は、必ずポイントロードプレートを使用すること。また、点荷重の場合や車軸を持ち上げる場合も使用すること。
⑸　ＲｅｓＱバッグのハンドグリップ
　　収縮したＲｅｓＱバッグを搬送するためにのみ設定されたグリップである。膨張したＲｅｓＱバッグの移動や二つ以上のＲｅｓＱバッグの搬送には使用しないこと。ハンドグリップは圧力下で引っ張るとＲｅｓＱバッグ自身にダメージを与えないために取れる構造になっている。
⑹　ＲｅｓＱバッグの側面での持ち上げ
　　荷の下にＲｅｓＱバッグを設置することができる十分な余地ができるまで、ＲｅｓＱバッグのゴム側で持ち上げを始める必要がある場合がある。このとき、ＲｅｓＱバッグは、空気圧力が3bar（0.3MPa）を最大とし超過しないようにすること。4bar（0.4MPa）ではＲｅｓＱバッグと対象物の間に摩擦が生じ、ＲｅｓＱバッグがより膨張し荷の真下から押し出されてしまうことが考えられる。

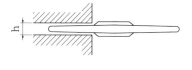

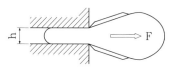

⑺　積み重ねたＲｅｓＱバッグで荷を持ち上げるときは、ＲｅｓＱバッグの列とそれが動くことから目を離さないこと。ＲｅｓＱバッグの列が弓状又は縦方向に大きく動いたらすぐに作業を中止すること。

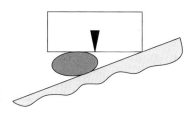

上層部のバッグの最大移動はポーラーカバーの直径と同等である。
⑻　ＲｅｓＱバッグを斜面で設定するときは、持ち上げる荷の中心からやや外側に設定すること。
⑼　使用する空気ボンベは、12bar（1.2MPa）以上のものを使用すること。
⑽　ＲｅｓＱバッグで荷を持ち上げる際には、必ずＲｅｓＱブロック、当て木等で常に荷を支えること。

2－9　小型マット型空気ジャッキ
（スーパーミニマイティーバッグ）

1　概　要

(1)　特別な動力源を必要とせず、素早くジャッキアップ（10〜100kN）できる。

(2)　小さな隙間に手が挟まれたときなど、小さなスペースの持ち上げ、押し広げに有効である。

2　構造及び名称

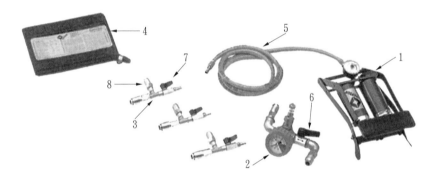

1	キックポンプ	5	ＢＶ型ホース
2	Ｖ型シングル調整器	6	コントロールバルブ
3	ストップバルブ	7	開閉バルブ
4	マイティバッグ	8	安全バルブ・空気排出バルブ

3　主要諸元

型　　　　式	Ｖ－1	Ｖ－3	Ｖ－6	Ｖ－10
使 用 荷 重	約10kN	約30kN	約60kN	約100kN
サ イ ズ（cm）	14×13	25.5×20	30.5×30.5	37×37
最大揚程（cm）	7.5	12.0	16.5	19.0
質　　量（kg）	0.44	1.10	1.95	5.00

4　取扱方法

⑴　接続前に調整器のバルブが閉じていることを確認する。

⑵　器具を接続する。

⑶　キックポンプを使用し、バッグを膨らませる。

⑷　ストップバルブを使用する場合は、ＢＶ型ホースと調整器の間又はバッグとＢＶ型ホースの間に接続する。

5　セーフティポイント

⑴　鋭角や釘状のものを持ち上げる場合は、必ず当て物をする。

⑵　周囲温度80℃までの場所で使用する。

⑶　重ねて使用する場合は、２枚までとし、必ず大きいバッグを下にして、下のバッグから膨らませる。

2－10　大型油圧スプレッダー
（ズムロスプレッダー）

1　概　要

　開き及び持ち上げ機能の両方を有している。オプションのチェーン等を用いて引っ張り器具として使用することが可能。

2　構造及び名称

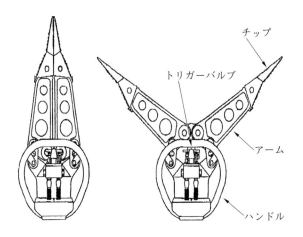

チップ
トリガーバルブ
アーム
ハンドル

3　主要諸元

最大開き幅	704mm
質　　量	20.5kg
長　　さ	623mm
幅	323mm
高　　さ	267mm
最大開き能力（先端）	51.5kN
最大開き能力（根元）	187.3kN
最大引張力	65.9kN
最大引張幅	622mm

4　取扱方法

(1)　動力源はパワーユニットを使用する。
(2)　スプレッダーアームは、チップ先端のみで作業すること。
(3)　チェーン等固定ピンは、必ず下方から差し込むこと。
(4)　ホースを持って本体を引っ張らないこと。
(5)　ホースは真っ直ぐ伸ばして使用すること。
(6)　ホースの取り付けは、ポンプから機器へと行う。
(7)　ホースの取り外しは、機器からポンプへと行う。
(8)　各ホースカップラー部の結合が不十分な場合、機器のオイル穴（安全バルブ）よりオイルが噴出する。

5　セーフティポイント

(1)　器具は対象物と垂直に設定する。
(2)　器具と対象物の間に入らないように注意する。
(3)　スプレッダーの開きによる持ち上げ操作は、マニュアルでは可能とされているが非常に不安定になる。やむを得ず行う場合はレスキューブロック等で補助しながら慎重に行う。

6　パワーユニット（Mini Kawasaki open ミニ　カワサキ　オープン）

(1)　概要
　　ホースを介して油圧器具と接続することで、油圧器具を作動させることができる。

(2) 構造及び名称

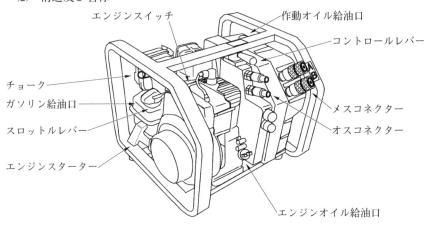

エンジンスイッチ
作動オイル給油口
コントロールレバー
チョーク
ガソリン給油口
スロットルレバー
エンジンスターター
メスコネクター
オスコネクター
エンジンオイル給油口

(3) 主要諸元

ポ ン プ	2ステージラジアルピストン
オ イ ル 容 量	2.2 L
作 動 圧 力	350bar（35MPa）
エ ン ジ ン	カワサキ4ストロークガソリン
使用可能時間	150分
回 転 数／分	3,250rpm
質 量	18.6kg
縦×横×高さ	350×340×335mm

(4) 取扱方法

ア　パワーユニットをなるべく平らな場所に置く（最大傾斜は15%）。

イ　コントロールレバーがニュートラルの位置にあることを確認しエンジン
を始動する。

ウ　ホースと油圧資器材を結合後、コントロールレバーを操作する。

(5) セーフティポイント

ア　2本のホース接続可能（同時使用不可）。

イ　オレンジホース　5m　　グリーンホース　10m

ウ　ホースや器具の接続、取り外しを行う前にはコントロールレバーがニュー
トラルの位置にあることを確認する。

エ　本体を持ち上げる時はフレームを持つ。絶対にコネクター等を持たない
ように注意する。

2－11　大型油圧スプレッダー （ホルマトロスプレッダー）

1　概　要

(1)　このスプレッダーでは自動車のドアの取り外し、ハンドル軸の押し上げ、チェーン着装によるハンドル軸の引き上げ、倒壊構造物の開口部の設定等の様々な作業が可能である。

(2)　密閉構造で、水深45m程度まで使用可能。

2　構造及び名称

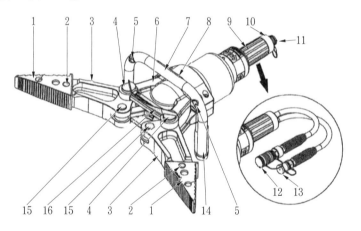

1	スプレッドチップ	9	デッドマンハンドル
2	ロックピン	10	安全弁
3	スプレッドアーム	11	COREカプラー（オン）
4	固定ヒンジピン	12	デュオカプラー（メン）
5	LEDライト	13	デュオカプラー（オン）
6	ヨーク	14	運搬ハンドル
7	電池ケース	15	ヒンジピン
8	スイッチ（ライト用）	16	保護フード

3　主要諸元

型　　　　　式	ＳＰ4240Ｃ
最 大 作 動 圧 力	72MPa
最 大 開 幅 の 寸 法	686㎜
最 大 展 開 力	184kN/18.8 t
最 小 展 開 力	43kN/4.4 t
最 大 引 張 力	90kN/9.2 t
最 大 押 し 潰 し 力	65kN/6.6 t
質　　　　　量	18.1kg
寸法（長さ×幅×高さ）	771㎜×316㎜×206㎜

4　取扱方法

⑴　スプレッダーとポンプを高圧ホースで連結する。

⑵　ポンプを作動させて油圧をかける。

⑶　操作ハンドルを操作する。

5　セーフティポイント

⑴　ホースを極端に曲げたり、ねじってはいけない（最小曲げ半径は70㎜）。

⑵　ホースの取り付けはポンプから機器側、取り外しは機器からポンプ側とする。

⑶　安全弁からオイルが吹き出すことがある。これは機器の故障ではなく、多くはポンプから至る接続部のいずれかが接合不完全の時に起こる。

⑷　滑り止めのある先端のスプレッドチップ部を使用する。アーム部での作業は危険を伴うので行ってはならない。

⑸　スプレッダーでの持ち上げ操作は、原則として行わない。やむを得ず行う場合は、持ち上げる重量物の落下防止の措置を当て木等で行う。

⑹　カップリングが接続できないときは、前回取り外したホース内に油圧が残っている場合がある。この場合、排圧用リリースバルブを使用してホースから圧を抜く。

⑺　作動油の温度が60℃以上の状態で使用すると油漏れを起こすことがある。

⑻　ポンプへの還流ラインがつまった場合、安全弁から油が出る。重要な役割をしているのでいかなる場合でも安全弁には触らない。

(9)　作業時には保安帽、ゴーグルを着装する。

(10)　急激なハンドル操作を避け、除々に荷重をかける。

(11)　各種器具の許容荷重以上の負荷をかけない。

(12)　切断又は破壊する場合、器具が移動することがあるので、切断面又は破壊面に対し器具を直角に使用するとともに、器具をしっかりと保持する。

(13)　油圧ポンプ等の作動音により声の命令が伝わりにくくなるため、手信号等による意思伝達も考慮する。

6　パワーユニット

(1)　概要

　　ホースを介して油圧器具と接続することで、油圧器具を作動させることができる。

(2)　構造及び名称

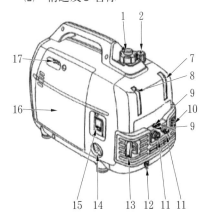
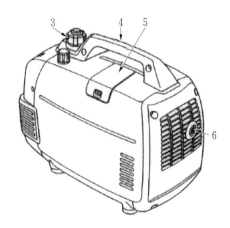

1	燃料キャップエア抜きレバー	10	ＬＥＤ指示計パネル
2	油圧オイルフィルターキャップ	11	ＣＯＲＥカプラー（メン）
3	燃料タンクフィルターキャップ	12	油圧オイルドレンプラグ
4	運搬ハンドル	13	スターターロープ
5	スパークプラグ用カバー	14	モータースイッチ及び燃料コック
6	火花防止付き排気	15	エコモード設定スイッチ
7	油圧オイルレベル指示計	16	本体カバー
8	燃料レベル指示計	17	チョークレバー
9	圧力解放弁		

(3)　主要諸元

型　　　　　　　　式	ＤＰＵ31ＰＣ
エ　ン　ジ　ン	単気筒4サイクルエンジン
排　　気　　量	98cc
回　　転　　数	3,000〜4,550rpm
燃　　　　料	ガソリン（無鉛）容量1,250cc
エ ン ジ ン オ イ ル	400cc
送　　油　　量	0 MPa　2,800〜3,000cc/min 19MPa　550〜600cc/min
最　大　作　動　圧　力	72MPa
油 圧 オ イ ル 容 量	2,490cc
寸法（長さ×幅×高さ）	600mm×290mm×425mm
質　　　　量	24.9kg

(4)　取扱方法

ア　ホースを接続するときはポンプ側から先端機器へ向かって順に接続する。

イ　ポンプは水平位置で使用する。

ウ　エンジンは自動調速である。

エ　通常時はエコモードで使用する。エコモードを解除すると最大エンジン速度が連続的に維持される。この状態は点検時のみに使用する。

オ　このポンプは二つの機器が接続できる。同時使用可能。

カ　ポンプの使用中、機器あるいはホースの切り替えのためにエンジンを停止する必要はない。

(5)　セーフティポイント

ア　使用時に燃料タンク、油圧タンクのエア抜きが開放状態になっていることを確認する。閉じているとエンジン停止やタンク破裂の危険がある。

イ　ホースを持って本体を引っ張ってはいけない。

ウ　排気ガス中毒のおそれがあるため換気の悪いところでは使用しない。

2－12　救助用支柱器具
（レスキューサポートシステム）

1　概　要

　災害現場において、倒壊した柱等を支え、その状況を悪化させないようにし、要救助者の安全を確保するとともに、救助隊員の二次災害も防ぐ。

2　構造及び名称

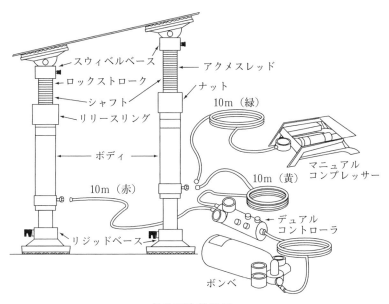

スウィベルベース
アクメスレッド
ロックストローク
ナット
シャフト
10m（緑）
リリースリング
ボディ
マニュアル
コンプレッサー
10m（黄）
10m（赤）
デュアル
コントローラ
リジッドベース
ボンベ

救助用支柱器具

3　主要諸元

機　　種	ロックストロークストラト		アクメスレッドストラト	
長　　さ	400～550mm	900～1,450mm	400～550mm	900～1,450mm
質　　量	4.7kg	10.5kg	4.2kg	9.8kg
構　　成	アルミ合金可動溝入りシャフト　アルミ合金チューブ		アルミ合金製アクメシャフト　アルミ合金チューブ	

4　取扱方法

建物倒壊時の救助・捜索

掘割り崩壊救助現場

交通事故現場

5　セーフティポイント

⑴　ロックストロークストラトは、2列ボールロックカップリングにより、伸ばした位置で自動的に固定されるため、遠隔操作で固定できる。

⑵　アクメスレッドストラトは、手動でナットをチューブ側に回し固定する必要がある。

⑶　最大使用荷重は約100kN（10 t ）、軸破壊荷重は約220kN（22 t ）である。

⑷　空気圧による支持力は、圧力0.3MPaで約100kg、 1 MPaで約300kgである。

⑸　レスキューサポートシステムを設定したことで、倒壊が進行しないように注意する。

⑹　ロックストロークストラトは、自動ロックなので、崩壊危険の大きい場所に有効である。

2 - 13　大型油圧式救助器具 （ズムロドアオープナー）

1　概　要

　ズムロドアオープナーは主にドアを開放させることを目的に作られているが、様々な状況での使用が可能である。

2　構造及び名称

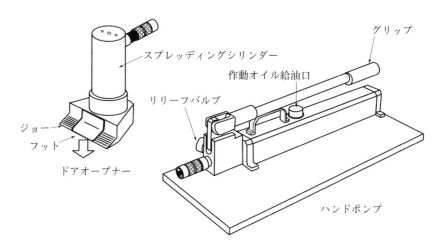

3　主要諸元

(1)　ドアオープナー

縦×横×高さ	200×130×110㎜
質　　　　量	5.5kg
最大開き能力	111kN
作　動　圧　力	700bar（70MPa）
最大ストローク	76㎜

(2)　ハンドポンプ

縦×横×高さ	640×120×160㎜
作　動　圧　力	700bar（70MPa）
オイル容量	1.1L

4　取扱方法

⑴　ドア及び重量物等の間隙にジョーをしっかりと差し込む。

⑵　安全な位置まで離れる。

⑶　リリーフバルブを閉鎖し、ハンドポンプを操作する。

5　セーフティポイント

⑴　ジョーのチップはできるだけ深く設置する。必要であれば付属品のゴムハンマーを使用する。金属製のハンマーは器具に損傷を与えるので使用しない。

⑵　力がフット真中の部分と両方のジョーに等しく分割されなければならない。

⑶　ホースやカップリングを傷つけないように注意する。

⑷　ホースの長さは3m（ドアオープナー専用のものを使用）

⑸　動力源はハンドポンプを使用する。

　　★　スプレッディングシリンダー、ハンドポンプ及びホースはクローズド構造となっているため、水中での使用が可能である。水中に入る前に全て接続しておかなければならない。使用後は乾燥させ、きれいにし、油を塗る。

2 −14　大型油圧式救助器具
（ズムロテレスコピックラム50）

1　概　要

　棒状に設計されており、開き及び持ち上げ機能が一直線で機能する。スプレッダーよりも大きな開きができる。

2　構造及び名称

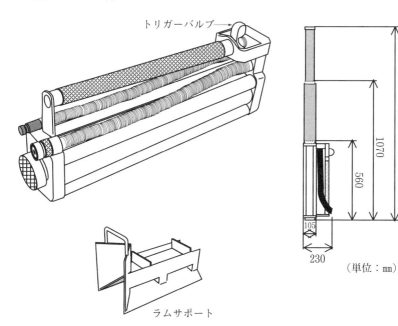

トリガーバルブ

1300
1070
560
105
230

（単位：mm）

ラムサポート

3　主要諸元

最　大　開　き　幅	1300mm
重　　　　　　　さ	24kg
長 さ （ 収 縮 時 ）	560mm
幅	105mm
高　　　　　　　さ	230mm
最大能力（第一段階）	176kN
最大能力（第二段階）	67kN

4　取扱方法

⑴　トリガーバルブ側のみ伸縮するため、トリガーバルブ側を上にして使用する。

⑵　動力源は、パワーユニットを使用する。

5　セーフティポイント

⑴　角や設置面が不安定な場所のときにはラムサポートを使用する。

⑵　拡張作業中にトリガーバルブから手を離しても、そのままの位置で能力を維持し、また、ホースを取り外すことも可能である。

⑶　水中でも使用可能である。

第3章 切断用器具・破壊用器具

3－1 エンジンカッター（パートナー）

1 概要

　火災現場等で玄関ドアやシャッターを切断するために使用する。また、カッターディスクを替えることでコンクリート等の切断も可能である。

　原動機（ガソリンエンジン）を作動させることにより、カッターディスクを回転させ、切断対象物（金属・コンクリート）を切断する構造になっている。

2 構造及び名称

エンジンカッター各部の名称

3　主要諸元

⑴　本体

エンジン形式	K12S　空冷2サイクル100cc
燃　　　料	20：1（ガソリン：2サイクルオイル）
回　転　数	6,000〜8,000rpm
質　　　量	13kg
タンク容量	1.0L
使　用　時　間	連続約30分

⑵　カッターディスク

金属用ディスク （赤色ラベル標示）	鉄板・鉄筋・鉄骨・合金・鋼管・鋼板等
非金属用ディスク （緑色ラベル標示）	鋳鉄管・ヒューム管・エタパイ・コンクリート・石材・アスファルト等
ダイヤモンドブレード	コンクリート・アスファルト・セメント系建材・FRP・塩ビ樹脂・石材・タイル・瓦・レンガ等

★　水に濡れたカッターディスク（ダイヤモンドブレードを除く。）は使用しない（のりがはがれてカッターディスクが分解するおそれがある。）。
　　名古屋市特別消防隊において、カッターディスクを24時間水につけてみたところ、異常は認められなかったが、危険回避のため使用しないほうがよい。
★　水を掛けながら切断した場合、摩擦力が減少するので切断しにくい（ダイヤモンドブレードに関してはブレードのサービス寿命が長くなる利点がある。）。
★　ダイヤモンドブレードの目立ては粗めの砥石又は軟質被削材（コンクリート・レンガ・砂石）を切断する。
★　ダイヤモンドブレードで木材を切断すると、木くずが刃にこびり付き切断力が低下することがある。

4　取扱方法

⑴　燃料が入っているか確認する。
⑵　カッターディスクの取り付けナットが締め付けられているか確認する。
⑶　カッターディスクが欠けていないか確認する。
⑷　ヘルメット・防じんメガネ・手袋等の保護具を着用する。
⑸　ストップボタンを戻す必要があれば戻し（スイッチON）、チョークボタンを手前に引き（閉じた状態）、アイドリングキャッチを押しながらスロットルを引き、スロットル固定ピンを押す。

(6)　スターターハンドルを引き、エンジンが始動したらチョークボタンを元に戻し、スロットル固定ピンを戻す。

> ★　エンジンが一度で始動しなくても、「ブロロッ」という初動音がしたらチョークボタンを元に戻し、再度デコンプバルブを引く。

(7)　任意の回転速度にスロットルで調整して、切断を開始する。

> ★　点検時はすすの蓄積を防止するため、アイドリング状態を短くすること。

5　セーフティポイント

(1)　引火又は発火のおそれがある場合は、使用しない。換気のよい場所で使用する。

(2)　操作中は、カッターディスク等の前方及び後方に人を近づけない。

(3)　操作員は、カッターディスク等の後方直線上に足を置かない。

(4)　本体を運ぶときは、エンジンを停止する。

(5)　カッターディスク、ダイヤモンドブレードは、切断面に対して垂直になるように当て、切断材への無理な押しつけや、こじり等の操作は行わない。

(6)　ダイヤモンドブレードは、複数の種類があり、各特性を確認し用途にあったものを選択する。

(7)　ダイヤモンドブレードは、10cm以上ブレードを入れながらの切断を実施しない。適正な深さは、3～4cm程度である。

(8)　ダイヤモンドブレードは、特に活動前及び活動中に刃の破損及びヒビに注意しながら切断する。

(9)　ダイヤモンドブレードは、粉じんが舞わないように水量を調整し、水を掛けながら切断する。

3－2　エンジンカッター
（ハスクバーナ）

1　概　要

　火災現場等で玄関ドアやシャッターを切断するために使用する。また、カッティングブレードを換えることでコンクリート等の切断も可能である。

　原動機（ガソリンエンジン）を作動させることにより、カッティングブレードを回転させ、切断対象物（金属・コンクリート等）を切断する構造になっている。

2　構造及び名称

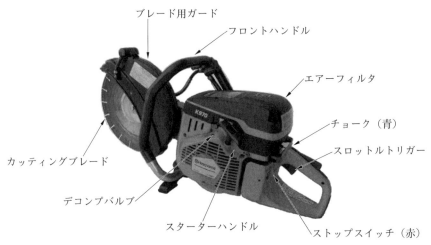

エンジンカッター各部の名称

3　主要諸元

エンジン形式	K970　空冷2サイクル　93.6cc
燃　　　料	25：1（ガソリン：2サイクルオイル）
推奨最大速度	9,300rpm
重　　　量	10.6kg
タンク容量	1.0L

4　取扱方法

(1)　燃料が入っているか確認する。

(2)　カッティングブレードの取り付けナットが締め付けられているか確認する。

(3)　カッティングブレードの破損及び亀裂等がないか確認する。

(4)　ヘルメット・防じんメガネ・手袋等の保護具を着用する。

(5)　デコンプバルブを押して、シリンダー内の圧力を下げる。

(6)　ストップスイッチが、左の位置にあることを確認する。

　　　★　スタートスロットルロックが付いている機種は、スロットルトリガーロック、スロットルコントロール、最後にスタートスロットルロックを押す。スロットルトリガーを放すと、ハーフスロットルの位置でロックされる。

(7)　スターターハンドルを引き、エンジンが始動したらチョークを元に戻す。素早くフルスロットルにすることにより、自動的に高速アイドリングが開放される。

　　　★　スターターハンドルを引く際は、抵抗を感じるまでゆっくりとスターターロープを引き出し、素早く、強くロープを引っ張る。スターターロープは絶対に手に巻き付けない。

　　　★　エンジンが一度で始動しなくても、「プロロッ」という初動音がしたらチョークを元に戻し、再度スターターハンドルを引く。

(8)　任意の回転速度にスロットルで調整して、切断を開始する。

5　セーフティポイント

(1)　引火又は発火のおそれがある場合は、使用しない。換気のよい場所で使用する。

(2)　操作中は、カッティングブレードの前方及び後方に人を近づけない。

(3)　操作員は、カッティングブレードの後方直線上に足を置かない。

(4)　本体を運ぶときは、エンジンを停止する。

(5)　カッティングブレードは、切断面に対して垂直になるように当て、切断材への無理な押しつけや、こじり等の操作は行わない。

3－3　チェーンソー
（クイックベント）

1　概　要

　消防・救助用に開発されたチェーンソーで、特殊チェーンの採用により災害時に想定される木材をはじめ、金属、プラスチック等複合物を広範囲に切断することができる。

　独特のバーの角度は倒壊家屋の屋根を切り開くのに最適な角度で、底部のスタンドを支点にするとバー先端部が切り込みやすい設計にされている。一般の同排気量のチェーンソーに比べバーの長さが短くなっている。これは災害救助現場の狭い空間での取扱いを考慮したためである。

2　構造及び名称

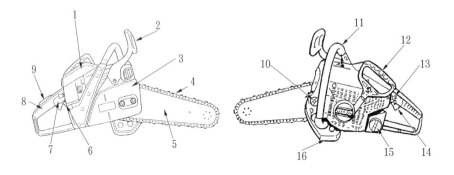

1	エアクリーナカバー	9	スロットルロックアウト
2	フロントハンドカバー	10	オイルタンクキャップ
3	スプロケットカバー	11	フロントハンドル
4	ソーチェーン	12	リコイルスターター
5	ガイドバー	13	手動オイルポンプ
6	ストップスイッチ	14	スロットルトリガー
7	チョークノブ	15	燃料タンクキャップ
8	リヤハンドル	16	スタンド

3　主要諸元

エ　ン　ジ　ン	空冷 2 サイクル
排　気　量　（cc）	66.8
燃料タンク容量　（cc）	640
チェーンオイル容量（cc）	370
混　合　比	50：1
ガ　イ　ド　バ　ー　（mm）	305
ソ　ー　チ　ェ　ー　ン　（in）	3/8ピッチ、0.063ゲージ
寸　法　（mm）	690×230×370
乾　燥　質　量　（kg）	8.7（チェーン、ガイドバー含む。）（本体のみ7.2）

4　取扱方法

(1)　常に両手でしっかり持って操作する。

(2)　エンジンを全開にして切断作業を実施する。

(3)　バーの先端を常に切断面より下に突っ込んで切断作業を実施する。

(4)　スタンドを切断面に着けて切断作業を実施する。

(5)　肩より高い位置や手を伸ばしての切断作業は行わない。

(6)　突っ込み作業でガイドバーが一定の角度になってから後の切断作業は、スタンドを切断面に密着させながら、エンジン全開で無理のない力で引く。

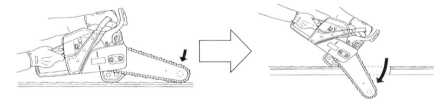

5　セーフティポイント

(1)　クイックベントは金属、コンクリート用のチェーンソーではない。通常は木材用である。金属、コンクリートの切断は、あくまで緊急時においての使用のみとする。金属、コンクリートを切断作業する場合はエンジンカッター等の専用機を使用すること。

(2)　フロントハンドガードを前方に押し出すことにより、ソーチェーンの回転

を停止させることができる（チェーンブレーキ）。

(3)　ガイドバーの先端が金属、石等に接触したり、チェーンが堅い物に挟まれ
た場合には、キックバック（跳ね返り）が発生する危険がある。

　　チェーンブレーキの機能により、キックバックの発生時にソーチェーンの
回転を停止させ負傷を減少させることができる（キックバックを防ぐという
意味ではない。）。

　　★　キックバックとは　先端部分を被切断物に当てた際、回転する刃の反動力で作
　　　業者側にチェーンソーが跳ね上がる現象。特に先端上部90°位を当てると発生し
　　　やすい。刃の回転速度が遅くても発生しやすいので、切断時は全回転で使用する。

(4)　切断作業を行う際は、チャップスを着用すること。

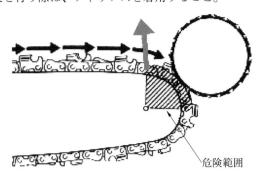

危険範囲

3－4　空気鋸（タイガーエアーソー）

1　概　要

　機械救助などの限られたスペースにおいて火花を抑え、狭い場所でも利用できる切断機。空気ボンベの空気圧を利用して、シリンダーのピストンを往復運動させ、そのピストンに取り付けられた刃を前後させ切断する。

(1)　火花が出にくい。

　　ア　鋸であるため火花が出にくい。

　　イ　エアーにより切断部が冷却される。

　　　　★　サイレンサーを閉じた場合。

(2)　水中でも使用できる。

　　ア　本体部分は、ガスケットにより防水構造となっている。

　　イ　空気圧がかかるので、水が浸入しにくい。

　　　　★　水中ではホースを脱着しない。カップラーに水がたまりサビの原因になる。

2　構造及び名称

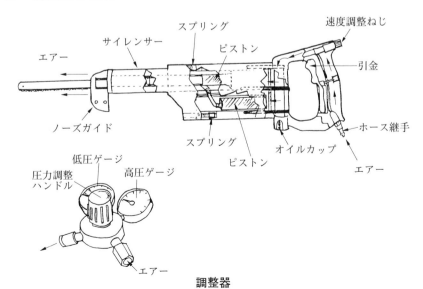

調整器

(1)　エアーの役割

　ア　ピストンを往復運動させる。

　イ　シリンダーを経て刃先へ流出し、切断部を冷却する。

　　　★　サイレンサーを閉じた場合

(2)　オイルの役割

　ア　エアーの力で噴霧状となり、シリンダーの潤滑油として働く。

　イ　シリンダーを経て刃先に至り、切断時の潤滑油として働く。

3　主要諸元

(1)　本体

質　　　　　　　量	2.7kg
全　　　　　　　長	425mm
使　用　圧　力	0.7MPa
空　気　消　費　量	180L／分
潤　滑　油　量	2cc（3時間連続使用可能）
刃　の　ス　ト　ロ　ー　ク	45mm
刃　の　往　復　速　度	0～1,200回/分の無段階

(2)　鋸刃

　　名古屋市消防局では、現在は、高速度鋼刃であるサンドピック製（スウェーデン）のハックソーブレードを使用している。長さ1インチにいくつ刃があるかにより、次の種類がある。

刃の数	使用対象物	備　　　　考
18	厚さ5mm以上の板・棒	・板厚が薄いものを切ると、刃先の間に板が入り込み、刃がこぼれるので、切断物に刃が2山以上かかるような刃を選ぶ。
24	厚さ2～5mmの板・棒	
32	厚さ2mm以下の板・棒	・厚い材料を細かい刃の鋸刃で切ると、切りくず等が出にくく、切れ味が落ちる。

　　★　刃の硬度は、62～64である。次表の材質中、硬度がこれより小さいものは、切断できるが、刃の硬度に近いものは、切れにくい。

切断対象物の材質と硬度

切断対象物（略記号）	材　　質	硬　度（H_R）
鉄　　　筋（ＳＲ材）	普　通　鋼	C 12〜19
自動車用鋼板（ＳＡＰＨ材）	同　　上	C 10〜23
ば　　ね（ＳＵＰ材）	特殊用途鋼	C 31〜50
ス テ ン レ ス（ＳＵＳ材）	同　　上	C 20〜45

★　H_R　ロックウェル硬さを表す。
★　C　Cスケールといって、ロックウェル硬さの試験方法の一種。

4　取扱方法

(1)　オイルカップのオイルを確認する。
(2)　空気ボンベに調整器・ホース・本体を接続する。
(3)　そく止弁を開放し、圧力を確認する。
(4)　調整器の調整ねじにより、調整圧力を0.7MPaに調整する。
　　★　標準使用圧力範囲は、0.6〜0.9MPa
　　★　大気圧では、1 MPa以上では使用しない。
(5)　速度調整ねじにより、刃の速度を調整する。
(6)　ノーズガイドを切断物に当てて切る。
(7)　水中で使用する場合は、サイレンサーを開放して使用する。
　　★　サイレンサーの役割　閉じると空気が刃先に出る。開くと空気がサイレンサーから出る。水中で閉じると、刃先に気泡が出るため、切断部分が見えにくくなる。

5　セーフティポイント

(1)　引き刃で使用する。
(2)　鋸刃は、必要に応じて折って使用する。
　　★　本体に一番深く入れた状態（約14.5cm）で、ノーズより刃先が1 cm以上あれば切断可能。
(3)　鋸刃の取り付け・交換作業は、誤作動を避けるため、本体に圧力のかかった状態で行わない。

3－5　大型油圧切断機
（ズムロフロントライナー）

1　概　要

⑴　切断刃により自動車のピラー、ハンドル、屋根、座席のヒンジ等の切断が可能である。

⑵　先端チップを取り付けることで拡張も可能である。

2　構造及び名称

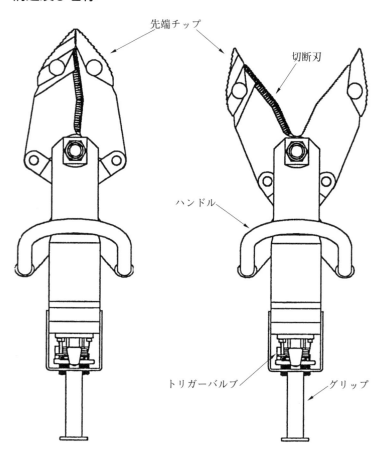

3　主要諸元

最大開き幅（切断時）	195mm
質　　　　　　量	14.4kg
長　　　　　　さ	740mm
幅（横）	216mm
高　　　　　　さ	160mm
最　大　切　断　能　力	326kN
最大切断能力（先端部）	50kN
最　大　引　張　能　力	37kN
最　大　開　き　幅	253.2mm
最　大　開　き　能　力	99.5kN
最大開き能力（先端部）	37.4kN

4　取扱方法

(1)　先端チップ着脱可能

(2)　動力源は、パワーユニットを使用する。

(3)　カッターは、刃と切断物が90°の角度になるように使用すること。

(4)　カッターは、特殊強化鋼には使用できない（ペダル・スプリング・ステアリングシャフト）。

(5)　ホースは、真っ直ぐ伸ばして使用すること。

(6)　ホースの取り付けは、ポンプから機器へとする。

(7)　ホースの取り外しは、機器からポンプへとする。

5　セーフティポイント

(1)　ホースを持って本体を引っ張らない。

(2)　各ホースカップラー部の結合が不十分の場合、機器のオイル穴（安全バルブ）よりオイルが噴出する。

3－6　大型油圧切断機
（ズムロQカッター）

1　概　要

　主にペダルカッターとして使用する。先端の刃部分は最大180°まで角度調整
ができ、従来品では届かなかった場所まで届かせ、切断することが可能。

2　構造及び名称

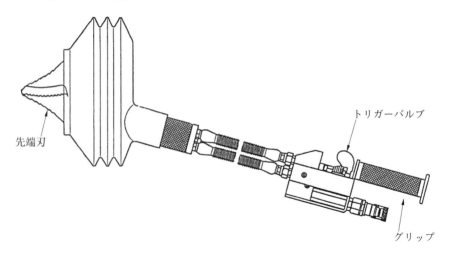

先端刃

トリガーバルブ

グリップ

3　主要諸元

最大開き幅	60mm
刃　　　長	70mm
質　　　量	7.4kg
長　　　さ	325mm
幅	218mm
高　　　さ	65mm
切断能力	150kN
最大引張力	36.9kN

4　取扱方法

(1)　先端刃は最大180°角度調整可能（左右各90°）。

(2)　切断能力は刃奥で150kNである。刃先では50kNまで落ちる。

(3)　動力源は、パワーユニットを使用する。

(4)　水中でも使用できる。

5　セーフティポイント

(1)　刃を最大限まで開いてから根元の部分で切断するようにする。

(2)　刃をねじるような動きはせず、刃の切断能力のみを利用する。

(3)　刃が熱を持つと切れにくくなることがある。

3－7　大型油圧切断機
（ホルマトロカッター）

1　概　要

(1)　このカッターでは自動車のピラー、ハンドル、屋根、座席のヒンジ等の切断が可能である。

(2)　密閉構造で、水深45m程度まで使用可能。

2　構造及び名称

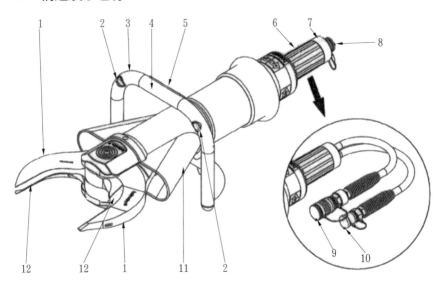

1	切刃	7	安全弁
2	ライト	8	COREカプラー（メン）
3	運搬ハンドル	9	デュオカプラー（メン）
4	電池ケース	10	デュオカプラー（オン）
5	スイッチ（ライト用）	11	保護スリーブ
6	デッドマンハンドル	12	カッティングエッジ

3　主要諸元

形　　　　　式	ＣＵ4050Ｃ　ＮＣＴⅡ
質　　　　　量	18.1kg
刃　先　開　き　幅	181mm
最　大　切　断　力	927kN（95 t）
作　動　圧　力	72MPa
寸　　　　　法	長さ775mm×幅270mm×高さ218mm

4　取扱方法

⑴　カッターとポンプを高圧ホースで連結する。

⑵　ポンプを作動させて油圧をかける。

⑶　切断物体と刃先が90°になるようにして、最も持ちやすい位置で保持する。

⑷　操作ハンドルを操作する。

　★　このとき、機器に体を持っていかれないように、しっかり保持する。

5　セーフティポイント

⑴　ホースを極端に曲げたり、ねじってはいけない（最小曲げ半径は70mm）。

⑵　ホースの取り付けはポンプから機器側、取り外しは機器からポンプ側とする。

⑶　安全弁からオイルが吹き出すことがある。これは機器の故障ではなく、多くはポンプからカッターに至る接続部のいずれかが接合不完全のときに起こる。

⑷　ハンドル軸を切断することが可能であるが、ハンドルが勢いよく飛ぶことがあるため注意する。特殊強化鋼で作られているペダル、スプリング等は切断不可能である。

⑸　カッターは切断する物体が最奥部のくぼみに当たる時に最高の能力を発揮する。丸棒鋼では41mm程度のものが切断可能である。無理にねじったり、刃先で切断すると刃が損傷することがある。

⑹　切断中、刃先の広がりが 5 mm程度になるとほぼ能力の限界である。

⑺　カップリングが接続できないときは、前回取り外したホース内に油圧が残っている場合がある。このような場合は、排圧用リリースバルブを使用してホースから圧を抜く。

(8)　作動油の温度が60℃以上の状態で使用すると油漏れを起こすことがある。

(9)　ポンプへの還流ラインがつまった場合、安全弁から油が出る。重要な役割をしているのでいかなる場合でも安全弁には触らない。

(10)　作業時には保安帽、ゴーグルを着装する。

(11)　切断した物体の破片が飛散することがあるので、急激な切断は行わない。

(12)　安定した作業姿勢をとり、バランスを崩さないようにする。

3－8　ポータブル切断パック（OZ）

1　概　要

　この切断パックは従来のガス切断器と異なり鉄鋼、アルミニウム、しんちゅう、ステンレスなどの各種金属やスラグを素早く溶解切断することができる万能型の切断装置である。

　装置の特色は、酸化反応をおこさせるための特殊鋼管に酸素を供給しながら先端を着火板に接触させて点火させる点である。切断棒はすぐに着火し自己燃焼を始め、酸素を供給し続けるかぎり、十分切断できる高熱を連続的に発生し迅速な作業をすることができる。

2　構造及び名称

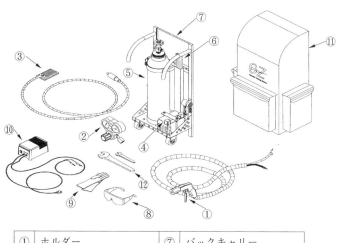

①	ホルダー	⑦	バックキャリー
②	レギュレータ	⑧	保護メガネ
③	着火プレート	⑨	手袋
④	バッテリー	⑩	バッテリーチャージャー
⑤	酸素ボンベ	⑪	本体カバー
⑥	切断棒	⑫	片口スパナ

3　主要諸元

	部品名	仕　様	用　途
①	ホルダー（OZ－100）	酸素ホース（3m）付 電気コード（3.5m）付	切断棒を取り付ける器具
②	レギュレータ	1次側圧力0～25MPa 2次側圧力0～2.5MPa	ボンベ内の残圧を表示し、供給酸素の圧力を調整する。
③	着火プレート	電気コード（3m）付	切断棒を着火するためのプレート
④	バッテリー	密閉型 容量12V	切断棒を電気着火するための電源
⑤	酸素ボンベ	容量1㎥	切断用酸素
⑥	切断棒（OZ－9－60）	φ9×600㎜	酸素を供給しながら自己燃焼し切断、穿孔
⑦	バックキャリー	ステンレス製	セットにしたものを背負うためのフレーム
⑧	保護メガネ	遮光用ゴーグル	作業時の遮光と目の保護
⑨	手　袋	革製手袋	飛散物からの保護
⑩	バッテリーチャージャー	8時間充電用	着火用のバッテリーを充電するため
⑪	本体カバー	難燃性帆布	バックキャリー全体を保護する。
⑫	片口スパナ	30六角用、17六角用	30六角用（レギュレータ離脱用） 17六角用（ホルダーの爪用）

4　取扱方法

⑴　酸素ボンベにレギュレータを確実に取り付ける（30六角用片口スパナ使用）。

⑵　ホルダーの電気ケーブル、着火器の電気ケーブルをそれぞれ本体ソケットに接続する。

⑶　切断棒を取り付ける。なお、切断棒は、酸素漏れを起こさないようにミゾのある方をホルダーに差し込み、内部のゴムパッキンに密着させ、ヘッドをしっかり締める。

切断棒

(4)　酸素ボンベそく止弁を開放し、圧力を設定する。

　　通常0.3MPaであるが、板厚に応じ0.75MPaまで設定可能（年式によって取扱説明書の表記が0.75MPa→0.5MPaと異なるが、仕様が変わったものではなくともに0.75MPaまで設定可能である。）。

(5)　酸素レバーを握り、酸素が流れることを確認する。

(6)　酸素を少量出しながら、切断棒を着火板のギザギザした面にスライドさせスパークさせる。着火が確認できたら速やかに着火板から切断棒を外して、レバーを強く握る（切断棒をくっつけたりスライド動作が速いと、うまく着火できない。）。

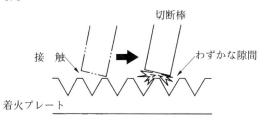

着火の状況

(7)　切断棒とホルダーがしっかり接続されていないと、酸素が漏れて有効な火花がでないことがあるので、しっかり接続するとともに、接続後に漏れの有無を確認する。

5　セーフティポイント

(1)　切断時には大量の火花や高温の溶融物が発生するので、耐火シート等で要救助者や施設等を保護する。

(2)　ＯＺを操作する隊員や付近にいる隊員は必要に応じて、防火衣等を着装する。

(3)　警戒筒先を配備し、必要に応じて放水しながら切断する。

(4)　切断時には、ケーブルが炎や火花などの熱影響を受けないよう切断場所から離す。

(5)　切断時は、切断棒を切断面に接触させホルダーを引きながら切断する。

(6)　切断棒は、100mm程度になったら交換する。

(7)　着火器を使用しない着火方法として、高温状態の溶解物（切断直後の溶解物）や木材を利用しても着火できる。

a．ガス切断器を使って

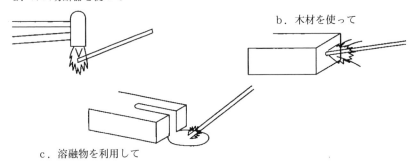

b．木材を使って

c．溶融物を利用して

6　バッテリー取扱い及び保管時の注意事項

⑴　使用したら、放電状態のまま放置せず、使用後に満充電する。

⑵　使用しないときは、月2回程度は補充電する。

⑶　新品のバッテリーでは、満充電の状態で30回程度の着火ができる。

⑷　バッテリーは、スパーク（短絡）させて火花を出しているため劣化が早く、1年程度で交換となる場合がある。

⑸　バッテリーチャージャーは充電完了後も継続的に充電されるため、過充電に注意する。過充電防止機能は、一定電圧になるとランプが消灯することで充電完了を知らせるが、その後も若干の電流が流れているため、そのまま放置すると充電状態を維持しバッテリーの劣化を早める。

⑹　充電は、換気の良いところで実施する。

⑺　バッテリーの劣化や充電不足のため、着火できないことがあるので注意する。

3－9　携帯用コンクリート破壊器具（ＰＲＴ－6　ストライカー）

1　概　要

　機械力による破壊が不可能な災害現場においても、コンクリートから金属まで破壊救助が可能な特別な設計の衝撃式破壊器具で、一人で操作ができる。

(1)　ドロップハンマー方式により、一人で強力な破壊力を発揮する。

(2)　コンクリート、れんが、ブロック壁、板金を打ち砕くことができる。

(3)　かんぬき、錠前、留め金類の破壊が可能。

(4)　目的に合わせて5種類の先端工具を選び、効率的な破壊作業ができる。

2　構造及び名称

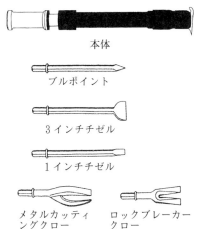

1	ＰＲＴ－6　本体
2	ブルポイント （石材、コンクリート等破壊用ノミ）
3	3インチチゼル （モルタル、ブロック等破壊用タガネ）
4	1インチチゼル （レンガ、ブロック等破壊用タガネ）
5	ロックブレーカークロー （扉、窓等こじ開け用バール）
6	メタルカッティングクロー （金属シート材切断用）

本体

ブルポイント

3インチチゼル

1インチチゼル

メタルカッティングクロー　　ロックブレーカークロー

3　主要諸元

	セット収納時	本　体	本体（刃先付き）
質　量	11.7kg	5.8kg	6.9〜7.99kg
全　長	700mm	655mm	830〜1,040mm
径・幅	130mm	55mm	50〜95mm

4　取扱方法

　ＰＲＴ－6本体に、目的に合わせて5種類の先端工具を取り付け、ハンドルを打ちつけ破壊する。

5　セーフティポイント

⑴　使用の際は防じん眼鏡を使用し、十分に身体の安定を図り、器具を確実に保持して行うこと。

⑵　アタッチメントは破壊対象に適するものを選択すること。

⑶　破壊中は、アタッチメントに手や身体の一部が触れないようにすること。また、付近に人を近づけないこと。

⑷　破壊作業は、常にアタッチメントを破壊対象物表面に当てた状態にすること。

3－10　ハンマードリル（ヒルティー）

1　概　要

　地震災害でがれきを破壊除去するために使用する。先端の刃を換えることで
はつり作業及び穴あけ作業ができる。

2　構造及び名称

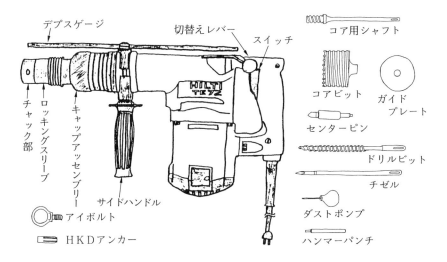

3　主要諸元

形　　　　　式	ＴＥ72	ＴＥ74（ＴＥ75）
電　源　電　圧	ＡＣ100Ｖ	ＡＣ100Ｖ
消　費　電　流	8.5Ａ	12Ａ
周　波　数	50〜60Hz	50〜60Hz
消　費　電　力	800W	1,050W
穿　孔　速　度	170mm/分	200mm/分
回　転　数	0〜250rpm　※1	0〜255rpm　※2

質　　　量	8.2kg	7.9kg
ドリルビット範囲	12～66mm	12～66mm（12～80mm）

※1　通常のコンクリートに22mmドリルビット使用
※2　通常のコンクリートに25mmドリルビット使用

4　取扱方法

⑴　ツールを取り付ける（ロッキングスリーブをキャップアッセンブリーに押しつけツールを差し込んで回すと、ロッキングスリーブが元の位置に戻り、取り付けられる。）。

　　★　ツールの取り付け　ツールの溝とキャッチ部の穴を合わせて差し込む。

⑵　切替えレバーをセットする。

⑶　必要によりサイドハンドルを緩めて、デプスゲージをセットする。

⑷　コンセント（ＡＣ100Ｖ）に差し込み、使用する。

　　★　二重絶縁のため、アースを取る必要はない。

⑸　打撃＋回転　⇒　切替えレバー　🗋　へ

⑹　はつり　　　⇒　切替えレバー　◁▭　へ

5　セーフティポイント

⑴　安全クラッチが内蔵されていて、過負荷がかかるとクラッチが切れる。

⑵　チャック部は、本体から潤滑されないので、ドリルビット挿入時には、きれいにほこりを取ってからスプレーオイル又はグリスを少量塗布する。

⑶　ドリルビット使用時には、初め軽く押して打撃を与えず、位置が決まってから掘り始めるとよい。

　　★　ドリルビットを作業面へ過度に押さえつけても、能率は上がらない。

⑷　コンクリートの中の鉄骨に当たったら、掘るのは止める。

⑸　ＨＫＤアンカーを使用する場合は、ＨＫＤアンカー専用ドリルビット（径12mm）で、深さ50mm掘ってから打ち込む。

⑹　コアビットで掘るときは、抵抗が大きいので、本体が回らないように注意する。

⑺　付属のアイボルトについて、使用荷重が2.2kNであるため可搬式ウィンチ等による機械引きでの使用は行わないこと。また、支点として使用することはコンクリートの質等によりかなりの強度差があるため破断若しくは抜け等が起こり得ることを十分に認識しておくこと。

3−11　ハンマードリル（ボッシュ）

1　概　要

　地震災害でがれきを除去するために使用する。先端の刃を替えることではつり作業及び穴あけ作業ができ、電子無段変速を搭載しており打撃数の変更も可能である。

2　構造及び名称

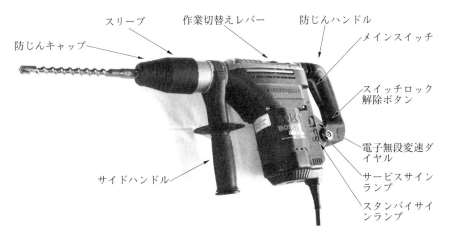

スリーブ
作業切替えレバー
防じんハンドル
防じんキャップ
メインスイッチ
スイッチロック解除ボタン
電子無段変速ダイヤル
サービスサインランプ
スタンバイサインランプ
サイドハンドル

3　主要諸元

形　　　　　式	GBH　5−40DE
電　源　電　圧	100V
周　　波　　数	50〜60Hz
消　費　電　力	1,100W
回　　転　　数	0〜340min^{-1}（回転/分）
打　　撃　　数	0〜3,300min^{-1}（回転/分）
打　　撃　　力	2〜10J（はつりモード）
質　　　　　量	6.2kg

4　取扱方法

⑴　ツールを取り付ける（メインスイッチを切り、プラグを抜いた状態で行う。防じんキャップは常にきれいにしておく。）。①先端工具を取付け穴に差し込む。②ツールホルダーと先端工具がかみ合う位置（引っ掛かりのある位置）に先端工具を回す。③先端工具をさらに押し込む。④確実に固定されていることを確認する。

⑵　切替えレバーをセットする。

⑶　サイドハンドルのグリップを左に回すとサイドハンドルが緩むので、作業しやすい位置に調節し、グリップを右に回して固定する。

⑷　コンセント（AC100V）に差し込み、使用する。

⑸　打撃＋回転　⇒　切替えレバー 🗲🔨 （ハンマードリルポジション）へ

⑹　はつり　　　⇒　切替えレバー 🔨 （ハンマーポジション）へ

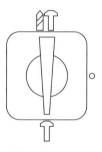

作業切替えレバー

　ア　ターボ機能

　　本機はハンマーポジションでの使用時に、ハンマードリルポジション時よりも、はつり力をアップさせるターボ機能を搭載している。

　イ　バイオロック機能

　　㋐　作業切替えレバーを０の位置に合わせる。

　　㋑　先端工具を任意の向きに回す（30°ずつ12段階変更可能）。

　　㋒　作業切替えレバーを 🔨 の位置に合わせる。

⑺　電子無段変則ダイヤル

　作業内容に合わせた打撃数に変更できる。通電を停止すると打撃数は最大値に自動で設定される。

5　セーフティポイント

⑴　先端工具とツールホルダーの摩擦の低減のために、先端工具と本体取付け部にはグリスを塗布して使用する。

⑵　安全クラッチが内蔵されていて、過負荷がかかるとクラッチが切れる。

⑶　一定の負荷がかかっても回転数を維持し、作業効率を高める。

⑷　先端工具については、ヒルティーと同等の物がある。

⑸　付属のアイボルトについて、使用荷重が2.2kNであるため可搬式ウィンチ

等による機械引きでの使用は行わないこと。また、支点として使用すること
はコンクリートの質等によりかなりの強度差があるため破断又は抜け等が起
こり得ることを十分に認識しておくこと。

第4章 呼吸保護用器具

4－1 空気呼吸器（K2P型）

1 概 要

呼吸用保護具には、空気呼吸器、酸素呼吸器（閉鎖循環式）、エアーライン
マスク及び要救助者の避難に供する簡易呼吸器等がある。

これらを多種の呼吸用保護具の系統に示すと、下図のようになる。

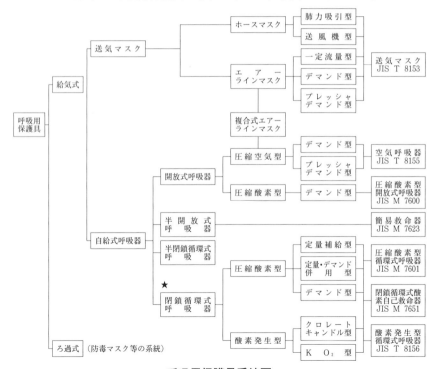

呼吸用保護具系統図

★　閉鎖循環式呼吸器とは、着用者の呼気中の二酸化炭素を除去し、酸素源から減圧弁を通して酸素を補給し、再呼吸する方式の自給式呼吸器である。

2　構造及び名称

(1)　全体図

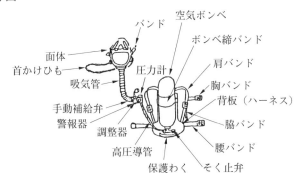

(2)　調整器

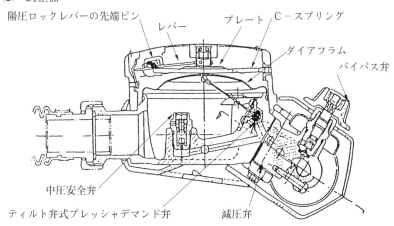

(3)　吸気弁及び呼気弁

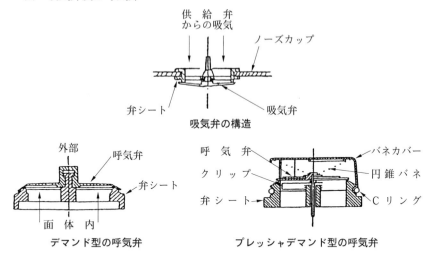

吸気弁の構造

デマンド型の呼気弁

プレッシャデマンド型の呼気弁

(4)　空気の系統図及び空気呼吸器各部の機能

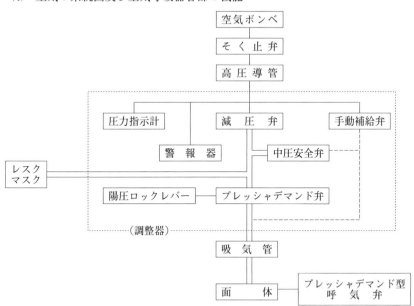

空気の系統図

空気呼吸器各部の機能

名　　　称		機　　　　　　　能
面体	アイピース	視野を確保するための透明板（曇り止めを内面に塗布すると曇りにくい。）。
	ノーズカップ	呼気が面体内に拡散することを防ぐために鼻・口を覆うもの。
	呼　気　弁	吸気したとき閉じ、呼気したとき開く弁をいう。
	面体バンド	面体を顔面にフィットさせる締めひもなどの総称。
調整器	手動補給弁（バイパス弁）	通常の供給経路が故障したときに、呼吸に必要な空気を供給できるようにする緊急用手動弁（0.3MPaで60Ｌ/分以上放出）。面体の曇りの除去、点検時に高圧側の空気抜きとしても使用する。
	中圧安全弁	中圧部の圧力が異常に上昇したときの安全弁（１MPa程度に設定してある。）。
	圧力指示計	そく止弁を開放したとき、ボンベの空気圧力を指示する。
	警　報　器	ボンベ圧力が設定値以下になると打鈴する。・30MPaボンベ用では６MPaに設定（Ｋ２Ｐ型）
吸　気　管		呼吸のための空気を通す可とう性の管。
ハ　ー　ネ　ス		空気呼吸器を着装するための装具で、背負い具ベルト等の総称。
高　圧　導　管		高圧空気ボンベから調整器へ高圧空気を導く管。
ボンベ	そ　く　止　弁	高圧空気ボンベに付属する開閉弁。
	ボンベ本体	クロームモリブデン鋼製又はＦＷの高圧空気ボンベ。
レスクマスク		要救助者の自発呼吸により作動するデマンド型のマスク。

　ア　減圧弁

　　減圧弁は、ダイアフラムとスプリングの釣り合いにより、高圧空気を中圧（0.5～0.7MPa）に減圧する弁で、中圧空気は供給弁に導かれる。

　イ　手動補給弁（バイパス弁）

　　減圧弁及び供給弁などが万一故障し、空気の供給が停止又は不足したときに、ボンベ内の空気を吸気管内に直接供給するためのもの。

　ウ　中圧安全弁

　　減圧弁から供給弁までの中圧系統において故障が生じ、中圧が異常に高くなったときに作動する安全弁である。作動圧力は１MPa程度に設定されている。

　エ　供給弁

　　着装者の吸気・呼気の変化に応じて、所要の量の空気を面体へ送り出す

ための弁で、従来肺力弁と呼称されていたが、現在ではデマンド弁とプレッシャデマンド弁の2種類があり、これらを総称して供給弁といっている。

　　★　K2型はティルト弁式デマンド弁、K2P型はティルト弁式プレッシャデマンド弁を採用

(ア)　ティルト弁式デマンド弁の作動原理

　　ティルト弁は、ロッドを介してゴム製円盤状のダイアフラムに接している。着装者の吸気によりティルト弁室が負圧になると、ダイアフラムが内側に引かれティルト弁を押し下げる。この時、減圧弁を経てきている中圧空気が、ティルト弁を通って低圧となり、吸気管へ供給される。

　　吸気を停止するとティルト弁は元に戻り、空気の供給は止まる。

(イ)　ティルト弁式プレッシャデマンド弁の作動原理

　　プレッシャデマンド機構は、調整器の陽圧ロックレバー、レバー、プレート、C－スプリングなどから構成される。

　　陽圧ロックレバーがOFFの状態では、陽圧ロックレバー先端のピンがレバー、プレートをロックし、ダイアフラムにC－スプリングの力が加わらない。

　　この状態で吸気するとデマンド弁として作動する。

　　陽圧ロックレバーをONにすると、陽圧ロックレバー先端のピンが移動し、レバー、プレートのロックが外れ、C－スプリングの力によりダイアフラムを下方へ押し、ティルト弁が開き空気が放出される。

　　ティルト弁からの空気の放出は、C－スプリングによるダイアフラム押しつけ力とバランスするまでダイアフラム室内圧力が高くなると止まる。

オ　吸気弁

　　吸気弁は、面体のノーズカップに取り付けられており、吸気のとき開き、呼気のとき閉じるゴム製逆止弁である。

カ　呼気弁

　　呼気弁は、面体下部に取り付けられており、微弱な呼吸にも鋭敏・確実に応答して呼気を外部に排出するためのゴム製逆止弁で、呼気のときのみ外気に通じる唯一の開口部である。

　　呼気弁は、デマンド型とプレッシャデマンド型との2種類がある。

　　★　プレッシャデマンド型呼気弁　面体内が常に外気圧力より高いため、在来のような呼気弁では、吸気時も呼気弁から空気が流出し、肺力式呼吸器の機能が失われるばかりでなく、使用時間が大幅に減少してしまうため、弁をバネで押さえ、吸気時は漏れない構造としている。

3　主要諸元

充 填 ガ ス	空気
使 用 時 間	24分（呼吸量毎分50L・残圧6MPa）
着 装 質 量	12.6kg
空 気 量	1500L
警報器始動圧	6MPa
ボ ン ベ 容 量	5L
ボ ン ベ 圧 力	30MPa

4　取扱方法

(1)　着装要領

　ア　手動補給弁、陽圧ロックレバーの閉塞を確認する。

　イ　そく止弁を全開し、圧力を確認後、半回転～1回転戻す。

　　★　そく止弁を戻す理由　そく止弁の破損を防止するため。

　ウ　吸気管と肩バンドを一緒に持ち、背負う。

　エ　脇バンド、胸バンド、腰バンドを閉め、余長を整理する。

　オ　面体を調整器に掛ける（首かけひもを首に掛ける。）。

　カ　進入前に面体を着装し、着装状況を確認する。

(2)　点検要領

　ア　ボンベ装着時の点検

　　㋐　連結ナットのOリングを点検する（傷んでいる場合は交換。）。

　　㋑　高圧導管の連結ナットが締まっていることを確認する。

　イ　ボンベ圧力の点検

　　そく止弁を開放し、ボンベの圧力を調整器の圧力指示計で確認する。

　ウ　陽圧機能の点検（プレッシャデマンド型の場合）

　　㋐　そく止弁を開放し、陽圧ロックレバーをOFF → ON → OFF と切り替える。

　　㋑　ONのとき面体から勢いよく空気が噴出することを確認する。

　　　★　空気の消費を少なくするため、レバーの切替えは素早く行うこと。

　エ　機能性の点検

　　㋐　そく止弁を閉じ、調整器の圧力指示計の指針変化を確認する（約1分間実施して約1目盛程度の変化であればおおむね良好。）。

★　圧力指示計で示す約1目盛は、使用時で人体の空気消費量の0.2〜0.8%程度であり、支障はない。

(イ)　次に手動補給弁を開放し圧力を抜くが、併せて警報器の点検も行う。

(ウ)　点検後は、手動補給弁を閉めておく。

(エ)　プレッシャデマンド型の場合は、警報器の点検後、手動補給弁を開放して圧力を抜いたら、陽圧ロックレバーを ON にして残圧を抜き、その後 OFF にしておく。

★　圧抜きをしないで放置しておくと、高圧導管の外皮が膨らむことがある。

オ　面体等の点検

(ア)　ゴム部分の劣化（粘着・亀裂等）を確認する（劣化している場合は交換する。)。

(イ)　呼気弁カバーを外して呼気弁の外観点検（円錐バネ・バネカバーの状態、ゴミの付着等）をする。

★　点検は目視で行い、指やドライバー等で呼気弁を持ち上げたりしない。

(ウ)　面体の汚れは、拭き取るか水洗いする。

★　アイピースが汚れている場合には、中性洗剤等で水洗いする。ベンゾール等の有機溶剤は使用しないこと。
★　アイピース外面の汚れ又は浸食が予想される場合は、アイピースカバーを取り付ける。

(エ)　吸気管の傷、亀裂等を確認する。

カ　ハーネス等

(ア)　背板のゆがみ等を確認する。

(イ)　バンド類の傷、亀裂等を確認する。

キ　面体の密着性の点検

面体を着装し、吸気管を押さえて、静かに吸気して空気の漏れが無いことを確認する。

5　セーフティポイント

(1)　面体の密着を妨げるようなヒゲ・頭髪は避ける。

(2)　できるだけ残圧10MPa以上のボンベを常時セットしておく。

★　名古屋市消防局では、現在、5L・6L・7L・8L・9Lの5種類のボンベが配置されているが、残圧10MPaで残量は、それぞれ500L・600L・700L・800L・900Lと異なり、違いが出る。
5Lボンベについては、残圧20MPa以上のボンベを常時セットしておく。

⑶　進入隊員は、原則として同機種・同容量のボンベを使用する。

⑷　凍結危険

　環境温度が５℃以下で使用する場合、調整器内に水が浸入すると、ティルト弁等が凍結し、呼吸を妨げることがある。

　また、０℃以下の所で、作業を中断したり、ボンベを交換して再使用する場合には、呼気中の水分や結露した水分が凍結して、面体の呼気弁が固着することもある。

ア　凍結の経過

　㋐　調整器内に一定量の水が浸入する。

　㋑　着装後、面体内の空気が冷たく感じられる。

　㋒　呼気抵抗が感じられるようになり、次第に強くなるが、一時的に弱くなることもあり、発生の仕方は一定していない。

　㋓　ティルト弁が凍結し、空気の供給に異常をきたす。

　　　★　㋑と㋒については、順序が逆転する場合もある。

　　　★　活動中は、呼吸数・換気量ともに増加するため、吸気抵抗発生の初期段階で判断することは難しい。これに対し、面体内の冷感は、アイピースの曇りを伴って、はっきりと現れるため、複合的に判断することが必要である。

イ　凍結の条件等

　㋐　凍結が発生する気温及び浸入量は、メーカーの社内実験データ、凍結事例及び再現実験（名古屋市消防局による。）の結果から、おおむね、５℃以下、10cc以上であると考えられる。

　㋑　水の浸入経路は、面体⇒吸気管⇒調整器内の順であり、面体から20cc程度の水が入ると、約10ccが調整器内まで達する。

　㋒　空気の供給異常は、ティルト弁の凍結の仕方によって、過剰供給、供給不足又は無供給として現れるが、一定した形では発生しない。

　　　★　凍結現象の発生に、使用ボンベの圧力の違いは関係しない。

ウ　発生時の留意事項

　㋐　退避

　　　活動中に、吸気抵抗の増大及び面体内の冷感によって、凍結現象が発生したことを覚知した場合や、空気の供給異常が発生したときは、速やかに屋外又はクリアゾーンまで退避する。

　㋑　手動補給弁

　　　凍結がさらに促進することを防止するため、原則として、手動補給弁は開放しない。

空気の供給が完全に止まり、やむを得ず、手動補給弁を開放する際は、必要最小限度の供給にとどめ、全開にしない。

凍結以外の異常に対しては、手動補給弁を開放して対応することが多いため、特に注意が必要である。

(ウ)　陽圧ロックレバー

(イ)と同様の理由で、面体を外す場合は、必ず陽圧ロックレバーを OFF にする。

(エ)　そく止弁

解氷後、圧力回路を保護するため、そく止弁を開放したままにしておく。

(オ)　空気呼吸器

再進入にあたっては、別の空気呼吸器に交換してから行う。

調整器は、解氷後に乾燥させれば、正常に作動するが、安全のため、機能点検を行ってから使用する。

エ　凍結防止対策

(ア)　面体携行方法の変更

水の浸入を防止するため、面体を逆向きの状態で携行する。

(イ)　そく止弁の開放

空気呼吸器を着装して面体を外しているときは、ボンベのそく止弁を開き、調整器に圧力をかけておく。

★　調整器に水が浸入しても、圧力回路内に浸水するのを防ぐため。

(ウ)　水の排出

水の浸入を確認したときは、吸気管を調整器から外し、面体及び吸気管の水を切り、調整器を傾けて水を排出する。

★　時間的な余裕があれば効果があるが、活動現場では直ちに退避し、空気呼吸器を取り替える。

自己の使用可能時間を算出するには？

1 計算により、おおむねの使用可能時間を算出し、目安とする。

2 体験してみて、算出した時間との相違を把握しておくとよい。

3 大気圧下での使用可能時間（分）の計算式は、次のとおり。

$$\left[\frac{\text{ボンベの容量(L)} \times \{\text{ボンベ圧力(MPa)} - \text{警報器始動設定圧力(MPa)}^{※1}\} \times 10^{※2}}{\text{隊員の毎分消費量（L/min）}}\right]$$

★ 隊員の毎分消費量 ・軽作業40（L/min）
　　　　　　　　　　　・中作業60（L/min）
　　　　　　　　　　　・重作業80（L/min）

これらを経験上の目安にするとよい。

※1 警報器始動設定圧力　15MPa型⇒3 MPa　30MPa型⇒6 MPa

※2 大気圧下に換算するには10倍する。

面体の曇りを防ぐには？

1 面体のアイピースに曇り止めを塗る。

2 手動補給弁を開放する。

高気圧下で使用することは可能か？

1 ほぼ使用可能であるが、圧力に反比例して使用時間が短くなる。

空気呼吸器の使用時間

環境区分	環境圧力		使用時間（比）	（例）大気圧下で30分間使用可能とした場合の比（分）
	ゲージ圧力（MPa）	絶対圧力（気圧）		
大 気 圧	0	1	1	30
高 気 圧	0.1	2	1/2	15
	0.2	3	1/3	10

★ 大気圧を超え、ゲージ圧力0.3MPaぐらいまでは、使用可能であるが使用時間がかなり制限されることを理解しておく。

2 エアーラインマスクについても上記と同じことがいえる。

4 - 2 空気呼吸器（A-1型）

1 概 要

　呼吸用保護具には、空気呼吸器、酸素呼吸器（閉鎖循環式）、エアーライン
マスク及び要救助者の避難に供する簡易呼吸器等がある。

　A-1型空気呼吸器はプレッシャデマンド型の空気呼吸器である。（呼吸用
保護具系統図は、4-1「空気呼吸器（K2P型）」参照）

　★　プレッシャデマンド型呼気弁　面体内が常に外気圧力より高いため、在来のよう
　　な呼気弁では、吸気時も呼気弁から空気が流出し、肺力式呼吸器の機能が失われる
　　ばかりでなく、使用時間が大幅に減少してしまうため、弁をバネで押さえ、吸気時
　　は漏れない構造としている。

2 構造及び名称

　(1)　全体図

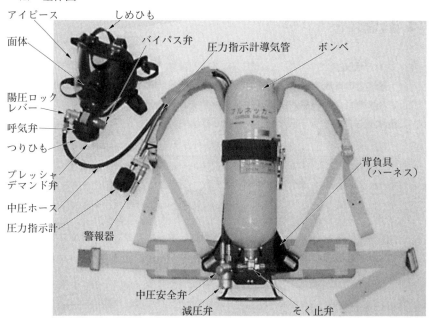

(2)　呼気弁及びプレッシャデマンド弁

呼気弁セット　　　　　　　**プレッシャデマンド弁**

(3)　空気呼吸器各部の機能

ア　面体

　　着装者の顔面全体を外気から遮断して覆い、ボンベ、調整器から供給される空気だけを吸うための装置で、アイピースは透明プラスチック材料を使用し、目の保護と広い視界が得られる構造となっている。

イ　調整器

　(ア)　減圧弁

　　　ボンベ内の高圧空気を一定の中圧空気（約0.6MPa）に減圧する装置

　(イ)　中圧ホース

　　　減圧弁からプレッシャデマンド弁に中圧空気を導く耐圧ホース

　(ウ)　プレッシャデマンド弁

　　　中圧空気を大気圧付近まで減圧する装置で、面体内の圧力を陽圧に保つプレッシャデマンド機能と、着装後の最初の吸気で面体内の圧力を陽圧に切り替える自動陽圧機能を備えている。

　(エ)　吸気弁

　　　着装者の呼気を外気に排出するための弁で、呼気が終わると自動的に弁は閉鎖される。この呼気弁は、プレッシャデマンド弁の下部に付設されており、呼気は面体からプレッシャデマンド弁を通り排出される。

　(オ)　陽圧ロックレバー

　　　プレッシャデマンド機能を OFF にするためのレバー

　(カ)　バイパス弁

　　　使用中にプレッシャデマンド弁が故障した場合に、減圧弁の空気をプレッシャデマンド弁を経由しないで直接面体へ導くための手動操作弁。点検、使用後に器械内の圧力を逃がすためにも使用する。

　　(キ)　中圧安全弁
　　　　中圧空気の圧力が設定圧力以上になったときに、外気に放出させ圧力
　　　上昇を防ぐ安全装置
　　(ク)　警報器
　　　　ボンベ圧力が始動設定圧力に減少した時に警報音が鳴り、着装者に知
　　　らせる装置で、始動設定圧力は6MPaとなっている。
　　(ケ)　圧力指示計
　　　　減圧弁に入る空気（高圧空気）の圧力を表示している。そく止弁を全
　　　開している場合はボンベ内の圧力となる。
　　(コ)　圧力指示計導気管
　　　　圧力指示計及び警報器に高圧空気を導くための耐圧ホース
　ウ　ボンベ
　　(ア)　ボンベ
　　　　圧縮した空気を貯蔵する容器
　　(イ)　そく止弁
　　　　ボンベに付属する開閉用の弁
　エ　背負具（ハーネス）
　　　空気呼吸器を着装するための装置

3　主要諸元

充 填 ガ ス	空気
使 用 時 間	24分（呼吸量毎分50L・残圧6MPa）
質　　　　量	約4.0kg
最高使用圧力	29.4MPa
最 大 補 給 量	500L/min
警報器始動圧	6MPa

4　取扱方法

(1)　着装要領
　ア　バイパス弁、陽圧ロックレバーの閉塞を確認する。
　イ　そく止弁を全開し、圧力を確認後、半回転～1回転戻す。
　　★　そく止弁を戻す理由　そく止弁の破損を防止するため。
　ウ　面体と肩バンドを一緒に持ち、背負う。

エ　脇バンド、腰バンドを閉め、余長を整理する。

オ　面体を調整器に掛ける（首かけひもを首に掛ける。）。

カ　進入前に面体を着装し、着装状況を確認する。

(2)　点検要領

　ア　外観点検

　　(ア)　接続部が確実に取り付けられているか確認する。

　　　a　ボンベと背負具（ハーネス）

　　　b　そく止弁と減圧弁

　　　c　プレッシャデマンド弁と面体

　　(イ)　損傷・劣化を確認する。

　　　a　面体

　　　b　プレッシャデマンド弁

　　　c　中圧ホース

　　　d　圧力指示計導気管

　　　e　圧力指示計

　　　f　減圧弁

　　　g　背負具（ハーネス）

　　　h　ボンベ

　　　　★　面体や呼気弁などのゴム部分の老化（粘着やき裂）がないことを入念に
　　　　　チェックすること。

　　　　★　プラスチック部品の傷、割れがないことをチェックすること。

　　　　★　圧力指示計の指示が0 MPaを示していること。

　イ　プレッシャデマンド弁の点検

　　(ア)　バイパス弁は閉じていること。陽圧ロックがかかっていること。

　　(イ)　そく止弁のハンドルを反時計方向に回し、ゆっくり全開する。

　　(ウ)　面体を顔に当て深く呼吸する。

　　　　★　最初の吸気で空気が供給されること。

　　　　★　面体を顔からわずかに離すと、空気が噴出すること。

　　(エ)　呼吸を止め陽圧ロックレバーを操作してロックしてから面体を顔から
　　　外す。

　ウ　気密点検と警報器の点検

　　(ア)　そく止弁のハンドルを閉じる。

　　(イ)　圧力指示計の指針の変化を1分間見て、示度の変化が1目盛（1 MPa）
　　　以内であることを確認する。

　　　　★　降下圧力が1目盛以上のものは使用しないこと。

　　　　★　指針の変化が1分間に1目盛以下でも、中圧安全弁からの空気の放出が
　　　　　あるものは使用しないこと。

　㈡　バイパス弁を少し開いて徐々に圧力を下げ、始動設定圧力付近で警報
　　　器が鳴ることを確認する。

　㈢　圧力指示計の指針が0 MPaまで下がったのを確認後、バイパス弁を
　　　閉じる。

　　　　★　圧力降下時、圧力指示計の指針がスムーズに動くことも確認すること。

　エ　呼気弁の点検

　㈎　プレッシャデマンド弁ゴムカバーを外す。

　㈏　スリット部分に親指を掛けるようにして呼気弁カバーを外す。

　㈐　呼気弁の点検をする。

プレッシャデマンド弁ゴムカバー

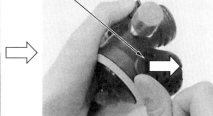
呼気弁カバー

弁シート

　　　　★　呼気弁の弁シートの間にゴミがつい
　　　　　ていないことを確認する。ゴミが付着
　　　　　していた場合は綿棒などの柔らかいも
　　　　　のを使って取り除くこと。

> **× 悪い外し方**
>
> 　呼気弁カバーを外すときに、写真のように呼気弁カバーの下を押さえて持つと呼気弁カバーに必要以上の力が加わって破損するおそれがある。
>
>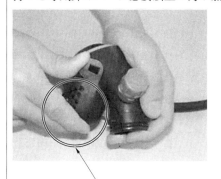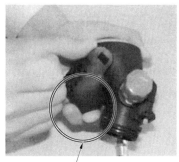
>
> 呼気弁の下を押さえると破損する場合がある。

オ　面体の気密の点検

　㋐　面体の「ほほ」の部分に指を差し込む。

　　★　指を差し込んだ部分から空気が勢いよく漏れること。

　㋑　確認後、指を抜く。

　㋒　そく止弁を閉じ5秒間呼吸を止める。

　　★　圧力指示計の指針が、2目盛（2MPa）圧力降下する時間が5秒以上のこと（5秒未満の場合しめひもの締め方に注意し、面体をかぶり直す。）。

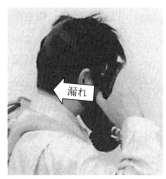

漏れ

(3)　使用後の手入れ

　ア　面体とプレッシャデマンド弁を外す。

　イ　プレッシャデマンド弁ゴムカバーを外す。

　ウ　呼気弁カバーを外す。

　エ　止め金を外す。

　オ　プレッシャデマンド弁から呼気弁セットを外す。

　カ　バケツなどの容器にためた水で浸け洗いする（蛇口から洗浄の禁止）。

　　中性洗剤を溶かした水を使用すればよりきれいに洗える。その後、すすぎ洗いをすること（中性洗剤以外は使用禁止）。

5 セーフティポイント

(1) 消防職員として当然であるが、面体の密着を妨げるようなヒゲ・頭髪は避ける。

(2) できるだけ残圧20MPa以上のボンベを常時セットしておく。

(3) 進入隊員は、原則として同機種・同容量のボンベを使用する。

4 - 3　酸素呼吸器（バイオパック60）

1　概　要

(1)　陽圧型の循環式酸素呼吸器で、面体内が常に陽圧に保たれている。

(2)　酸素チャンバーの蓋の裏側に二つの冷却リングが装備され、吸気温度の上昇を抑える働きをする。

(3)　空気呼吸器より比較的長時間（公称60分）使用できる。なお、長時間使用するためには、面体の防曇処理を行い、視界の確保を行う。

2　構造及び名称

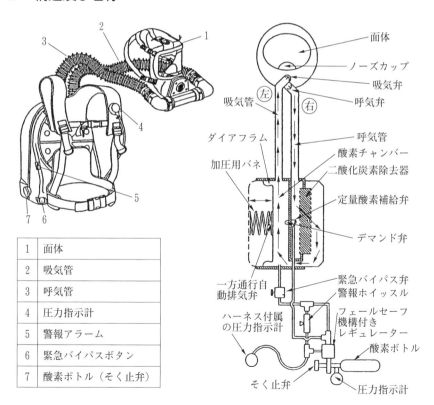

1	面体
2	吸気管
3	呼気管
4	圧力指示計
5	警報アラーム
6	緊急バイパスボタン
7	酸素ボトル（そく止弁）

3　主要諸元

名　　　称	機　　　　　能	備　　　考
酸素ボトル	クロームモリブデン鋼でできた高圧酸素容器〔内容量1.5L充填圧力15MPa（150kg/㎠）〕	黒色ボンベ
減　圧　弁	酸素ボトルからの高圧酸素を0.77MPa（7.7kg/㎠）まで減圧	
警報アラーム	残存酸素量が25％まで降下したときに、92dBの警報音が約1分間鳴る。	残存量が1/4（約15分）を示す。

	名称	機能	備考
酸素チャンバー	定量酸素補給弁	酸素チャンバーに1.5～1.9L/分の酸素を供給	
	ダイアフラム	吸気及び呼気に応じて、酸素チャンバーの内容量を調節する。	バネ張力により、システム内を常に環境圧力より高く保つ。
	デマンド弁	必要酸素量が定量酸素供給量（1.5～1.9L/分）を超えた場合に、自動的に開放され、酸素を供給する。	定量酸素供給弁が故障した場合のバックアップ機能も有する。
	自動排気弁	システム内の圧力レベルが、過大になった場合に、圧力レベルを正常値まで自動的に排気する。	
	二酸化炭素除去器	呼気に含まれる二酸化炭素を化学的に除去する。	二酸化炭素吸収剤としてソーダソープを使用（約1.1kg）
呼気確認弁		そく止弁を開けると同時に、そのボトル圧力により、自動的に呼気弁を開放し呼気ができるようにする。	そく止弁を開けないと呼気ができず、そく止弁の開け忘れによる事故を未然に防ぐ。
面　　　体		呼気・吸気管の入り口にそれぞれチェック弁が付いており、二酸化炭素の逆流を防ぐ。	
冷却システム		35℃で融解するリン酸ナトリウムの結晶の融解熱を利用し、吸気温度の上昇を抑える。	

4　取扱方法

(1)　点検要領

　　ア　二酸化炭素除去器に新しいソーダソープを入れる。

　　イ　酸素ボンベの圧力レベルを確認する。

　　ウ　面体及び吸気管の点検を行う。

　　エ　各接続部の点検を行う。

オ　そく止弁を開放して圧力を確認後、面体を顔に押しつけ、そく止弁を閉鎖して残圧空気を吸う。その際に圧力計を視認して、約 4 MPa（40kg/㎠）で警報装置が鳴動するかを確認する。

(2)　着装要領

ア　そく止弁を開放する（「ピッ」という音を確認）。

イ　圧力の確認をする。

ウ　左手で背負いバンド上部を、右手で吸気管の接続部を上から持ち、左から回しながら左腕を左背負いバンドに通す。

エ　面体を頭部⇒こめかみ⇒あごの順に締める。

5　セーフティポイント

(1)　高圧環境下で使用しない。

(2)　低温環境下（－20℃以下）で使用しない。

(3)　ソーダソープは、一度使用したら必ず交換する。

★　目視による二酸化炭素の吸収能力の判断はできない。

(4)　安全確保のためにソーダソープの交換は、必ず使用直前に行う。

(5)　面体の防曇処理（曇り止め剤の塗布）を行う。

4 - 4　酸素呼吸器（オキシゼム11）

1　概　要

　ボンベ内の酸素を加えながら呼気を循環させることによって、150分の長時間の使用を可能にする。

2　構造及び名称

⑴　全体写真

(2)　各部名称

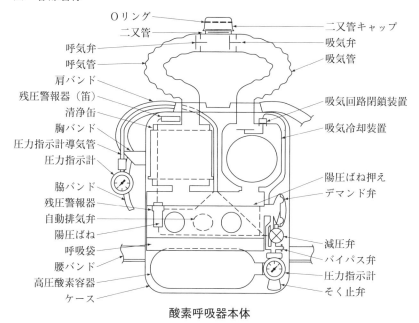

Oリング
二又管
呼気弁
呼気管
肩バンド
残圧警報器（笛）
清浄缶
胸バンド
圧力指示計導気管
圧力指示計
脇バンド
残圧警報器
自動排気弁
陽圧ばね
呼吸袋
腰バンド
高圧酸素容器
ケース

二又管キャップ
吸気弁
吸気管
吸気回路閉鎖装置
吸気冷却装置
陽圧ばね押え
デマンド弁
減圧弁
バイパス弁
圧力指示計
そく止弁

酸素呼吸器本体

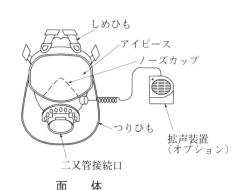

しめひも
アイピース
ノーズカップ
拡声装置
（オプション）
つりひも
二又管接続口

面　　体

3　主要諸元

名　　称		備　　　　考
高圧酸素容器	材　　質	ＦＲＰアルミニウム合金製
	内　容　積	1.8 L
	最 高 充 填圧　　力	19.6MPa
公称使用時間		150分（充填圧力19.6MPaの場合）
警　　報　　機		自動停止型残圧警報機　（設定圧力3MPa）約1分間鳴動後に自動停止
質　　　量		12.0kg　（冷媒含む場合13.4kg）
寸　　　法		550mm（縦）×380mm（横）×160mm（厚）
清　浄　缶（詰め替え式）	二酸化炭素吸　収　材	カーライム
	内　容　量	2.1kg
	カーライムの保存期間	清浄缶/6か月・ポリ袋/3年・ポリ缶/5年
吸気温度		34℃（環境温度20℃ 呼吸量40 L/min 使用開始から約1時間後）
呼 吸 抵 抗（呼 吸 量40 L/min）	呼 気 抵 抗ピ ー ク 値	540Pa
	吸 気 抵 抗ピ ー ク 値	150Pa
吸気冷却装置		冷媒に氷を使用（内容量1.4kg）
陽　圧　性　能		呼吸量50 L/minまで

4　取扱方法

⑴　アイピースに曇り止めを行い、吸気冷却装置のゴム蓋を取り外して氷を入れる。

⑵　各ナットが締まっているか手で十分確認をする。

⑶　酸素呼吸器本体を背負い、各バンドを連結し、長さを調整する。

⑷　面体と二股管を連結する。

⑸　そく止弁を開放し面体を着装する。

5　セーフティポイント

(1)　洗浄缶が取り付けた日から6か月以内の物かどうかを確認する。

★　二酸化炭素中毒になるおそれがあるため、6か月以上経過したものは交換する。

(2)　呼吸が苦しくなったり、吸う空気が熱くなる等の症状が出た場合にはバイパス弁を使用する（ただし、バイパス弁を使用することにより使用時間は大幅に減少する。）。

第5章　その他の救助用器具

5－1　ガス測定器（コスモスガス検知器　ＸＰ－302M）

1　概　要

　酸素、可燃性（メタン）ガス、硫化水素、一酸化炭素の濃度を1台で同時に検知して警報を発し、ガス爆発や酸欠、中毒による事故を未然に防止する。

2　構造及び名称

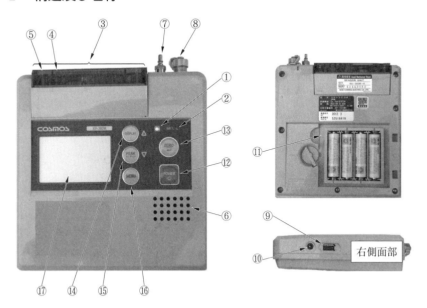

①	光感知センサー	⑩	ＤＣジャックプラグ（オプション）
②	バッテリーランプ	⑪	電池カバー（取り外した状態）
③	センサユニット	⑫	POWER スイッチ
④	警報ランプ	⑬	ZERO スイッチ
⑤	排気口	⑭	DISPLAY スイッチ
⑥	ブザー孔	⑮	PEAK スイッチ・BZSTOP スイッチ
⑦	ガス導入管接続口	⑯	MENU スイッチ
⑧	外部警報機接続コネクター	⑰	ＬＣＤ画面
⑨	ＵＳＢプラグ（オプション）		

3　主要諸元

電　　　　　源	単三形アルカリ乾電池４本
連 続 使 用 時 間	８時間以上（20℃、警報・バックライト・データロギング OFF 時）
使用温湿度範囲	－10～40℃　　95％RH以下（結露がないこと。）
外形寸法（㎜）	W152×H152×D42（突起部を除く。）
ガ　ス　導　入　管	１ｍガス導入管（ドレンフィルター及び吸引パイプ付き） ８ｍガス導入管（フロート付き）
質　　　　　量	約870g

対象ガス	可燃性ガス	酸　素	硫化水素	一酸化炭素
ガス採気方式	自動吸引式			
検知範囲（サービスレンジ※）	0 ～100％LEL	0 ～25.0vol％ （25.1～50vol％）	0 ～30.0ppm （30.1～150ppm）	0 ～150ppm （151～300ppm）
指示精度	±５％LEL以内	±0.5vol％以内	±1.5ppm以内	100ppm以下： ±10ppm以内 101～150ppm： ±15ppm以内
警報設定値	1段目：10％LEL 2段目：30％LEL	1段目：19.5vol％ 2段目：18.0vol％	1段目：10ppm 2段目：15ppm	1段目：50ppm 2段目：100ppm
応答時間（１ｍ導入管時）	25秒以内	20秒以内	30秒以内	

応答時間 （8m導入 管時）	40秒以内

※　機器の保証外の数値のこと（数値は出るが、指示精度を超えることがある。）。
　　ガス濃度がサービスレンジを超えている場合は、濃度表示は「‐‐‐」と
なる。

4　取扱方法

⑴　「POWER スイッチ」を約2秒間押す。警報ランプが1回点滅、ブザーが
鳴り、電源が入る。
⑵　ＬＣＤ画面に、暖気運転中を示す、「準備中」のメッセージが表示される。
⑶　1分以内にブザーが「ピー」と鳴り、ガス濃度画面が表示され、検知準備
完了となる。

5　セーフティポイント

⑴　検知活動時には状況に応じて呼吸保護具の着装を考慮する。
⑵　正しく検知するために、汚染されていない場所で検知準備を完了させてお
く。

5−2 車両移動器具（ゴジャック）

1 概 要

　災害現場等において、駐車車両・事故車両のタイヤ下に設置することにより、当該車両を人力により、容易に移動・排除できる。

2 構造及び名称（ＡＺ−5000／ＡＺ−6000）

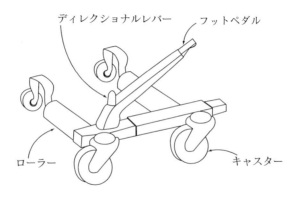

　ディレクショナルレバー　　フットペダル

　ローラー　　　　　　　　　　　　　　　　　キャスター

3 主要諸元

	ＡＺ−5000	ＡＺ−6000
能　　　　　力	5.2kN	6.25kN
タ　イ　ヤ　幅	225mm以下	325mm以下
ホイールサイズ	13〜15インチ	13〜16インチ
キ　ャ　ス　ター	4個（小4個）	4個（大2個、小2個）
質　　　　　量	13kg	15kg
梱　　　　　包	2個1組	2個1組

4 取扱方法

⑴ ディレクショナルレバーを解除し、ゴジャックのローラー部分を広げて、

タイヤの前後に接触させる。

(2)　ディレクショナルレバーをロックし、フットペダルを数回踏んで、タイヤ
　を浮かせる。

(3)　タイヤが浮いたら、人力により移動する。

5　セーフティポイント

(1)　地面に傾斜がある場合、タイヤが浮くと同時に車両が動きだすので注意す
　る。

(2)　二つのゴジャックを使用すれば、一方の車軸を中心に回転させることがで
　き、四つ使用すれば、ドーリー式にあらゆる方向に回転移動できる。

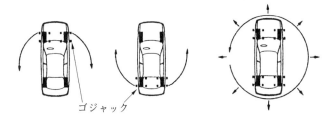

ゴジャック

5－3 加圧排煙機

1 概 要

　エンジン又は水流を利用して、羽根を高回転させる。これにより発生した陽圧の空気を利用し、排煙及び排熱を行うことができる。

　現在、名古屋市消防局では4社5種の加圧排煙機を所有しており、平成10年より運用している。なお、所有している排煙機の種類は以下の機種である。

(1)　ズムロ社製　ＳＵＰＥＲ　ＶＡＣ　718G4H　6.5HP

(2)　ＹＯＮＥ社製　ＮＡ100H

(3)　グループリーダー社製　ＭＴ236、ＭＴ240

(4)　テンペスト社製　ＢＤ24－H

2 構造及び名称

　グループリーダー社製　ＭＴ236を例示として紹介する。

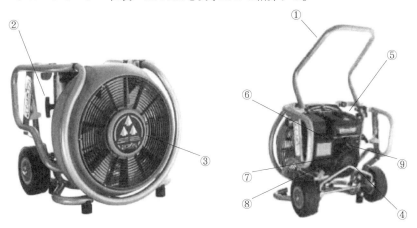

①	格納式ハンドル	⑤	燃料タンク	⑨	スターターコード
②	傾き調整レバー	⑥	スロットルレバー		
③	タービン	⑦	チョークレバー		
④	エンジンスイッチ	⑧	燃料コック		

3　主要諸元

グループリーダー社製　ＭＴ236を例示として紹介する。

寸　　　　　法	54.8（縦）×49.2（横）×54.8（高）cm
重　　　　　量	42kg
回　転　数	3,600rpm
カ　バ　ー	2mmの鋼板製
タ　ー　ビ　ン	複合樹脂加工　アルミ製軸　φ420mm
角　　　　　度	10〜20°
風　　　　　量	43,100㎥／hr（718㎥／min）
エ　ン　ジ　ン	ＨＯＮＤＡ（空冷4ストローク）
最　大　出　力	5.5Hp
操　作　時　間	2時間10分（フルスピード）
オ　イ　ル　容　量	0.58リットル
使用燃料（容量）	無鉛ガソリン（3.1リットル）
始　動　方　式	リコイルスターター
ミ　ス　ト　使　用　水　圧	0.4〜0.7MPa※
ミ　ス　ト　到　達　距　離	5〜6m

※　より高い水圧を使用しても、使用水圧以上の効果を得ることはで
きない。

4　取扱方法

吸気及び排気側を確認し、吸気側に設定して使用する。

5　セーフティポイント

⑴　オイル量が少なすぎたり、機材が横転すると、エンジンは自動的に停止す
る。

⑵　濃煙内等酸欠状況においてはエンジンが停止する。

⑶　爆発危険のあるところでは使用不可。

⑷　排煙機の種類の違いにより、送風の方式の違いはあるものの、どの排煙機
でも空気を送り込むことにより、外気との気圧差を作り出し、排気側に煙を
排出することができる。

6　その他の排煙機との能力比較

機　　種	駆動形式	能力（㎥/分）
ズムロ社 718G4H	エンジン式	400〜440
YONE社 NA100H	水流式	500
グループリーダー社 MT236	エンジン式	718
グループリーダー社 MT240	エンジン式	935
テンペスト社 BD24－H	エンジン式	504

※　ズムロ社　718G4H以外の機種については、ミスト（霧）状の消火水を放出できるバルブがあらかじめ備えつけられている。

5－4 レスキューブロック

1 概 要

　レスキューブロックは重量物等の間隙に設定することで、設定した物の落下や動揺を抑えることができる。山がかみ合うことで細かい高さ設定が可能。

2 構造及び名称

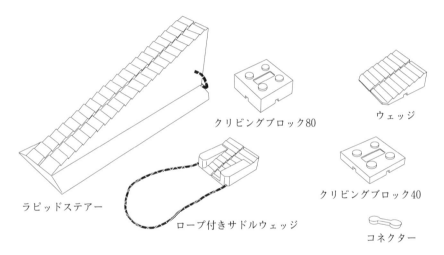

クリビングブロック80

ウェッジ

ラピッドステアー

ロープ付きサドルウェッジ

クリビングブロック40

コネクター

3 主要諸元

名 称	サイズ㎜（W×L×H）	質 量	個 数
ラピッドステアー	200×600×253	5.8kg	2
クリビングブロック80	200×200×80	2.5kg	4
クリビングブロック40	200×200×40	1.3kg	5
ロープ付きサドルウェッジ	200×200×80	1.7kg	2
ウェッジ	200×200×80	1.4kg	4
コネクター		－	5
セット総質量　約　37kg			

4 取扱方法

　ラピッドステアーの上にロープ付きサドルウェッジをのせ設定する。場合によってはクリビングブロックを使用し揚程を上げる。

　事故車両等設定対象物の持ち上げにあわせ、サドルウェッジのロープを持ち、ラピッドステアーを奥に押し込む。揚程が1cm上がるごとにラピッドステアーとサドルウェッジの山がかみ合い固定することができる。

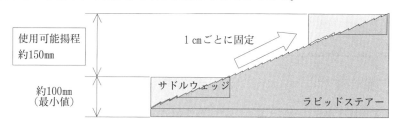

応用例

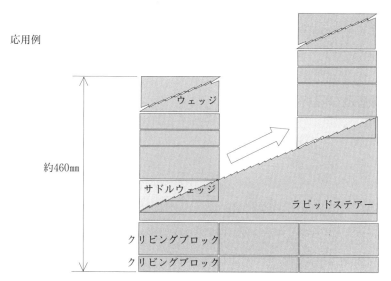

5 セーフティポイント

⑴　設定時や離脱時にはレスキューブロックと重量物の間に手や足が挟まれないように持ち方に注意する。

⑵　材質はポリエチレン製（100％リサイクル材）。

⑶　ＺＵＭＲＯ取扱説明書によると耐荷重20ｔ以上で耐化学薬品性能を有している。

第6章　高度救助用器具

6-1　画像探索機

1　概　要

　画像探索機は、災害現場などで倒壊建物の内部状況を確認したり、生存者を捜索することを目的にしており、床下空間、穴、パイプ、マンホール及びダクト内等の検索に使用するファイバースコープに、コントロールユニット及びSVチューブユニットを接続し、映像モニター、ガス採取、集音、温度測定及びエアー送気を同時に行うことができる。

2　構造及び名称

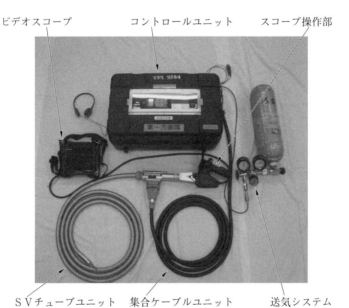

ビデオスコープ　　　　コントロールユニット　　　スコープ操作部

ＳＶチューブユニット　集合ケーブルユニット　　　送気システム

(1)　ＳＶチューブユニット

ア　Ⅳ8650シリーズと組み合わせて使用できる。

イ　先端部のマイクにより、先端部付近の音声を拾うことができる。

ウ　先端部の温度センサーにより、先端部付近の温度測定ができる。

エ　先端部までガス吸引用のチューブを内蔵しており、先端部付近の空気を
ガス測定器で吸引しガス検知ができる。

オ　先端部までエアー吸引用のチューブを内蔵しており、空気送気システム
により先端から空気を送り出すことができる。

カ　ＳＶチューブユニットとスコープは、状況に合わせて容易に着脱できる。

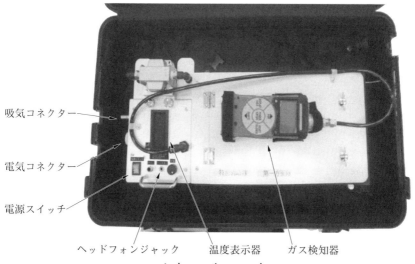

吸気コネクター

電気コネクター

電源スイッチ

ヘッドフォンジャック　　温度表示器　　ガス検知器

コントロールユニット

(2)　コントロールユニット

ア　収納ケース内にコントロールユニット部とコスモスガス検知器ＸＰ－302
Ｍが収納できる。

イ　コントロールユニット部にＳＶチューブユニットを接続することにより、
被検体に挿入したＳＶチューブ先端部付近の集音した音声のヘッドフォン
出力及びライン出力を得られ、温度も表示できる。

ウ　ＳＶチューブユニットの吸気チューブをガス検知器ＸＰ－302Ｍに接続
し、ガス検知器内蔵ポンプによりＳＶチューブユニット先端部付近の空気
を吸引し可燃性ガス、酸素、硫化水素、一酸化炭素の濃度のガス分析がで
きる。

エ　ケースふた部に窓があり、ふたを閉めた状態で使用できる。

オ　ガス検知器を接続するチューブの途中には、エアフィルターが内蔵されており、ゴミや水滴を除去できる。

カ　コントロールユニット部は内蔵のバッテリー（DC6V：単三×4本）電源により駆動される。

キ　ケース内にSVチューブユニットを収納できる。

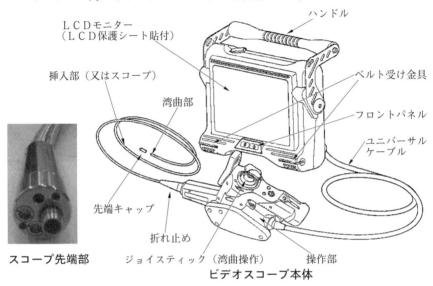

スコープ先端部

ビデオスコープ本体

3　主要諸元

(1)　SVチューブユニット

先端部・挿入部	先端構造	マイク、温度センサー、吸引チューブの開口、送気チューブの開口、スコープ挿入用チューブの開口を有する。
	防水・防滴	防滴構造
	挿入部最大径	φ28mm（φ30mmの穴に挿入できる。）
	挿入部有効長	約4,800mm
操作部	構造	スコープ操作部を6方向に調整可能
		スライド構造により、スコープ先端の湾曲部をチューブユニット先端から出し入れ、及び固定可能
集合ケーブル	構造	固定用の鎖とフック付き
		アースクリップ付き
	長さ	約5,000mm

質量	ＳＶチューブ ユニット	約 5 kg
	集合ケーブル ユニット	約1.5kg
電　源		ＤＣ6Ｖ（コントロールユニットの内蔵バッテリーにて駆動） （単三型乾電池×4本）
使用環境	挿　入　部	0～50℃　空気中
	挿入部以外	0～40℃　空気中
	相 対 湿 度	0～90%（ただし、結露のないこと）
	気　　圧	1,013hPa（1気圧　常温　空気中）

(2)　コントロールユニット

適用ガス検知器		理研計器株式会社製ＧＸ2003
接続	入　　力	マイク、温度センサーが一体になった電気コネクター
	出　　力	ヘッドホン出力（音量調節付き）
		ライン出力
	吸　　気	ガス検知用吸気コネクター
温 度 表 示		－20～60℃まで表示
電源	電　源	ＤＣ6Ｖ（単三型乾電池×4本）
	電源スイッチ	電源ON時スイッチが緑色に点灯
質　　量		約7.5kg
使用環境	温　度	0～40℃（空気中）
	相 対 湿 度	15～90%（結露のないこと）
	気　圧	1,013hPa

(3)　スコープ本体

方　　式	先端ＣＣＤ／軟性蛇管式
照 明 方 法	ＬＥＤ
外　径	φ6.0mm
有　効　長	5.0m
湾 曲 部	上下左右90°
視　野　角	120°
挿 入 部 防 水 性	あり
挿 入 部 使 用 温 度	空気中：－25～80℃　　水中：10～30℃

4　取扱方法

(1)　コントロール部の電源スイッチを入れる。

　　ア　スイッチが緑色に点灯する。

　　イ　温度表示器に温度が表示される。

　　ウ　ヘッドフォンジャックに接続されたヘッドフォンより音声を聞くことができる。　音量ツマミで音量の調整ができる。

　　エ　ライン出力に接続した機器に音声を入力できる。

(2)　ガス検知器の電源スイッチを入れる。

(3)　使用後は逆の手順で接続を取り外す。

5　セーフティポイント

(1)　可燃性又は爆発性ガスが発生する環境下では、爆発事故や火災を起こす危険があるため、必ず周囲の環境測定を実施し使用すること。

(2)　長期間使用しないときは、乾電池を取り外しておくこと。

6－2　地中音響探知機

1　概　要

　　地震や風水害などの天地異変による災害や大事故が発生したときに、現場に
取り残された生存者のかすかな合図や無意識な生存信号を感知するとともに、
発信位置を探るための装置。

2　構造及び名称

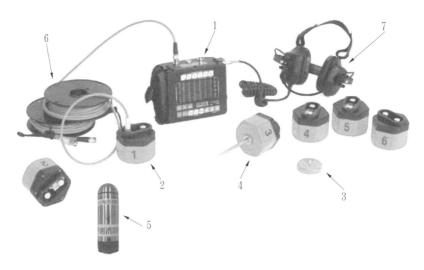

1	ディスプレーインターフェース	5	音響センサー
2	振動センサー	6	センサー接続ケーブル（10m）
3	振動センサー取付け磁石	7	マイク付きヘッドフォン
4	振動センサー取付けスパイク		

3　主要諸元

(1)　ディスプレーインターフェース

モ　ニ　タ　ー	同時に6チャンネルまで表示
ヘッドフォン	2セット
録　音　機　能	5分間ごとに更新
寸　　　　法	155×130×85mm
質　　　　量	1kg
電　　　源	充電式リチウム電池 （乾電池も使用可）
使用可能時間	連続2〜6時間
充　電　時　間	約5時間

(2)　振動センサー

個　　　　数	最大6個まで使用可能
寸　　　　法	90×70mm
質　　　　量	0.5kg

★　**振動センサー**　がれきや地面を伝わる低周波の振動を感知する。

(3)　音響センサー

個　　　　数	最大2個まで使用可能
寸　　　　法	45×155mm
質　　　　量	0.5kg

★　**音響センサー**　マイク付きヘッドフォンにより相互間の交信が可能。

4　取扱方法

(1)　センサー接続ケーブルを使用し振動センサーを接続し、検索場所に設置する。

(2)　ヘッドフォンからの音や、センサーの反応の強弱を見ることにより、ポイントを順次移動させて、場所を絞り込む。

(3)　音響センサーを接続し、生存者との交信を試みる。

5　セーフティポイント

⑴　作業はできるだけ周囲が静かなときを見計らいながら実施する。

⑵　崩壊した大きなコンクリート壁や岩石、太い鉄骨の付近で、空洞がありそうな所や深い地割れなどがあれば、まず音響センサーを挿入して交信を試みる。

⑶　振動センサーを使用する場合、最後のセンサーの使用しない接続部に保護キャップをかぶせる。

⑷　振動センサー及び音響センサーは防水だが、水中での使用はできない。

⑸　振動センサーと音響センサーの同時使用はできない。

⑹　安全監視員を配置し、警笛等を使用した退避指示も併用する。

6 − 3　熱画像直視装置
（アルゴス3）

1　概　要

　　人や物体から発する赤外線を検知し、煙が充満した無視界環境下での人命検索及び火点検索をすることが可能。

2　構造及び名称

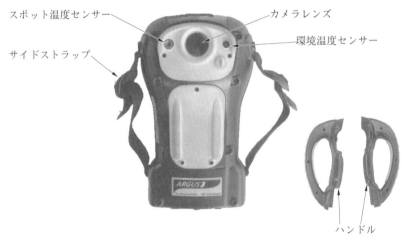

スポット温度センサー
カメラレンズ
環境温度センサー
サイドストラップ
ハンドル

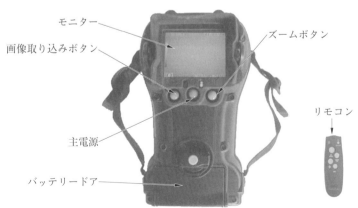

モニター
ズームボタン
画像取り込みボタン
リモコン
主電源
バッテリードア

3　主要諸元

寸　　　　　法	162（W）×271（H）×122（D）㎜（ハンドルを除く。）
	300（W）×271（H）×122（D）㎜（ハンドル付き）
質　　　　　量	2.1kg（バッテリーとハンドルを含む。）
電　　　　　源	バッテリーパック
バッテリー動作時間	2 時間以上（代表的連続動作時）
視　　野　　角	水平50°
動　作　環　境	60℃で 1 時間以上、150℃で10分
モ　ニ　タ　ー	4 インチフルカラーLCD
環境温度測定範囲	−17〜150℃
スポット温度測定範囲	0 〜500℃（範囲外は＞、＜で表示）

4　取扱方法

電源を入れ、起動を確認したあとモニターを見る。

5　セーフティポイント

⑴　最大26枚の熱画像を記録可能（消去は付属のリモコンで行う。）。

⑵　2 倍ズーム、環境温度測定機能及び画面指定枠内の対象物の表面温度測定機能（スポット温度測定機能）がある。

⑶　ガラスは長い波長の赤外線を透過しないので、窓越しには使用できない。

⑷　完全充電でバッテリー状態表示は五つのバーで表示。二つのバー表示になったとき、約 1 時間の動作容量。

⑸　バッテリー低下時“LOW　BATTERY”警告が表示される。このときの残り使用時間は約10分。

⑹　リモコンの機能

　ア　明るさ調整

　イ　コントラスト調整

　ウ　カラー調整

　エ　カラー選択

　オ　ホット白・黒表示

　カ　記録画像の読み出し、消去

　キ　日時設定

⑺　電源としてニッケル水素（Ni－MH）充電式バッテリーを使用し、500回の充電が可能とされているが、使い切らないまま継ぎ足し充電を繰り返すと、本来の容量を発揮できなくなる現象（メモリー効果）が発生する。メモリー効果が発生すると、本来のバッテリー寿命が来る前に、使用できなくなる。

⑻　メモリー効果を防ぐためには、バッテリーをリフレッシュする必要がある。リフレッシュするには、充電機にリフレッシュ機能があれば使用し、リフレッシュ機能がなければ機器を作動させたままバッテリーを完全に使い切ってからフル充電する。リフレッシュは毎回実施する必要はなく、10回に1回程度実施すればよい。

　なお、メモリー効果がすでに発生しているバッテリーでも、リフレッシュを数回繰り返すとバッテリーの回復ができる可能性がある。

6－4　熱画像直視装置
（アルゴス4）

1　概　要

　　人や物体から発する赤外線を検知し、煙が充満した無視界環境下での人命検索及び火点検索をすることが可能。

2　構造及び名称

後部バンパー
取り外し可能ハンドル
USB差し込み口
前方バンパー
バッテリー
バッテリー外しボタン
サイドストラップ
周囲温度測定センサー

モニター
電源確認ランプ
画像撮影ボタン
電源ボタン
ズームボタン
ストラップ

3 主要諸元

寸　　　　法	130（W）×185（H）×185（D）㎜（ハンドルを除く。）
	295（W）×185（H）×185（D）㎜（ハンドル付き）
質　　　　量	1.7kg（バッテリーとハンドルを含む。）
バッテリー動作時間	2時間以上
視　　野　　角	水平50°
動　作　環　境	60℃で1時間以上、150℃で15分
モ　ニ　タ　ー	4インチフルカラーLCD
環境温度測定範囲	−15〜150℃
スポット温度測定範囲	−40〜800℃（範囲外は＞、＜で表示）

4 取扱方法

電源を入れ、起動を確認した後モニターを見る。

5 セーフティポイント

⑴ 100枚の画像取り込みができる。

⑵ ターゲット温度表示機能、カラーパターン選択機能、周囲温度測定、スタート画面のカスタマイズ、2倍ズーム等の機能がある。

⑶ ワンハンドグリップは取り外し可能。

⑷ メモリー効果を防ぐため、10回に1回はバッテリーをリフレッシュする（6−3「熱画像直視装置（アルゴス3）」参照）。

6 - 5 熱画像直視装置（シーク リヴァール ファイヤー プロ）

1 概 要

　人や物体から発する赤外線を検知し、煙が充満した無視界環境下での人命検索及び火点検索をすることが可能。

2 構造及び名称

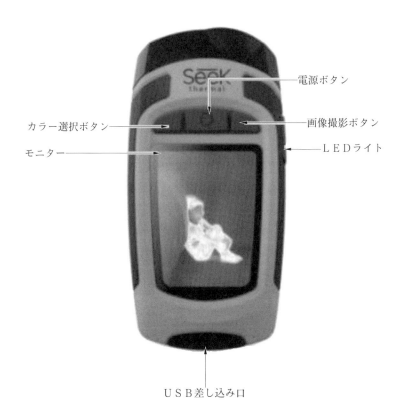

カラー選択ボタン

モニター

電源ボタン

画像撮影ボタン

ＬＥＤライト

ＵＳＢ差し込み口

3　主要諸元

寸　　　　　　法	60（W）×125（H）×35（D）㎜
重　　　　　　量	185g
バッテリー動作時間	最大で約4時間（ライト使用時間に影響）
視　　野　　角	広角32°
焦　点　距　離	約15cm〜無限大
動　作　環　境	−20〜60℃（制限なし） −20〜85℃（最大10分） −20〜107℃（最大2分） ※120℃で3分動作確認済
モ　ニ　タ　ー	2.4インチＴＦＴカラー液晶
検 知 温 度 範 囲	−40〜330℃（感度＜0.1℃）
検知温度誤差範囲	最大5℃、又は5％（25℃時）
検 知 可 能 距 離	30cm〜548m
Ｌ Ｅ Ｄ ラ イ ト	最大300ルーメン （ハイ・ロウの切り替え可能） （ストロボ機能付き）

4　取扱方法

電源を入れ、起動を確認した後モニターを見る。

5　セーフティポイント

⑴　内蔵メモリーは4GBで、約4,000枚の画像保存ができる。

⑵　調査モード・火災モード・自動モードのフィルタースクリーンがあり、用途に応じて選択する。

⑶　本資器材は、リチウムイオンバッテリーが内蔵されており、充電は残充電が65％未満（2メモリ消費表示）となったのちに満充電を行う。また、バッテリー充電可能回数は約300回のため、必要以上に充電を行わない。

⑷　充電後は、防水及び防塵機能を維持するため、ＵＳＢポートを覆うゴムカバーを確実に閉じる。

⑸　携行時は付属のソフトケースに収納し、カラビナを取り付けるなど落下及びその他衝撃による破損防止措置（特に液晶部分）をとること。

6－6　夜間用暗視装置（ナイトビジョン）

1　概　要

微弱な光（星明かり程度）を増幅して、暗闇の中で鮮明な映像を映し出す。

2　構造及び名称

ナイトビジョンゴーグル

ケース

ヘッドマウント

チンカップ

3　主要諸元

倍　　　率	1 倍
視　　　界	40°
焦 点 距 離	25cm〜無限大
質　　　量	485 g
視 認 距 離	約250m （三日月程度の状況下）
電　　　源	単三乾電池 2 本
使用可能温度	−30〜50℃
耐　　　水	防滴機能

4　取扱方法

⑴　ヘッドマウントにチンカップとナイトビジョンゴーグルを装着する。

⑵　暗所においてスイッチを入れ使用する。

5　セーフティポイント

⑴　昼間の屋外での使用及び夜間でも室内等の明るいところでの使用は故障の原因となるため避ける。

⑵　画像は単色（緑色）で色の区別はできない。

⑶　緑や青の光より赤や白の光に強く反応するため、近くにある緑や青の光が遠くに見え、奥行きが分かりにくいことがある。

⑷　ほとんどの夜間条件で有効に働くが、極端に暗い条件では有効ではない。このときは内蔵の赤外線投光機能を使用する。

⑸　本製品は、輸出規制該当製品の対象となっているので、取扱いには注意する。

6 − 7　地震警報機 （W−Seis）

1　概　要

　地震発生後の救助活動における安全確保を図る目的で開発された地震検知・警報システムであり、人体に感じられないＰ波（初期微動）を感知して警報を発する装置。

2　構造及び名称

(1)　全体図

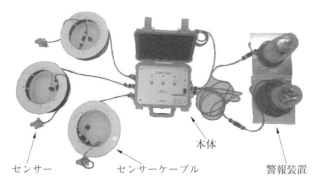

センサー　　　センサーケーブル　　　本体　　　警報装置

(2)　本体拡大図

感度表示ランプ
センサー検知
レベル切替えスイッチ

バッテリーインジケーター
（緑：容量あり、赤：要充電）
電源スイッチ

(3)　センサー拡大図

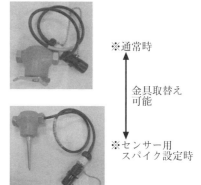

※通常時

金具取替え
可能

※センサー用
スパイク設定時

3　主要諸元

外　　形　　 寸　法　　質　量	700mm×410mm×320mm、約18kg
本 体 操 作 部 寸　法　　質　量	345mm×295mm×152mm、約4kg
電　　　　　源	ＡＣ電源/ＤＣ12Ｖバッテリー/内蔵バッテリー
使 用 可 能 時 間 （内蔵バッテリー）	待機状態で6時間（警報未作動時）
セ ン サ ー	上下動センサー×3
センサーケーブル	40mのセンサーケーブル×3
警　報　装　置	2台（5mケーブル付き1台、30mケーブル付き1台） （2台同時に使用可）
報　知　方　式	3点全てで検知レベルを超え、かつ地震波としての継続条件を満たした場合、警報装置（回転灯、ブザー）により報知
検　知　レ　ベ　ル	各chともL（低）0.1cm/s、M－1（中－1）0.2cm/s、M－2（中－2）0.3cm/s、H（高）0.5cm/s L　　：震度1～2程度で反応するレベル設定。 M－1：震度2程度で反応するレベル設定。 M－2：震度2～3程度で反応するレベル設定。 H　　：震度3程度で反応するレベル設定。

4　取扱方法

⑴　センサーを互いに30～40m離し、活動場所を囲むように設置する。

⑵　センサー金具を下にして設置する。設置が困難な場合は付属のセンサー用スパイクをセンサーに取り付けて設置する。

⑶　電源を入れ、検知レベルをＬに設定する。

5　セーフティポイント

⑴　電源を入れるとセットアップのため、各ランプが点灯し警報が鳴る。

⑵　センサーは常時振動が発生する場所を避けて設置する。

⑶　センサー検知頻度が高く、警報及びランプ点灯が頻繁に発生する場合は、検知レベル切替えスイッチをＬ→Ｍ1→Ｍ2→Ｈの順に設定する。それでも改善されない場合は、センサー設置場所を変更する。

⑷　本体ケース開放時は防滴仕様ではないので、雨天時に使用する場合は本体ケースを確実に閉じて使用する。

6 − 8　電磁波探査装置（ライフサーチャー）

1　概　要

　呼吸による身体の微小な動きを電磁波で取得し、呼吸波形及び信号成分（スペクトラム）を元に、生存者の存在を確認する。

2　構造及び名称

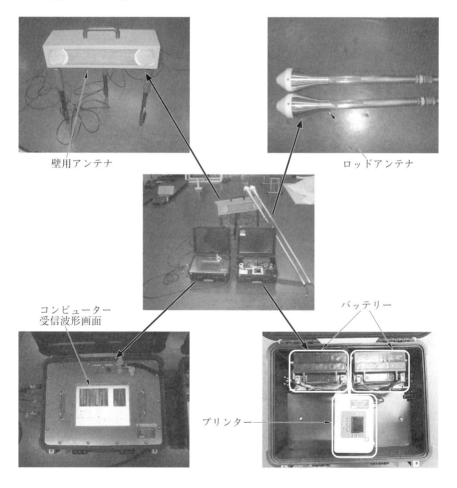

壁用アンテナ

ロッドアンテナ

コンピューター
受信波形画面

バッテリー

プリンター

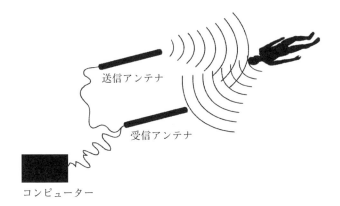

送信アンテナ

受信アンテナ

コンピューター

3　主要諸元

発　振　周　波　数	1.2151GHz		
送　信　出　力	最大10mW（電波法準拠）		
無　線　波　種　別	無変調		
アンテナ特性 （ロッドアンテナ）	形状	パッチアンテナ	
	指向性水平角	65°	
	指向性垂直角	65°	
	前後比	−20dB	
アンテナ特性 （壁用アンテナ）	形状	スパイラル	
	指向性水平角	50°	
	指向性垂直角	50°	
	前後比	−20dB	
ケ　ー　ブ　ル　長	アンテナ10m　電源3m		
バ　ッ　テ　リ　ー　容　量	18ah（充電22時間）		

※　収納状態（ボックス×3に収納）

(1)　アンテナ

　　・寸法　縦49cm×横78cm×高28cm

　　・質量　29kg

(2)　モニター

　　・寸法　縦38cm×横49cm×高18cm

　　・質量　12kg

(3)　プリンター、バッテリー

　　・寸法　縦38cm×横49cm×高18cm

・質量　20kg

4　取扱方法

⑴　アンテナ設定し、本体と接続する。

⑵　本体の電源を入れ、コンピューターの波形を確認する。

5　セーフティポイント

⑴　アンテナは、投げたり、落としたり、過度の衝撃を与えないこと。

⑵　プリンター用紙セット及び印刷結果の取出し時は、バッテリーケース内部に雨等が浸入しない場所で行うこと。

⑶　高周波ケーブルは、微小な動きで測定結果に影響を及ぼす可能性があるので、現場にてアンテナをセットする際には必ず風などで動かないように設置すること。

⑷　ロッドアンテナ使用時は、送信側と受信側を区別して接続すること（壁用アンテナ使用時は、区別なく接続可能。）。

⑸　ロッドアンテナ使用時に反射波メーターが赤色点灯した場合は、送信アンテナ前面に反射物が存在し電波の送信が十分でないので、アンテナ挿入位置を変更すること。

⑹　バッテリー充電時は、本体の電波送受信スイッチを OFF にすること。

6 - 9 二酸化炭素探査装置
（MuitiRAE IR PGM－54マルチガスモニター）

1 概 要

　酸素、二酸化炭素、可燃性ガス、揮発性有機溶剤、アンモニアの濃度を1台で同時に検知、警報を発し、二酸化炭素及びアンモニアは生存者の発見に活用でき、さらに有毒ガス測定器と同様にガス爆発や酸欠、中毒による事故を未然に防止する。

2 構造及び名称

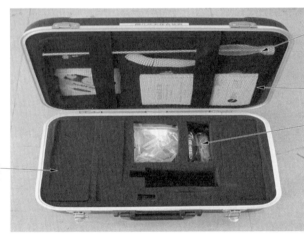

延長チューブ

取扱説明書

各種予備部品
ＰＣケーブル
各種工具

本体収納
スペース

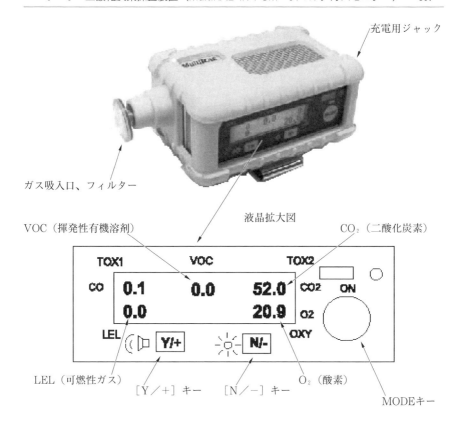

充電用ジャック

ガス吸入口、フィルター

液晶拡大図

VOC（揮発性有機溶剤）

CO₂（二酸化炭素）

LEL（可燃性ガス）

［Y／＋］キー　　　［N／－］キー

O₂（酸素）

MODEキー

3　主要諸元

電　　　　　源	充電式リチウムイオンバッテリー（アルカリ電池パック含む。）
連続使用時間	12時間動作（最長連続）
使用温湿度範囲	-20〜45℃　　0〜95%RH（結露しないこと）
外形寸法（mm）	210（奥行き）×76（幅）×49（高さ）
ガス導入管	8mガス導入管（フロート付き）
質　　　　　量	568g（バッテリーパック含む。）

対　象　ガ　ス	測定範囲	分解能（識別能力）
可 燃 性 ガ ス	0 ～100%LEL	1 %LEL
二 酸 化 炭 素	0 ～20,000ppm	10ppm
酸　　　　素	0 ～30%	0.10%
ア ン モ ニ ア	0 ～50ppm	1 ppm
揮発性有機溶剤	0 ～200ppm 200～20,000ppm	0.1ppm 1 ppm

4　取扱方法

⑴　MODE スイッチを押す（ビープ音が1回鳴り、90秒の暖気運転を開始する。）。

⑵　液晶画面に公正最終日が表示される（日付が30日以内かを確認。）。

⑶　暖気運転完了後「Fresh Air Calibration？」と液晶画面に表示される。汚染されていない区域にいる場合は「Y／＋」ボタンを押すと、LEL・CO・CO_2・VOC を0にリセットし、OXY を20.9%に調整される（環境が汚染されているかどうかわからない場合は、「N／－」を押す。）。

⑷　アラーム音が発生せず、測定値が正しい範囲内にある場合は測定準備完了。

⑸　測定を終了するときは、MODE スイッチを5秒間押す。1秒に1回ビープ音がし、オフまでの時間がカウントされる。その後、「OFF」メッセージが表示され、表示がブランクになり、電源がオフされたことが確認される。

5　セーフティポイント

⑴　通常、大気中の二酸化炭素は約300～400ppm。人間の呼気により増加する。

⑵　100V電源供給時に VOC センサーをクリーニングする機能が備わっているため、充電が完了しても電源コードは差しっぱなしで良い。なお、過充電防止機能が備わっているため、過充電のおそれはない。

⑶　防じん、防爆、防水、耐衝撃、電波障害対策を備える。満充電で12時間作動する。

6 － 10　水中探査装置

1　形　式

MITSUI　RTV－50

2　各部の名称

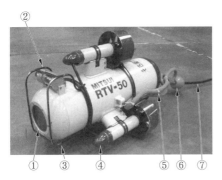

①	テレビカメラ	⑦	水中ケーブル	⑬	電源スイッチ
②	水中照明灯	⑧	ビーグルコネクター	⑭	左手ジョイスティック
③	そり	⑨	表示器	⑮	右手ジョイスティック
④	スラスター（推進機）	⑩	ジョイスティックコネクター	⑯	マイクロホン
⑤	吊り金具	⑪	照明灯スイッチ	⑰	カラーテレビモニター
⑥	浮子	⑫	映像出力コネクター	⑱	VTR

3　諸　元

(1)　本体

使 用 深 度	最大50m
外 形 寸 法	約53（長さ）×34（幅）×33（高さ）cm
空 中 質 量	約9kg（バラスト分を除く。）
速　　　力	前進最大約2ノット 潜降最大約2ノット
テ レ ビ カ メ ラ	カラー（CCD）　水平解像度320本　最低被写体照度10ルクス レンズ　F1.8　4.8mmオートアイリス
水 平 ス ラ ス タ ー	出力40W　3台（前後進／旋回／俯仰）
水 中 照 明 灯	ハロゲン100W　1灯　（型番　JCD－100V100W）
水 中 ケ ー ブ ル	長さ　70±1m　外径11mm
深 度 表 示	LTD表示
方 位 表 示	LTD表示
ト リ ム 表 示	LTD表示

(2)　電源表示装置

電　　　源	AC100V　50／60Hz
寸　　　法	約45（長さ）×30（幅）×22（高さ）cm
質　　　量	19kg

(3)　ジョイスティック装置

寸　　　法	約20（長さ）×9.5（幅）×14（高さ）cm
質　　　量	1.2kg

4　点検（使用時）

(1)　カメラ部への漏水確認

　　ビーグル本体を水中に入れて、カメラ部の漏水確認をする（漏水の場合は、使用しない。）。

(2)　水中照明灯

　　空中での作動確認は、瞬時点灯のみとする（ハロゲン球使用のため、数秒で焼き切れる。寿命約100時間）。

(3)　自動トリムコントロール

　　空中での作動確認終了後は、必ず自動トリムスイッチを OFF にする。

5　使用上の留意事項

(1)　誤作動防止のため、各部接続後に電源コードを接続する。

(2)　電源は、ＡＣ100Ｖ、0.7kVA以上で使用する。

(3)　水中照明灯は、水中からビーグルを上げる時は、必ず消灯すること。

(4)　ビーグルのプロペラの付近に手や指を近づけないこと。

(5)　深度50mまで使用可能（水中ケーブルは、70m）。

(6)　電源装置、ジョイスティック装置は、直接雨や波がかかる場所に置かないこと。

(7)　海水での使用は、ウエイト（70ｇ×3）をつける。

6　使　用　後

　　ビーグル本体、水中ケーブルは、必ず水洗いを確実に実施すること（海水使用時は、水槽に入れ塩抜きを実施すること。）。

第 IV 編

事故種別活動要領

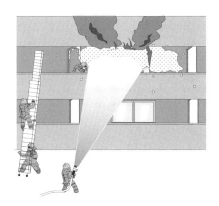

第1章　交通事故救助（自動車事故）

1－1　事故の形態及び特性

自動車事故とは、道路交通法で定める車両による、交通に起因する事故である。

1　事故の形態

事故の形態を分類すると次のとおりである。

⑴　車内への閉じ込め

⑵　車両に挟まれ

⑶　車両の下敷き

⑷　その他の事故

2　事故の特性

自動車は陸上を自由に移動するため、そのスピードに比例し、事故発生時の被害状態が大きくなり、次のような事故の特性がある。

⑴　車内への閉じ込め

　ア　ドアの変形により開けることができない。

　イ　車内の者が受傷等によりドアを開けることができない。

⑵　挟まれ

　ア　事故による車両の変形により、ペダル、ハンドル、フロントパネル等により身体及び身体の一部が挟まれる。

　イ　車両と建物、ガードレール、塀等との間に身体及び身体の一部が挟まれる。

⑶　下敷き

　　身体の全部又は一部が車両の下敷きになる。

⑷　その他

　　上記の態様が複合したもの。

1－2　初動対応

　道路は自動車が走行するスペースであることから、後方からの追突による二重事故を防止するための措置を図りながら、救助活動を行わなければならない。特に幹線道路や高速道路等では、急な渋滞に対する予測がしにくいため、二重事故が発生する危険度がさらに高くなる。また、順行車線の渋滞が激しい場合は、現場に到着するため災害車線の逆行を考慮することも必要となる。

1　部署要領

　現場の警察官及び道路関係機関（道路パトロール）等との連携を図るとともに、後方からの追突防止のため次の措置を講ずる。
⑴　ブロック停車
　　活動現場から距離をおいた位置にブロック停車する。
　　★　一般道路の場合は50m以上、高速道路の場合は100m以上
⑵　発煙筒、発光板、活動表示板及び照明器具等を活用する。
⑶　後方の安全を監視する隊員を配置する（警察官による交通整理員が配置された場合は、活動現場の安全監視又は支援等を行う。）。

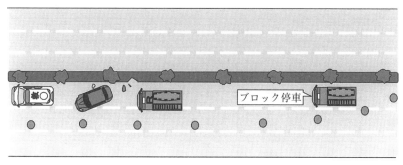

ブロック停車

● カラーコーン

車両部署要領

　※　安全監視隊員はブロック停車した車両からできる限り離れた場所で監視する。

スピードと停止距離（乾燥路面、普通自動車）

時速（km）	空走距離	制動距離	停止距離
20	6 m	3 m	9 m
30	8 m	7 m	15m
50	15m	17m	32m
60	18m	26m	44m
80	22m	54m	76m
100	30m	82m	112m

★　空走距離はブレーキが利き始めるまでの距離で、制動距離はブレーキが利き始めてから自動車が停止するまでの距離である。運転者が緊急車両や事故車両を発見して、ブレーキをかけたとしても、車は急に停止することはできない。

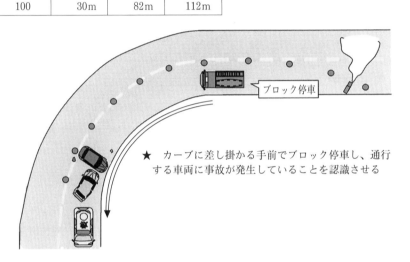

ブロック停車

★　カーブに差し掛かる手前でブロック停車し、通行する車両に事故が発生していることを認識させる

2　情報収集

(1)　要救助者の人数、負傷程度、負傷部位等

(2)　要救助者の拘束状況（車内閉じ込め、ダッシュボード挟まれ等）

(3)　事故に巻き込まれた負傷者の有無確認

　　　歩行者等で事故に巻き込まれた者がいないか、目撃情報や周囲を確認する。

(4)　燃料等の漏油状況

(5)　事故の状況

　　　★　事故状況等は出動途上から無線で確認し、救助方法及び使用資器材を考えておく。

3　二次災害防止

　　後方からの追突防止措置については「1　部署要領」で示したとおりであるが、ここでは事故車両そのものに係る二次災害防止措置について記す。

⑴　事故車両の固定

事故車両が活動中に移動しないように輪止め、ワイヤ、ロープ等で固定する。

> ★　事故車両は、ＡＴ車の場合、ドライブレンジに入れた状態で停車していることが多く、発進・移動するおそれがある。

⑵　出火警戒

警戒筒先（ホースは充水しておく。）又は消火器を配備する。

⑶　燃料等の漏油防止措置及び乾燥砂等による漏油処理

⑷　事故車両のエンジン停止

⑸　サイドブレーキ及びシフトレバーの確認

⑹　バッテリーターミナル（アース側）の取り外し

4　救助方法等の決定

救助優先順位及び救助方法を決定し、全隊に徹底する。

5　活動スペースの確保

救助活動及び隊員の安全確保に必要なスペース確保のため、火災警戒区域又は消防警戒区域を設定する。また、負傷者が多数になれば現場救護所等の活動に必要なスペースも確保する。その際、救急車の搬送路を考慮する。

さらに、事故車両を移動させることにより活動スペースを確保することも検討する。

6　全身観察

⑴　負傷者に接触後、直ちに用手頭頸部保持を行い初期評価及び全身観察を行う。

⑵　救助活動と並行して必要な応急処置をする（頸椎カラー、骨折処置、止血処置、酸素投与等）。

⑶　交通事故救助は高リスク受傷機転であることが多いため、適切な脊椎運動制限を行う。

7　安全管理

⑴　安全ベストを着用する。

⑵　防護メガネを着用する（感染防止も兼ねる。）。

⑶　手袋（アラミド繊維等）を着用する。

⑷　墜落制止用器具を着装する（大型車両の事故等で活用）。

⑸　ガラス等が飛散しているので、膝をつかない（膝当て、肘当ての着用）。

⑹　負傷者に接触する隊員は感染防止措置をとる（感染防止衣、感染防止用手袋、マスク、防護メガネ、腕抜き等）。

⑺　ハイブリット車及び電気自動車の高圧電源遮断が必要な場合は絶縁手袋等を使用して、感電防止対策をとる。

1－3　救助要領

要救助者の挟まれ状況及び拘束部分を把握して、具体的な救助要領を決定する。

1　車両の安定化

　二次災害及び救助活動に伴う動揺を防止するため、輪止めを設定すると同時に、運転席側及び助手席側の車両下にレスキューブロック等を設定することで、車両の安定化を図る。

　　★　より安定化を図る場合には、3又は4か所にレスキューブロック等を設定する。

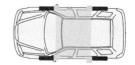

2　軽易な挟まれ

　交通事故救助の多くは、ドアが開放できれば救助できる場合があるので、資器材を使用する前に次のことを確認する。

(1)　全てのドアについて、開放可能か確認する。

(2)　車内であれば、シートを後方へスライドさせたり、チルトハンドルを起こしたりすることで救助できる場合がある。

(3)　足元であれば靴等を脱がすことで救助できる場合がある。

3　ガラスの破壊

(1)　サイドガラス及びリアガラス（強化ガラス、表記：ＴＰ）の破壊方法

　　ア　ガラス面にガムテープ等で飛散防止措置を実施した後、万能斧・ウインドーポンチ等で破壊する。

　　イ　ガラスを破壊した後、窓枠に残ったガラス片で受傷しないよう、ガラス片を万能斧等で除去する。

飛散防止措置例

　　★　必要があれば、袖口からガラス片が入らないように、ガムテープ等で被覆する。

(2)　サイドガラスを破壊してロックを解除する方法

　ア　ドアロックの位置及び車内の安全を確認する。

　イ　飛散防止措置を実施した後、サイドガラスを
　　　破壊してドアロックを解除する。

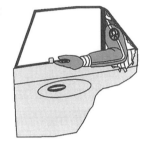

　　★　サイドガラス、リアガラスが合わせガラスの場
　　　合もある。

(3)　フロントガラス（合わせガラス、表記：ＬＰ）
　の破壊方法

　ア　万能斧等でフロントガラスの一部に穴をあけ、グラスマスターソー又は
　　　空気鋸にてフロントガラスを切断する。

　イ　ガラスが内部に落ち込むことを防止するため、フロントガラスの上部は
　　　最後に切断する。

　ウ　要救助者にガラスの破片が飛ぶので、毛布等で保護する。

4　ドア・屋根の開放

(1)　ストライカーを切断する方法

　ア　バールをドアの隙間に差し込み、スプレッダーの先端が入るよう拡張す
　　　る。

　イ　バールを差し込んだ状態で、その隙間にスプレッダーを入れ拡張する。

　ウ　カッター又は鉄線鋏でストライカーを切断し、再度スプレッダーを入れ
　　拡張し、ドアを開放する。

ストライカー

　★　ドア側にあるストライカーを受ける部分のことをキャッチという。
⑵　上部よりドアを拡張し、ストライカーを切断する方法
　ア　バールをドアの上部に差し込み、その隙間にスプレッダーを入れ拡張す
　　る。
　イ　窓が割れる可能性もあるため、窓を養生する（可能であれば排除する。）。

　ウ　スプレッダーを縦方向から差し込み、本体の重量を利用しドアを外側へ
　　押し出す方向へ拡張する（可能であればキャッチ部まで破壊する。）。
　エ　カッター又は鉄線鋏でストライカーを切断し、再度スプレッダーを入れ
　　拡張し、ドアを開放する。

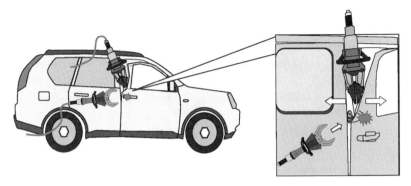

(3)　フェンダーを潰して隙間を作り、ヒンジを切断する方法

　ア　フェンダーをスプレッダーで潰すことにより、運転席ドア前に隙間を作る（フェンダーに厚みがある場合は、ヒンジ付近のタイヤハウスを潰す。）。

　イ　ドアの隙間をスプレッダーで拡張する（可能であればヒンジまで破壊する。）。

　ウ　開放したドアの隙間からヒンジをカッターで切断する。

(4)　スライドドアの開放

　ア　スライドドアの各部名称

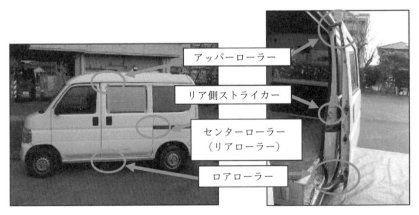

スライドドア側面　　　　　　　　　　各部名称

イ　スライドドアの開放要領

①	・　センターローラー部分に、バール等で間隙を開け大型油圧救助器具を差し込む。 ・　センターローラー及びリア側ストライカーを確認できるまで拡張する。
②	・　拡張後、大型油圧救助器具や鉄線鋏等の破壊器具により、センターローラー及びリア側ストライカーを破壊する。
③	・　センターローラー及びリア側ストライカーを破壊することでスライドドアを開放することができる。 ・　スライドドアを排除する場合は、アッパーローラー及びロアローラーを破壊、若しくは車両から取り外すことで、排除することが可能

(5)　屋根の開放

ピラーを切断して屋根を開放することで、活動空間が広がる。

★　屋根の全開放　　　　　　　　★　屋根の半開放

　★　Aピラー及びBピラーを切断し、屋根の両側に切り込みを入れ屋根を折り曲げる。万能斧等を活用し、折り曲げることも有効である（サイドエアバックの配線及びボンベがピラー内や天井にあることが多いため、切断には注意を要する。）。

5　車体の拡張

⑴　可搬式ウィンチを使用する方法

　ア　固定側とけん引側の方向が一直線となるように設定する。

　イ　拡張することで、要救助者に負担がかかる箇所がないか確認する。

　ウ　有効な拡張をするためピラーを切断し、車体の強度を落とす。

　エ　固定する側から先にけん引を開始する。

　オ　けん引のため展張したワイヤーは、支点又は玉掛けが外れることもあるので、絶対にまたがない。

⑵　玉掛け要領

　ア　運転席・助手席への玉掛け

　　切断箇所はAピラーの上部とする。

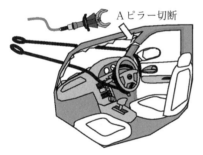 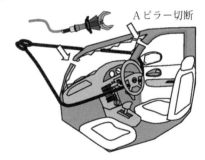

Aピラー切断　　　　　　　　　　　　　　Aピラー切断

　★　主に運転席側を拡張したい場合
　★　ハンドル部分を起こしたい場合
　　ピラーを通しハンドル軸に巻きつける。

　★　ダッシュボード全体を拡張したい場合
　　運転席側ピラーから助手席側ピラーに通す。

　イ　車両後方への玉掛け（主に固定側）

　　車両から漏油等がある場合は、ワイヤーを引きずることで火花が発生し引火する危険性があるため、取扱いに注意する。

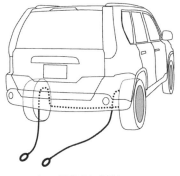 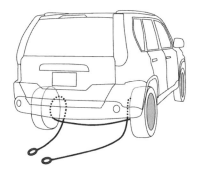

★　車両下を素通し　　　　　　　　★　車軸に対して牛結び

ウ　車両側面の玉掛け（車体に胴巻き）

　　車両の形状により、胴巻きした前後のワイヤーの端末の位置が異なって
　くる場合があるため、車両の形状に合わせてワイヤーの長さを選定する。

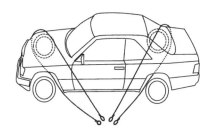 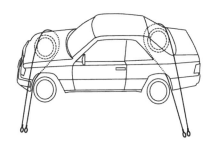

★　センターに端末を持ってくる場合　　★　車両の前方・後方別々に端末を持っ
　　　　　　　　　　　　　　　　　　　　　てくる場合

　　★　ワイヤーの抜け防止のため、車両の車軸をまたぐようにして設定するとよい。

(3)　大型車両（トラック）への玉掛け

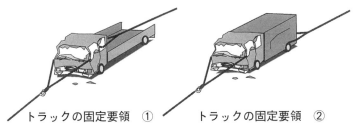

トラックの固定要領　①　　　　トラックの固定要領　②

　★　チルト式キャブを有するトラックは、可搬式ウィンチ等によるけん引によりキャ
　　ブがチルトする危険性やけん引効果が得られない場合があるので、事故の状況に
　　より、キャブ本体の固定を行う。

(4)　大型油圧式救助器具を使用する方法

　ア　スプレッダーによる車内の拡張

　　　ダッシュボードの下又はステアリングシャフトに足部が挟まれている場合

　　★　スプレッダーチップがダッシュボード等に食い込まないように当て木をする。

　イ　ダッシュボードロール（プランジャーラム・テレスコピックラムによる車内の拡張）

　　　前面衝突事故において、要救助者がダッシュボードに挟まれている場合に効果的な救出方法である。

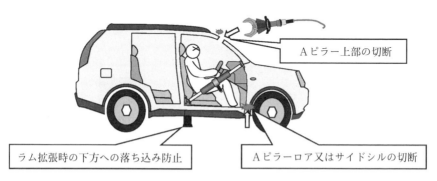

Aピラー上部の切断

ラム拡張時の下方への落ち込み防止

Aピラーロア又はサイドシルの切断

写　真	作業内容	説　明
①	・レスキューブロック等設定 ・ラム設定	ラムを対角に設定する。 ※ラムを設定する際は、プラスチックやゴムパッキン等を排除する。 ※先にラムを設定することで、Aピラーを切断した際に、要救助者側へのダッシュボードの落ち込みを防止する。
②	❶Aピラー上部切断 ❷Aピラーロア切断	ダッシュボードの強度を低下させるため、❶、❷をカッターで切断する。 ※切断前にカーテンエアバッグ等の有無を確認する。
③	車内拡張	※拡張中はラムの接地面の裂けや滑り出しに注意する。 ※要救助者の状態に注意する。

　★　ラムが救出時の障害となり、ラムを撤去する必要がある場合
　①　ラムを設定した場所以外の開口部からの救出を優先とする。
　②　ラムを設定した場所から救出する場合は、Aピラーロアの間隙にスプレッダー又はウェッジ等をかませて、ダッシュボードの戻り防止措置後、ラムを収縮し撤去する。

ウ　ダッシュボードリフト（スプレッダーによる上方への車内の拡張）
　上部からの強い衝撃や潜り込み現象（要救助者の臀部がダッシュボード下に潜り込んだ状態で、座席を後方にずらしているときに起きやすい。）において効果的な救出方法である。

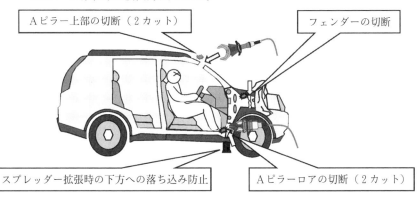

写　真	作業内容	説　明
①	Aピラーロア切断（2カット）	スプレッダーを挿入するため、Aピラーロアを2カットする（間隙は20cmを目安）。
②	・レスキューブロック等設定 ・スプレッダー設定	スプレッダーを車両に対し垂直に挿入する。 ※先にスプレッダーを設定することで、Aピラーを切断した際に、要救助者側へのダッシュボードの落ち込みを防止する。
③	❶Aピラー上部切断（2カット） ❷フェンダー内部フレームの切断	ダッシュボードの強度を低下させるため、❶、❷をカッターで切断する。 ※切断前にカーテンエアバッグ等の有無を確認する。
④	車内拡張	※拡張中はスプレッダーの接地面の裂けや滑り出しに注意する。 ※要救助者の状態に注意する。

6　車両の持上げ

　持上げ完了後は、必ず当て木、レスキューブロックを設定し、安定化を図る。

(1)　マット型空気ジャッキによる方法

　ア　ドアが開放できればサイドブレーキを引き、AT車の場合は、シフトレバーをパーキングレンジにするとともにエンジンの停止を確認する。

　イ　持上げ操作を行う前に輪止めの設定を確認する。

　ウ　複数ジャッキを使用する場合は、誤動作防止のため、高圧ホースを色分けする。

　エ　ジャッキを重ねて使用する場合は、マキシーフォースエアーバッグは下に設定したジャッキを先に操作し、NTレスキューバッグは上に設定したジャッキを先に操作する。

　オ　鋭利な突起物からジャッキを保護するため、ゴムマット等を当てる。

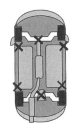

ジャッキポイントの一例

(2)　クレーン車を活用する方法

　　ア　荷ぶれが発生しないように玉掛けする。また、誘導ロープを併用する。

　　イ　重心を見極めて、真上に吊り上げる。

　　ウ　使用荷重を超えた玉掛け用具を選定しない。

　　エ　吊上げ時は、作業半径内から必要人員以外は退避させる。

　　オ　誘導者はオペレーターに確実な合図を伝達する。

　　カ　その他、クレーン等安全規則を遵守する。

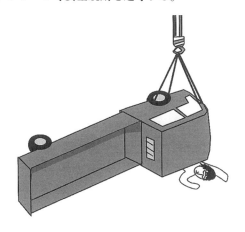

7　ペダル・ハンドルの除去

　ペダルカッターによりペダル・ハンドルを切断する。

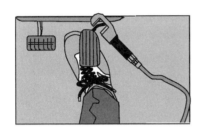

切断箇所

　　★　切断するペダル・ハンドルの飛散による受傷に注意する。
　　★　ハンドルは隊員が保持するとよい。

1－4　事故事例と救助要領

1　電柱巻付事故

　　電柱から事故車を引き離し、活動スペースを作ってから油圧式ジャッキ等を用いて救助活動を行う。

　　★　事故車両はどんな損傷があるか分からないため、ワイヤーの設定位置は十分に注意する。
　　★　事故で電柱が損傷している場合は、電柱の倒壊に留意する。

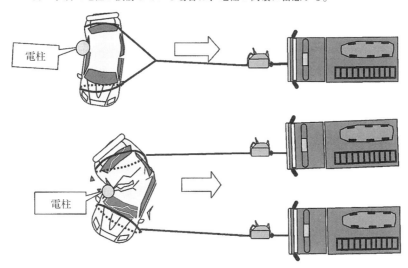

2　事故車両が土手等の斜面にある場合

(1)　輪止めを設定し、落下防止を図る。
(2)　支点となる消防車を部署し、滑車を利用して可搬式ウィンチのけん引方向を変えて車両固定する。
(3)　消防車の代わりに、堅固な地物等を利用してもよい。
(4)　その後、拡張、破壊又はけん引等による救助活動を行う。

1 - 5 そ の 他

要救助者の緊急救出要領

　車両に引火危険があるときなど、緊急に要救助者を車外に搬送する必要がある場合は、次のように行う。

(1) 毛布による頸椎の固定

　　毛布をロール状にして頸椎を固定し、直ちに搬送する。

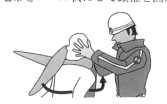 

(2) 隊員による体幹部の固定とバックボード収容

　　要救助者の肩と腰を抱きかかえるように保持をして、要救助者の臀部にバックボードを差し込み、臀部を中心に回転させバックボードに収容し、直ちに搬送する。

　　★　衝突事故等の救助時には、本来用手による頭頸部保持及び頸椎カラーで頸椎の保護をして搬送することを考えるが、車両に引火危険があるときなどは要救助者を速やかに安全な場所へ搬送する必要があるため、一人でも要救助者を車外に出すことができるバックボードを使用

　　★　臀部下にバックボードを挿入し、脇の下から後頸部を保持し腰のベルトを抱きかかえるように保持して要救助者を速やかに車外へ搬送する方法

第2章　交通事故救助（鉄道事故）

2－1　事故の形態及び特性

　鉄道事故は、人が列車にはねられるという人身事故から、列車が脱線又は転覆することにより一度に多数の死傷者が発生する大規模な事故までその形態は様々である。

　鉄道の軌道内には、1両当たり15t程度の貨車から100tを超える電気機関車まで、重量がある列車が高速で走行している。また、電力を受けて走行する電車の軌道内には、高圧電力の架空線等や、駅、信号等の施設に供給する電力のための電線等も併設されていることがある。

　そのため、救助活動を必要とする鉄道事故で、軌道内に入り活動する場合には、いち早く鉄道事業者の責任者を確保し、必要に応じて活動環境の安全（列車の停止措置、感電危険の排除等）を確保することが重要である。

1　事故の形態

(1)　列車同士、自動車及び工作物等との衝突による事故

(2)　列車の脱線、転覆による事故

(3)　列車に人がはねられる、ひかれる等の人身事故

(4)　列車の車内、ホーム、高所から鉄道の軌道内、列車屋根等への転落による事故

2　事故の特性

(1)　挟まれ

　　ア　列車の下部への挟まれ

　　イ　列車の車輪への挟まれ

　　ウ　ホームと列車の間への挟まれ

　　エ　列車ドアへの挟まれ

　　オ　列車の車内の部品への挟まれ

　　カ　列車の車両間の挟まれ

　　キ　列車と衝突した自動車や工作物等への挟まれ

(2)　下敷き

　　ア　列車等の転覆による車両の下敷き

　　イ　列車に衝突した自動車、工作物等の下敷き

(3)　その他

　　ア　挟まれはないが軌道内にて自力で動くことができない。

　　イ　列車の屋根上等から自力で降りることができない。

2－2　活動要領

1　情報収集

(1)　出動時

　ア　指令内容及び支援情報により事故の内容（人身事故、衝突、脱線、転覆等）及び発生場所（地下、トンネル内、高架、橋上、駅構内、踏切等）を確認する。

　イ　部署位置及び進入経路を確認する。

　　(ｱ)　資器材搬入、傷病者搬送を考慮して部署する。

　　(ｲ)　無線通信補助設備が設置してある地下駅等については通信手段を考慮して部署する。

　　(ｳ)　鉄道事業者（運転指令室、責任者等）側の誘導を考慮して部署する。

　　(ｴ)　可能な限り、事故が発生している軌道以外に進入することがないように部署する。

　　(ｵ)　高架又は地下部分へ最寄りの非常階段から進入することも考慮して部署する。

　ウ　防災指令センター経由で、通電状況、列車の運行状況等の確認、及び二次災害防止に必要な措置をできる限り依頼する。

(2)　現着時

　ア　鉄道事業者の責任者（現場責任者、駅長、助役、駅員、運転士、車掌等）を確保する。

　　(ｱ)　列車の運行、当該列車の停止措置、通電状況の確認をする。

　　(ｲ)　活動上必要な措置を依頼する。

　イ　事故の概要を把握する。

　　(ｱ)　発生した事故の種類（人身事故、衝突、脱線、転覆等）を確認する。

　　(ｲ)　乗客等の利用者、負傷者、要救助者等の数の把握又は見積もりを行う。

2　救出活動

(1)　ホームと列車等の間に挟まれている場合

　ア　鉄道事業者への指示

　　列車内の乗客に対して、列車の放送設備等を用いて、列車内での移動、
ホームへの降車等を行わないように依頼する。

イ　救助器具を使用しての救出

　　大型油圧ジャッキ、マット型空気ジャッキ等により間隔を広げる。その
際列車の安定を保つため、当て木、レスキューブロック等を使用する。

　　なお、車体が軽量化されており、側壁部分の強度が弱いため、車体の下
部にあたる台枠部分、側壁部分でも骨組があるところに設定できるよう考
慮する。

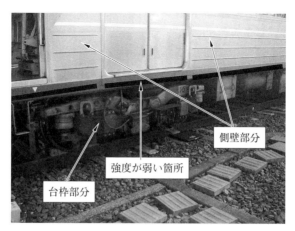

車体の側壁部分の状況

設定状況

　　ウ　数名で車体の側壁を徒手で押し、車体を傾けることにより間隔を広げて
　　　救出する。この際、車体の安定を保つため、当て木及びレスキューブロッ
　　　ク等を挿入する。
(2)　列車の車輪に挟まれている場合
　　ア　台車の全体を持ち上げる場合
　　　　列車の台車には、走行時の衝撃を和らげるために軸バネ（軸箱支持装置
　　　と台車枠間のバネ）、枕バネ（車体と台車枠間のバネ）が設けられている
　　　が、こうした列車の台車を持ち上げる場合、車輪の重みにより軸バネが伸
　　　び、車輪が十分に持ち上らない場合があるため、あらかじめバネが伸びな
　　　いような措置を講ずる必要がある。また、持ち上げによりフランジが線路
　　　から外れた場合は脱線するおそれがあることを念頭に置き、原則フランジ
　　　が線路から離れないように行う。
　　　　なお、台車の構造、バネの種類（コイル式、空気式）、鉄道事業者の考
　　　え方の違い等で措置方法が異なるので、実施する際は鉄道事業者と調整す
　　　ること。

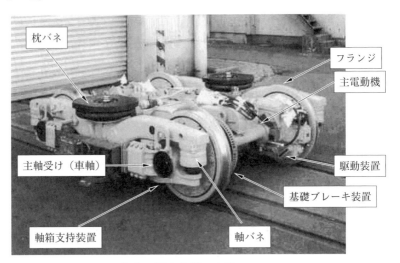

枕バネ
フランジ
主電動機
主軸受け（車軸）
駆動装置
基礎ブレーキ装置
軸箱支持装置
軸バネ

台車の例と各部の名称

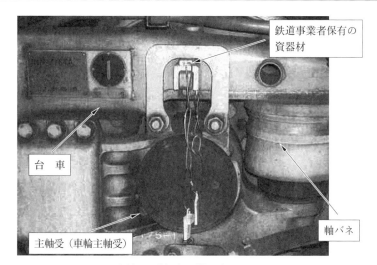

鉄道事業者保有の
資器材

台　車

軸バネ

主軸受（車輪主軸受）

車輪及び台車の措置例

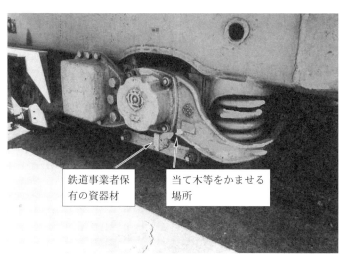

鉄道事業者保
有の資器材

当て木等をかませる
場所

当て木による措置例

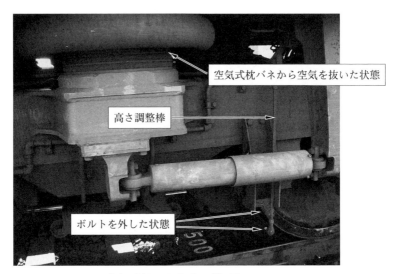

空気式枕バネから空気を抜いた状態

高さ調整棒

ボルトを外した状態

空気式枕バネ台車の措置例

イ　車輪の持ち上げ操作を行う場合

　　単に関係する一つの車輪を持ち上げることにより、下敷きになった要救
助者の救出が可能な場合は、次のとおり持ち上げ操作を行う。

　　なお、軸箱に設定する場合は、車軸そのものを持ち上げるため、バネの
伸びは発生しない。

(ア)　油圧ジャッキを使用する場合軸箱の部分に油圧ジャッキを設定する。

保護として軸箱にゴムマットを敷く。

軸箱に油圧式ジャッキを
設定する

油圧ジャッキを使用した持ち上げ例

　また、軸箱のなかにはベアリングがあり、再運行の必要性又は訓練の際には、その破損には注意が必要である（台車の型式によっては、初めからジャッキアップポイントが指定されている場合もある。）。

　なお、軸部分に直接油圧ジャッキを設定できる形状であれば問題はないが、台車の形状により、軸部分に油圧ジャッキを当てることが困難な場合には、敷板及び当て木を設定することにより持ち上げ操作を行う。

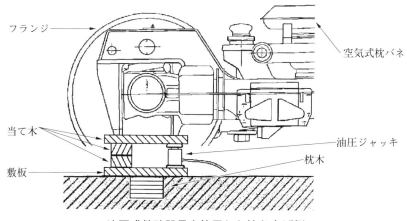

フランジ

空気式枕バネ

当て木

油圧ジャッキ

敷板

枕木

油圧式救助器具を使用した持ち上げ例

　(イ)　マット型空気ジャッキを使用する場合

　　マット型空気ジャッキを使用する場合においては、軸箱の奥行きがある程度必要となる。

マット型空気ジャッキを使用した持ち上げ例

設定する際は、鋭利な突起物等によるマットの破損に十分注意し、ゴム状のマットを使用し保護を行う。また、揚程を考慮し敷板及び当て木を活用する。

　なお、軸箱の奥行きが十分でない場合には、持ち上げ操作を行う過程でバランスが崩れ、マット型空気ジャッキそのものや、当て木が飛び出すことがあるので、他の方法を検討する。

ウ　車軸の持ち上げ操作を行う場合

　一つの車輪を持ち上げて救出活動を行っても、その効果が期待できない場合には、車軸全体を持ち上げなければならない場合がある。

　消防の保有する資器材では、油圧ジャッキ又はマット型空気ジャッキにより持ち上げ操作を行う方法が選択肢としてある。

　なお、車軸が円柱形で設定の際、不安定である場合や、車軸自体にモーター等の部品が取り付けられている場合もあり、設定位置が限られることを理解する。また、軌道の多くは敷石の上にレールが敷設されていることから、道床は沈下しやすく、強固な敷板を使用することが望ましい。

エ　車両を人力により押し車輪を転がす場合

　車輪のエアーブレーキを開放することにより、人力で車両を押すことができる。車輪を逆回転させても要救助者の安全が確保でき、かつ救助資器材を使用するより救出が容易と判断される場合に限り、可能な方法である。

　なお、バールで、任意の車輪をテコの原理で押し上げ、始動のきっかけを作ることにより列車を動きやすくさせる。

人力で車両を押す

バールを使用し車輪を押し上げる

3　二次災害防止

鉄道の軌道内への進入は、以下の3点に注意する。
① 運行している列車との接触危険
② 電車線、車両下部に設置してあるコンデンサによる感電危険
③ 走行直後は、ブレーキ、車輪、モーター等の高温部への接触
(1) 活動障害となる後続列車、対向列車に対する二次災害の防止
　ア 鉄道事業者の責任者と協議して必要な措置を要請する。
　　救出活動に支障となる後続列車及び対向列車等の停止措置がされていない場合には、鉄道事業者の責任者に対し、直ちに関係列車停止等の措置を要請する。
　　なお、列車が実際に停止するまでには、現場鉄道事業者の責任者⇒運転指令室⇒関係列車⇒運転指令室での関係列車停止確認⇒現場鉄道事業者の責任者へ停止措置完了の伝達という手順を執るため、タイムラグが発生することを念頭に置く。
　イ 活動隊員自ら安全措置を図る。
　　軌道内に進入して活動する場合、軌道を横断して活動する必要がある場合は、後続、対向及び並走列車との接触事故を防止するため進入制限を行う。
　　(ア) 安全行動
　　　a 列車が通行しても接触しないよう安全距離を保ち軌道内に進入する。特に、先着隊等は初動時、側道等を活用する。また、軌道内に進入

する際は、列車の停止、運行状況を、鉄道事業者の責任者に確認する
とともに、目視による確認も怠らないこと。

　　b　連絡橋、地下道等を活用して、不必要な軌道の横断を避ける。

(イ)　安全監視を行う消防隊配置

　　事故列車の前方及び後方に監視員を配置して安全監視をさせる。

　　なお、地下鉄ホーム等での事案で、薄暗いトンネル内へ進入してまで
監視を行うことは危険性を高める等、条件によっては配置できない場合
もある。

ウ　安全を確保するため以下のようなシステムを活用する。

(ア)　列車無線

　　運転指令室と列車間で音声通話できる無線装置で停電時でも一定の時
間は使用可能である。

(イ)　踏切の非常ボタン、駅ホームの緊急停止スイッチ

　　列車の運行に対して発報信号を現示又は自動的に列車を停止させるも
の。

(ウ)　非常通報（発報）装置

　　第三軌条方式の地下鉄のホームに設置されており、送電を強制的に停
止させるスイッチで、送電停止時に、乳白色の電気が点灯してベル又は
サイレンが鳴動する停電表示箱も同時に設置されている。

　㋓　ＡＴＳ（自動列車停止装置）

　　　列車同士の衝突事故を防止するためのシステムで、走行する列車の存在を線路を通じて軌道内にある信号機で知らせ、後続（対向）列車の運転士が、赤信号を見落として接近、通過した場合は、運転台で警報ベルが鳴り、自動的にブレーキが作動し列車を停止させる。

　㋔　ＡＴＣ（自動列車制御装置）

　　　ＡＴＳをより高度化し、軌道内に信号機を設けず、列車の運転台に走行できるスピード（許可速度）を表示して列車の運行を制御するもの。

　㋕　列車防護無線

　　　対向線路に落石などを認めたときや、脱線などで対向線路に列車が支障となるような場合、列車運転席に装備された防護無線を発報すると約１～２km圏内を走行する列車に警報を発し停止を促す装置がある。

　㋖　発煙筒での注意喚起

　　　緊急事態を後続及び対向列車に知らせるため、必要により点火した発煙筒を要所に配置する。なお、専用の発煙装置を備えている列車もある。

⑵　感電事故の防止

　　救出活動時の感電危険として、電車線と車両の下部に設置してあるコンデンサが考えられる。そのため車両の下部に進入して活動する場合は、電車への電力の供給を遮断する必要がある。

　　なお、第三軌条方式については、軌道内へ進入することでサードレールへ接触する危険があるため、送電を停止させる必要がある。

　ア　架空電車線方式の場合

　　　架空電車線方式で電力を供給して走行する電車は、屋根上にあるパンタグラフを降下させることにより、電車線から供給媒体が離れるため電車への電力の供給が遮断される。名古屋市内では、走行する各路線のうちＪＲ、名鉄、近鉄等は直流1,500Ｖ、新幹線は交流25,000Ｖの高い電圧が使われている。

　　㋐　人身事故等で架空線、列車に大きな損傷がない場合
　　　鉄道事業者の責任者に全てのパンタグラフの降下を依頼し、電源を遮断する。
　　　a　パンタグラフが一つでも接触していれば、給電は継続する。
　　　b　全パンタグラフを降ろすと、室内灯が消灯する車両もあれば、非常電源に切り替わり、室内灯が点灯する車両もある。
　　㋑　架空線が損傷し、垂れ下がっているような場合は、鉄道事業者の責任者に送電停止を要請する。
　イ　第三軌条方式の場合
　　第三軌条方式では電車の走るレールのすぐ横にサードレールがあるため、サードレールそのものへの送電を停止させる必要がある。
　　㋐　名古屋市の地下鉄ではホーム上にある非常通報（発報）装置で送電を止めることができる。
　　㋑　運転指令室で、区間を決めて送電を止めることができる。
　ウ　コンデンサの放電について
　　架空電車線方式、第三軌条方式ともに、車両下部にはコンデンサがあり、しばらくは高電圧を帯電していることから、放電の完了まで、1～3分待ってから活動を行う。
⑶　事故車両の停止措置
　運転士、車掌等に依頼して確実にブレーキを作動させるとともに、必ず歯止めを使用させる。
　　★　通常、列車の最前部及び最後部には、歯止めが積載されている。
⑷　出火防止事故により列車に大きな損傷がある場合は、列車に使われている機械油、潤滑油等が漏れている可能性がある。また、対自動車との衝突事故の場合は、衝突した自動車からの燃料漏れ、燃料タンク自体の破損も予想されることから、出火防止を図るとともに、警戒筒先、消火器等の配備を行う。
　なお、列車のうち気動車（ディーゼルカー）及び客車（電気機関車等にけん引されて走る列車）は、走行及び電源供給のため大量の軽油を積載している場合があるので留意する。

2−3　その他留意事項

1　扉の開放

列車の扉は、車内から、非常開放レバーを扱うことで開放できる。

外部から開放する場合は、車両側面にある▽マーク下のDコックの開放により、ドアの空気圧が抜け徒手で開放できる。

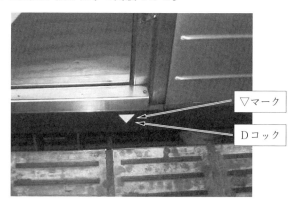

▽マーク

Dコック

2　鉄道事業者への資器材、情報提供依頼

列車を吊り上げる必要がある等、消防の保有する資器材では対応できない場合、鉄道事業者と必要資器材について調整する。

(1)　大型クレーン車の要請

(2)　鉄道事業者保有資器材の要請

(3)　列車の構造等に関する技術提供及び助言の要請

3　群集整理

駅ホームにおける事故では、利用客がホームに滞留し混雑することが予想されるため、鉄道事業者に対して利用客のホームへの入場制限を依頼又は消防警戒区域等を設定して、救出活動スペース、要救助者の搬送経路を十分に確保する。

また、救出活動への協力等について、利用客に行うよう依頼する。

4　プライバシー保護

　負傷者は、衆目からサルベージシート等で保護する。

5　隊員の危害防止

　線路の分岐器（ポイント：レールを左右に動かして列車の進行線路を変える機器のこと。）は、切替えが自動的にされることから、可動部分には、むやみに身体を入れないようにする。

　また、レール、枕木、敷石等で足場が不安定となるので、必要に応じて自己確保を設定する。

6　一般車両との事故防止

　事故現場が踏切付近、又は道路が並走している場合は、一般車両が通行する可能性があることを認識して活動する。

第3章 機械事故救助（昇降機事故）

3－1 事故の形態及び特性

1 事故の形態

(1) エレベーター事故

　　ここでいうエレベーターとは「乗用」「人荷共用」「荷物用」「自動車運搬用」の各エレベーターを総称し、事故の形態を分類すると次のとおりである。

　ア 閉じ込め事故

　イ 挟まれ事故

　ウ 下敷き事故

(2) エスカレーター事故

　　エスカレーター事故のほとんどは挟まれによる事故である。

2 事故の特性

(1) エレベーター事故

　　エレベーター事故の特性を分類すると次のとおりである。

　ア 停電等により停止し、閉じ込められたもの

　イ 重量オーバー、誤操作又はいたずらにより停止し、閉じ込められたもの

　ウ 管理側の不備等による故障により停止し、閉じ込められたもの

　エ 開閉装置（戸）に挟まれたもの

　オ かごと昇降路等の間に挟まれたもの

　カ かごの落下により下敷きになったもの

(2) エスカレーター事故

　　エスカレーター事故の特性を分類すると次のとおりである。

　ア 移動手すりと天井又は壁体との間に挟まれたもの

　イ 踏面（ステップトレット）とくしの間に挟まれたもの

　ウ スカートガードと踏面又はステップスカートとの間に挟まれたもの

　エ 移動手すりと下部インレット部との間に挟まれた事故

3－2　エレベーターの構造及び構造図

1　エレベーターの構造

　現在のエレベーターは、巻上機の綱車とワイヤーロープの間の摩擦力を利用したロープ式エレベーター（トラクションタイプ）が主である。他に油圧エレベーターがある。

★　トラクション　traction　摩擦力
★　油圧エレベーター　油圧でかご室を押し上げるタイプ（屋上機械室が不要。また、高層ビルでは油圧が不足するため存在しない。）
★　機械室　エレベーターの機械室は、屋上にあるものが多い。

(1)　巻上機（トラクションマシン）
　巻上機は、電動機、綱車、電磁ブレーキ、減速機等から構成される。

(2)　階床選択機
　着床するべき階を選択し、減速指令等を行う装置のことで、位置を表示する機能もある。

(3)　かご室
　かご室は、不燃材で作られているが、気密構造ではないから窒息するおそれはない。
　側壁には、操作盤、位置表示機、インターホン又は非常ベルが、天井には照明灯、非常灯（30分間点灯）、非常口が設けてある。

(4)　かご戸開閉装置
　かご戸の自動開放を行う装置で、かごの上に設置してある。電源切断時には、手動でかご戸を開放できる。

(5)　乗場戸
　乗場戸には裏面に係合装置（かご戸と連動して、乗場戸を開放する装置）が取り付けられており、電源切断時には、かご内からかご戸を開け、係合装置を操作することにより、乗場戸を開放できる。

(6)　非常解錠装置
　非常時に、乗場戸を乗場ロビーから開放するための装置で、乗場戸の上部に設けられた鍵穴に鍵を差し込み、操作するようになっている。非常解錠装置は、各階に設けられている。

★　現在は、戸袋に設けられているものが多い。

★　鍵はエレベーター機械室に保管することになっている。

(7)　主電源スイッチ

エレベーターの電源スイッチで、機械室にある。

★　スイッチを OFF にした場合には、エレベーター内の非常照明が30分間点灯する。

Q&A

主電源 OFF のときのエレベーターのドアを開放する方法は？

1　かごと乗場の敷居高さが同じとき

⑴　かご内から、かご戸を開ければ、それに連動して乗場戸も開くことができる。

⑵　非常解錠装置を操作すれば、乗場戸とかご戸が連動して開く。

2　かごと乗場の敷居高さが異なっているとき

⑴　かご内から、かご戸を開くことができるが、連動して乗場戸は開かないので、かご内から乗場戸を開くには、乗場戸の裏面にある係合装置を操作する。

⑵　乗場ロビーから乗場戸を開くには、乗場戸の上部又は戸袋にある非常解錠措置を操作する。

2　ロープ式エレベーター構造図

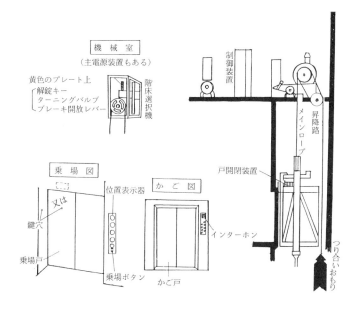

3－3　エレベーター事故救助の救出活動要領

　エレベーターの閉じ込め事故に出動した場合、かご内の要救助者を救助するには、その原因を取り除けばよいが、それには専門的な技術が必要なことが多い。そこで、出動した場合には、次の手順をとる。

1　一般的な原則

⑴　エレベーター保守管理会社への連絡

　　エレベーターの管理は、通常、エレベーター保守管理会社に委託されており、故障時には、技術者が派遣されることになっている。閉じ込められている方（要救助者）に緊急性が無い場合、著しく保守業者が遅れる場合を除き、保守業者等エレベーターの安全運行を確保する責務を有する者が実施することが原則である。

⑵　救助活動の実施の検討

　　救助活動は、次の場合に実施する。

　ア　エレベーター保守管理会社の技術者の派遣が著しく遅れる場合

　イ　エレベーター内の要救助者に危険が予想される場合

2　エレベーター閉じ込め事故の救助手順

手　　順		行　　　　　　動
1	確　認	⑴　エレベーターの位置等を確認 ⑵　要救助者の状況を確認（インターホンの活用） 　ア　要救助者を落ち着かせる 　イ　要救助者に対し『開』ボタンの押下及び全ての『行先階』ボタンの押下を指示 　ウ　かご内の状況の把握（かご内に何人いるのか、緊急性のある要救助者がいるのか等） 　エ　消防隊到着前のかご内へ閉じ込められている時間を確認
2	原因調査	事故原因の調査
3	電源遮断	活動開始にあたり、停電時でも主電源を切る。
4	戸の開放	⑴　かごと乗場の敷居段差を確認する。 　★　段差が大きいときは、転落防止に留意する。

(2)　停止階の非常解錠装置を操作し、乗場戸を開ける。
(3)　かご内から係合装置の解除の可能性を確認する。
　　　★　かご内の要救助者が、かご戸を開け、係合装置を操作できれば、(2)によらなくても乗場戸を開放できる。

ポイント

1　主電源を必ず遮断する（機械室に部外者が進入することができないように措置を講ずること。）。
2　乗場戸を開放した場合は、三角コーン、警戒テープ等を活用し転落防止措置を図ること。
3　乗場戸を開放する場合は、5〜10センチ程度開放し、かご室があることを確認すること。かご室が無い場合は、直ちに閉めること。
4　転落防止のため、確保ロープをつける。
5　複数台のエレベーターがある場合は停止するエレベーターを確認し、電源停止を実施すること。
6　上階と下階に活動場所が分かれる場合には、無線機を利用して連絡を密にする。
7　十分な照明を用意する。
8　故障の原因は、取り除くことをまず考える。力まかせに行わない。
9　安全監視員の配置に考慮する。
10　要救助者の救出作業時に段差がある場合は、要救助者の昇降路への転落防止措置及び単はしご、脚立等を活用した要救助者の転落防止措置を講ずること。
11　救出完了後は、二次災害防止措置のため乗場戸を全閉すること。
12　容易に復旧した場合でも、技術者の点検が終了するまでは、使用を中止する。
　★　現場に駆けつけた警察官が、帰る際に閉じ込められた例もある。
13　停電の場合その周辺の建物内においてもエレベーター内の閉じ込めの可能性があることを考慮する。

Q&A

　乗場戸が開いていれば、エレベーターは動かないのではないか？　電源を落とさなくてもいいのでは？
　乗場戸がどこか1か所でも開いていれば、エレベーターは電気的に遮断されて動くことはないが、万が一を考え、原則として主電源を落とすべきである。

3　エレベーター閉じ込め事故救助フローチャート

⑴　初動活動フローチャート

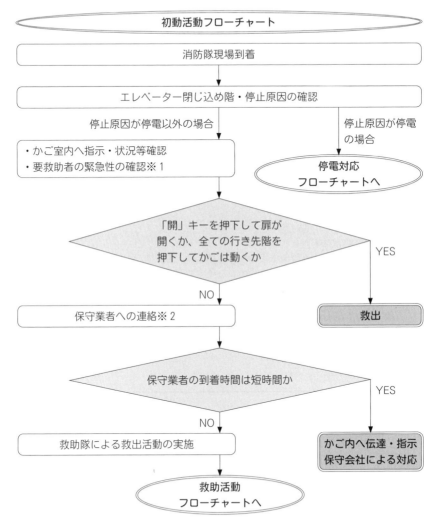

留意事項等
※1　要救助者に緊急性がある場合は、上記活動と並行し、救助活動フローチャートに
　　従い救助活動を実施する。
※2　保守業者への連絡は、指揮官等が速やかに実施する。また、緊急連絡先（携帯電
　　話番号等）を聴取し、常に連絡できる体制をとる。

⑵　救助活動フローチャート

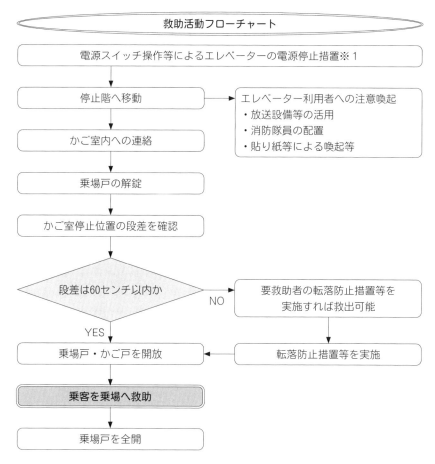

留意事項等

※1　停止の原因が何であっても救助活動時には、エレベーターの電源停止措置を実施
　　する。また、複数のエレベーターがある場合は、電源停止するエレベーターを確認
　　すること。

注　作業時に不明な点等については、保守業者と確認し実施すること。

(3) 停電対応フローチャート

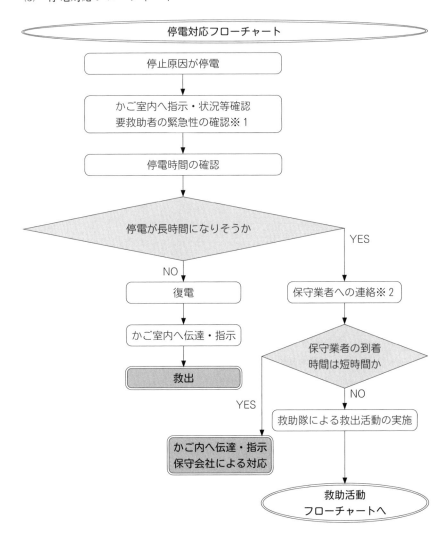

留意事項等
※1　要救助者に緊急性がある場合は、上記活動と並行し、救助活動フローチャートに
　　　従い救助活動を実施する。
※2　保守業者への連絡は、指揮官等が速やかに実施する。また、緊急連絡先（携帯電
　　　話番号等）を聴取し、常に連絡できる体制をとる。

3 − 4　エスカレーター事故救助の救出活動要領

一般的な原則

(1)　機械製造会社等に、技術者の派遣を要請する。

(2)　移動手すりと、天井又は壁体との間に挟まれた事故

　ア　マット型空気ジャッキ、大型油圧スプレッダー等の器具を用いて、挟まれた部分を広げる。

　イ　工具（ドライバー等）で分解する。

(3)　踏面（ステップトレット）と、くしの間に挟まれた事故

　ア　バール又は大型油圧スプレッダー等をライディングプレートと踏面との間に差し込み、広げる。

　イ　ライディングプレートを工具により、取り外す。

(4)　スカートガードと踏面又はステップスカートとの間に挟まれた事故

　ア　バール又は大型油圧スプレッダー等をスカートガードと踏面又はステップスカートとの間に差し込み、広げる。

　イ　スカートガードを工具により、取り外す。

(5)　移動手すりと下部インレット部との間に挟まれた事故

　ア　インレット部を工具により、取り外す。

　イ　手動又は電動により逆転させる。

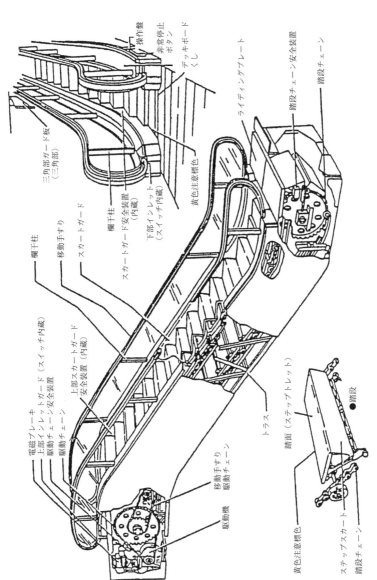

操作盤

非常停止
ボタン

デッキボード
くし

ライディングプレート

踏段チェーン安全装置

踏段チェーン

三角部ガード板
（三角部）

黄色注意標色

下部インレット
（スイッチ内蔵）

スカートガード安全装置
（内蔵）

欄干柱

移動手すり

スカートガード

電磁ブレーキ

上部インレット（スイッチ内蔵）

駆動チェーン

上部スカートガード
安全装置（内蔵）

トラス

踏面（ステップトレッド）

踏段

駆動機

移動手すり

駆動チェーン

黄色注意標色

ステップスカート

踏段チェーン

エスカレーターの構造

3－5　安全管理

　昇降機事故の場合、かご、リフト等の不意の作動や昇降路への転落等に十分注意して救助活動にあたることを原則とする。また、エレベーターの閉じ込められ事故で、比較的緊急性のない場合は、多少時間を要しても、専門技術者の協力を得るほうが効果的であることも考慮して行動する。

留 意 事 項

(1)　主電源の遮断

　　電動力を利用して救助活動を行う場合を除き、原則として、昇降機の主電源を遮断する。

(2)　監視員を配置

　　機械室及び他階各乗場操作ボタン並びに各開口部に監視員を配置し、関係者以外の立ち入りを禁止する。

(3)　かご等の移動防止措置等

　ア　エレベーターのかごの上昇・下降及びエスカレーターの回転防止措置を行う。

　イ　電動又は手動により、昇降機を操作して救助活動を行う場合は、誤操作による事故防止を図るため、救助資器材や現場調達資器材により、確実にかごの固定等を行うとともに、かごの下降に伴う、隊員の安全確保に配意する。

　　　この場合、設定箇所に応じた資器材を適正に使用し、外れ、衝撃、落下等がないように設定する。

(4)　乗場戸の開放禁止

　　救助活動に関係のない乗場戸の開放を禁止する。

(5)　転落防止

　　エレベーターかごの敷居と乗場の敷居の不一致による、昇降路への転落防止を行う。

(6)　命綱による確保

　　状況確認時又は救出時の、隊員及び要救助者の安全を命綱等により確保する。

(7)　足場の安全確保

　　脚立又はかぎ付きはしご等を活用して、足場の安全を確保する。

(8)　荷崩れ防止

　　人荷共用若しくは荷用のエレベーター等に不安定な状態で積載された荷物、又はエレベーターと昇降路に挟まれた荷物は、除去するかロープ等によって固定し、荷崩れによる事故防止を図る。

(9)　慎重な器具の操作

　　器具は要救助者への影響に注意しながら、慎重に操作する。

(10)　出火防止

　　火花を発する救助資器材を使用する場合は、消火手段を確保して行い、出火の防止及び要救助者の保護に努める。

(11)　活動スペースの確保

　　活動障害となるものを排除し、活動スペースを確保する。

第4章　機械事故救助（回転機事故）

4－1　事故の形態及び特性

1　事故の形態

　回転機の事故には、いろいろな形態があるが、救助活動を必要とする人身事故のほとんどは、印刷機、食品加工用の製麺機・かくはん機及び羽毛・綿花の回転式乾燥機等による巻き込まれや挟まれ事故である。

2　事故の特性

(1)　回転機事故は、その構造が大小多数の回転軸や回転翼類が複雑に組み合わさったものであり、救助活動には、専門的知識・技術を要することが多い。

(2)　食品加工用機械の場合、食品への金属粉やサビの混入を避けるため、耐摩耗性、防サビ効果の大きいステンレス鋼や特殊鋼が使用されているため、破壊が困難であり、救助に長時間を要する場合が多い。

3　印刷機の構造

　印刷機の構造は、給紙部、印刷部、排紙部で構成されている。給紙部、排紙部での挟まれ事例は少なく、印刷機を稼動させたまま、印刷部にある版胴付近のインクローラーに付着したゴミ等を除去する際に巻き込まれる事故が最も多い。版胴の周りには、4本のインク着ローラーがあり、指先から上腕部まで挟まれている事例が多い。

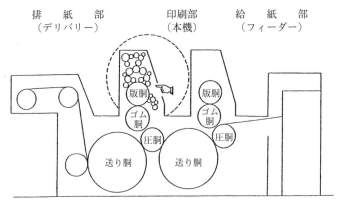

排　紙　部　　　　印刷部　　　給　紙　部
（デリバリー）　　　（本機）　　（フィーダー）

印刷機各部の名称（例）

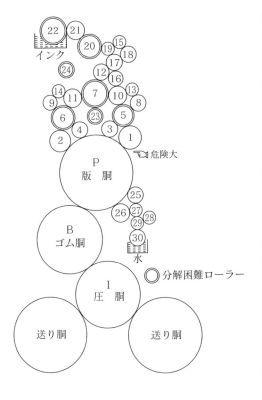

ローラー ＮＯ	ローラー 名　　称	ローラー 直径(mm)
	インクローラー	
1	着ローラー	73.5
2	〃	73.5
3	〃	63.5
4	〃	63.5
5	振ローラー	81.3
6	〃	81.3
7	内振ローラー	94.0
8	継ローラー	50.8
9	〃	50.8
10	〃	57.2
11	〃	57.2
12	〃	50.8
13	ライダー	38.1
14	〃	38.1
15	〃	38.1
16	〃	44.5
17	継ローラー	50.8
18	〃	50.8
19	〃	38.1
20	振ローラー	81.3
21	呼出ローラー	63.5
22	インク壺ローラー	76.2
23	スティー	16.0
24	〃	16.0
	胴ローラー	
P	版胴	265.7
B	ゴム胴ローラー	265.7
I	圧胴ローラー	265.7
	給水ローラー	
25	水着ローラー	
26	〃	
27	振ローラー	
28	呼出ローラー	
29	払拭ローラー	
30	水元ローラー	

印刷部のローラーの名称等（例）

4 − 2　救出活動要領と方法

1　活動要領

(1)　事故の規模・状況を観察する。

(2)　回転機の動力源（電気、油圧等）を遮断する。

(3)　構造を把握するために、関係者、取扱説明書、機械製造元等から必要な情報を収集する。

(4)　機械製造会社に、技術者の派遣を要請する。

(5)　救助が長時間に及ぶことが予想される場合は、現場へ医師を要請し、要救助者を医師の管理下において活動する。

(6)　作業スペースの確保及び照明に配慮する。

2　救出方法

(1)　分解する方法

　　ア　回転機のカバーを取り除き、どの部分を分解するかを決定する。

　　イ　回転軸又は回転翼等の接続ボルト、要救助者を圧迫している部分を固定してあるボルト・ビス等を車両積載工具、当該機械の備付工具を利用して分解する。

　　　　★　取り外す回転軸や回転翼等は、必ず転倒・落下防止の措置を講ずる。

(2)　切断する方法

　　ア　回転軸や回転翼等の接続部又は回転軸や回転翼等そのものを、材質に応じた破壊器具（エアーマスターソー、大型油圧切断機、溶断機、エンジンカッター等）で破壊して救出する。

　　イ　火花を発生させる破壊器具を使用する場合は、付近の危険物品（引火性・可燃性物品等）を排除する。排除できない場合は、火災発生防止の措置を講ずるとともに、消火用具を準備する。また、金属部の熱伝導による要救助者への被害を無くすため、金属部を冷却するとともに、火花による被害を無くすため防火シート等により要救助者を保護しながら実施する。

　　ウ　切断箇所は、要救助者に衝撃の少ない位置を選定し、痛みを軽減するために回転軸や回転翼に当て木をする等して、少し持ち上げ気味にする。

エ　ローラーは、切断する箇所によって切断所要時間に差があり、ローラー軸よりローラー部分のほうが簡単に切断できる。

★　ローラー

ローラー表面の材質 ── 金属ローラー
── ゴムローラー
── 布ローラー

★　ローラーは銅鉄製であり、軸部及び軸部とローラー部を結合している「ヘッダ」部を除き、ローラー内は空洞である。

オ　駆動チェーンを破壊することで、容易に救出できることがある。

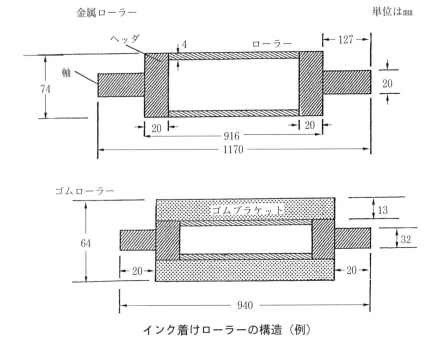

インク着けローラーの構造（例）

(3)　拡張する方法

挟まれている部分が手のひら等のわずかな箇所である場合は、回転軸や回転翼等と壁面等の間隙を油圧式救助器具、マット型空気ジャッキ、バール等で拡張して救出する。

★　当て木等により、拡張部の固定措置及び破損防止を行う。

(4)　反転する方法

ア　回転軸、回転翼等を人力、バール、可搬式ウインチ等でけん引等して反

転させるもので、当て木等による固定措置をした後に、反転させて救出する。

  ★ 要救助者に苦痛を与え、症状を悪化させる可能性のある場合は行わない。

イ 要救助者に活動内容を説明し、痛みを確認しながら、ゆっくりと反転する。決して無理に引き抜くようなことはしない。

第5章　機械事故救助（その他の機械事故）

5－1　事故の形態及び特性

　ここでいう、その他の機械事故とは、ゴミ収集車の収集装置への巻き込まれ事故を主に取り上げる。

★　その他にプレス機械、建設用機械、製本機、包装機、遊技場のゲーム機等に身体の一部を挟まれる事故が考えられるが、ゴミ収集車の収集装置への巻き込まれ事故に比べ、作業内容も比較的容易で、類似事故として対応できる。

1　事故の形態及び特性

(1)　事故の形態

　ゴミ収集車とは、車両後部にゴミ収集を効率的に行うための複雑な油圧装置を装備した車両で、その荷箱にゴミを収集する際、作業員が収集装置に手足を巻き込まれるもの。

(2)　事故の特性

　ゴミ収集車は、収集装置により回転式とプレス式に大別でき、その事故の特性は次のとおりである。

　ア　回転板と底板の間に挟まれる。（回転式）

　イ　回転板と押し込み板の間に挟まれる。（回転式）

　ウ　圧縮板と底板の間に挟まれる。（プレス式）

2 ゴミ収集車の構造

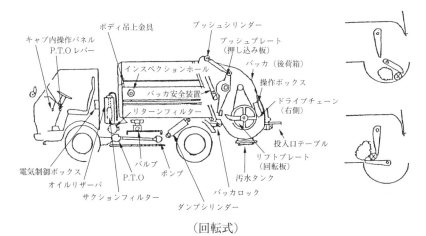

（回転式）

⊗ は挟まれている可能性の高い場所

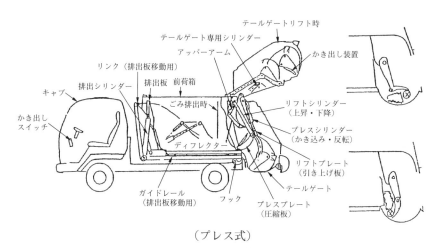

（プレス式）

⊗ は挟まれている可能性の高い場所

5 − 2　救出活動要領

1　回転板と底板の間に挟まれる事故

(1)　比較的軽度の挟まれの場合、回転板の油圧パイプ（チェーン駆動式のものはチェーン）を切断し、回転板をフリーにして手動で逆回転させて救出する。

　　★　回転板の逆回転は、底板と回転板との間隔を広げることにはならないので、要救助者の安全を確認できる場合に限り行う。

(2)　回転板軸受けピンを分解又は切断し、マット型空気ジャッキ等により回転板を持ち上げて救出する。

　　★　分解、切断が不可能な場合は、底板又は軸受け部の周囲を空気鋸やガス溶断器等で切断する。

2　回転板と押し込み板の間に挟まれる事故

(1)　比較的軽度の挟まれの場合、回転板又は押し込み板の油圧パイプ（チェーン）を切断し、回転板又は押し込み板をフリーにして手動で逆回転させて救出する。

(2)　回転板又は押し込み板軸受けピンを分解又は切断し、マット型空気ジャッキ等により回転板又は押し込み板を持ち上げて救出する。

3　圧縮板と底板の間に挟まれる事故

(1)　油圧装置が正常に作動する場合は、油圧操作により引き上げ板（リフトプレート）を持ち上げて救出する。

(2)　油圧装置が正常に作動しない場合は、油圧パイプを切断し、引き上げ板をフリーの状態にして大型油圧スプレッダー、マット型空気ジャッキ等により引き上げ板を持ち上げて救出する。

　　★　ゴミ収集車は構造上、鉄板等は厚く頑丈に作られているので、切断を行う場合には、予備の空気ボンベ・ディスク等を十分に準備する。

5 - 3 安全管理

1 活動危険の排除

(1) 活動中に、要救助者や隊員が二重に事故に巻き込まれないように、事故車両のエンジン及び、油圧装置等の停止措置を行う。

(2) 回転板の軸受けピン等を切断又は分解する場合には、予期せぬ回転板の落下や回転により、要救助者の症状の悪化、又は隊員の受傷を招くおそれがあるため、回転板等を確実に固定しておくことが必要である。

(3) 路上活動における交通事故防止に努める。

(4) 取扱い及び構造に熟知した関係者の派遣を要請するとともに油圧装置付等を駆動して救出活動を行う場合には、関係者に依頼する。

2 要救助者の症状悪化防止

救出活動中は、要救助者の症状の悪化に注意をはらい、症状を悪化させる無理な活動は行わない。

また救出に長時間要する場合は医師を要請し、要救助者をその管理下において活動する。

3 出火危険防止

活動中に火花を発生させる器具を使用する場合は、積載中のゴミへの着火防止措置を講ずるとともに消火用具を準備する。

空気鋸

要救助者

活動イメージ図

第6章　建物・工作物事故救助

6－1　事故の形態及び特性

　建物・工作物による事故は、室内での閉じ込め、ドアへの挟まれ等、比較的軽易なものが多い。

1　事故の形態

　事故の形態を分類すると次のとおりである。

(1)　建物・工作物内への閉じ込め

(2)　建物・工作物による挟まれ

(3)　建物・工作物の倒壊等による下敷き

(4)　建物・工作物からの落下等による宙吊り

2　事故の特性

(1)　閉じ込め（内鍵の掛かり、故障等）

　ア　トイレ、浴室等で急病等によりドアを開けられない。

　イ　幼児等がトイレ、浴室等に入り開錠できない。

(2)　挟まれ

　扉、窓、建具等と建物・工作物に身体の全部又は一部が挟まれる。

(3)　下敷き

　建具又は工作物等に身体の全部又は一部が下敷きとなる。

(4)　宙吊り

　建物・工作物での作業中等に落下し宙吊りとなる。

6 - 2　救出活動要領

1　活動要領

(1)　活動全般

ア　要救助者の状態を冷静に把握し、適応する救助器具の効果的活用を図る。

イ　室内への閉じ込め事故の場合は、エレベーター事故の場合と同様に、要救助者の状態が生命に危険を及ぼしているか否かの判断により救助方法を決定する。

ウ　要救助者が幼児、老人等の災害時要援護者が多いことから、パニック防止のため、呼び掛け、励ましを行う。

エ　救助活動にあたっては、破壊による活動が多くなることから、破壊部分を必要最小限にとどめるとともに、努めて関係者の承諾を得るようにする。

オ　要救助者の位置により、酸欠等が考慮される場合は、内部の環境改善を実施する。

2　活動ポイント

(1)　閉じ込め

ア　要救助者に解錠方法を指示して救助する。

イ　管理者等に解錠を依頼する。

ウ　屋内へ進入できる他の進入口を探して救助する。

　　★　共同住宅等ではベランダ側、一戸建て住宅等では裏口や2階の窓等から進入する。場合によっては、窓ガラス等を破壊して進入する。
　　★　ドア上部と天井面とに空間がある場合は、そこから進入する。

エ　閉じ込められているドアを破壊し、開放救助する。

(ア)　デッドボルトを切断する方法

隙間の幅、デッドボルトまでの距離に応じた切断器具を選定し、破壊する。

(イ)　扉の隙間を拡張することにより破壊する方法

扉の開放が内か外かを確認したのち、外開きであれば壁と扉の隙間に油圧救助器具等及びバール等を使用し、拡張することにより開放する。

　　★　油圧救助器具等で隙間を拡張していく際に、扉にひずみが生じ小窓のガラスが割れることがあるため、ガラスをガムテープ等で養生してから実施する。

㈠　ノブを破壊する方法

　a　ドアノブをパイプレンチ等で破壊する。

　b　マイナスドライバー等で内部中央の穴を回転させ、デッドボルトを動かして解錠する。

　c　内部上下の細長い穴の内部の出っ張りをスライドさせ、ラッチボルトを動かして解錠する。

　　★　ノブ破壊時に、丸座等がドアに残る場合が多く、中央部の穴がある部分に角棒やピンが残る。この場合は、対応するピン等を回転、スライドさせて上記のように解錠できる。

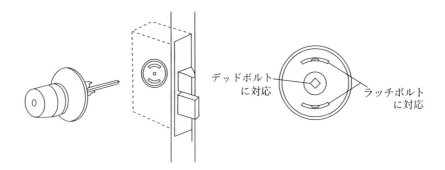

デッドボルトに対応　　ラッチボルトに対応

㈢　蝶番部分を切断する方法

　　蝶番部分を切断し、蝶番側からドアを開放し救助する。しかし、重いドアの蝶番部分を切断すると、ドアが下方向に歪むため、容易に開かなくなる。また、ドア裏側の緩衝閉鎖装置も開放の妨げとなる。

　　★　蝶番によっては、ピンが抜け、容易に開放できるものもある。

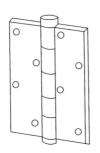

㈹ トイレのドアノブの開放方法

次図のようなドアノブの場合、外部から容易に解錠することができる。

a ノブを回した状態で、内部の青色を指で押さえたままノブを回すことにより解錠できる。

b 施錠時の赤色の面に、解錠用の穴があり、付属のピン等を利用して容易に解錠できるものもある。

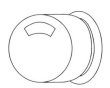

(2) 挟まれ

挟まれている部分を拡張して救助する。

★ 中性洗剤等で潤滑させるだけで、救助できる場合もある。
★ 油圧救助器具等で拡張する際、拡張しようとする構造物の材質によってはその物自体が破壊されてしまい、拡張できないことがあるので注意する。

(3) 下敷き

当て木(角材)やワイヤー等で二次災害防止をする。

ア 救助資器材を活用しての押し上げ、持ち上げにより救助する。

★ 重量物の場合、バランスに注意して活動する。
★ 下記の表は物体の1㎥(立方メートル)当たりの質量を示したものである。重量物のおよその質量を知ることで使用する救助器具を選定することができる。

物体の種類	1㎥当たりの質量(t)	物体の種類	1㎥当たりの質量(t)
鉛	11.4	花こう岩	2.6
銅	8.9	コンクリート	2.3
鋼	7.8	土	2.0
鋳鉄	7.2	砂利	1.9
アルミニウム	2.7	砂	1.9

イ 上記アの活動スペースがない場合は、救助資器材を活用し、破壊して救助する。

第7章　ガス事故救助

7 - 1　事故の形態及び特性

　ガス事故を大別すると、可燃性ガス事故（都市ガス、プロパンガス、メタンガス等の可燃性ガス又はシンナー等の可燃性蒸気に関わる事故をいう。）と、毒性ガス事故に分類することができる。

1　可燃性ガス事故の形態及び特性

(1)　事故の形態

　　ア　自損行為による都市ガス、プロパンガス等の燃料ガスの放出による事故

　　イ　ガス燃焼器具の故障又は誤操作による生ガスの漏えい又は不完全燃焼生成ガス（一酸化炭素）発生による事故

　　ウ　メタンガス等の可燃性ガスの自然発生による事故

　　エ　シンナー等の可燃性蒸気の滞留による事故

(2)　事故の特性

　　ア　建物居室等の小区画内で、ガス漏えいによるガス中毒によって脱出不能となる。

　　イ　工場、作業所又は屋外のガス設備等におけるガス中毒によって意識障害を起こす。

　　ウ　タンク、マンホール等の中でのガス中毒により歩行不能となる。

2　毒性ガス・酸素欠乏事故の形態及び特性

(1)　事故の形態

　　ア　自損行為による硫化水素等の発生による事故

　　イ　槽、マンホール等の中に発生する硫化水素等の滞留による事故

　　ウ　酸素欠乏空気の噴出、不活性ガスとの置換等による酸素欠乏空気の滞留による事故

　　エ　毒性ガスボンベ、取扱設備の故障又は修理に伴うガス漏えいによる事故

　　オ　その他、不完全燃焼に伴う一酸化炭素中毒等による事故

⑵　事故の特性

　　ア　槽、マンホール内におけるガス中毒により歩行不能となる。

　　イ　毒性ガス漏えい区域において意識障害を起こす。

　　ウ　換気の悪い建物内において一酸化炭素中毒等により脱出不能となる。

7－2　救出活動要領とポイント

1　可燃性ガス事故の活動

(1)　活動要領

　ア　出動指令の内容から次による事故概要を確実に把握するとともに、状況
　　を推測する。

　　(ア)　ガス漏えい場所と救助要請の内容

　　(イ)　ガスの種別、現場付近の状況

　　(ウ)　要救助者及び負傷者の状況及び数

　イ　使用資器材、積載器材の確認

　　(ア)　可燃性ガス測定器

　　(イ)　空気呼吸器

　　(ウ)　火花を発生しない（防爆型）資器材

　　(エ)　ガス漏えい防止器具（木栓、ねんど等）

　ウ　現場到着時の状況確認

　　(ア)　事故の実態（ガス漏えい場所）

　　(イ)　風上より進入及び部署

　　(ウ)　要救助者の状況

　　　　脱出できない原因（ガス中毒、酸素欠乏、老人・小児、身体障害、負
　　　傷状況、出入口施錠等）

　　(エ)　爆発等の二次災害の発生危険

　　　a　ガスの濃度

　　　b　ガスの種別

　　　c　火源となるもの

　　　d　爆発危険区域及び火災警戒区域の範囲（ゾーニング）

　　(オ)　ガス事業者等の関係機関に対する要請

　エ　救出活動

　　　救出活動は空気呼吸器を着装し、可燃性ガス測定器の活用及び爆発等の
　　防止措置を行い、爆発危険がなくなった後に、一般的救出方法により救出
　　する。

(ｱ)　爆発の防止及び安全管理のため、隊員の行動を統制する。

(ｲ)　活動場所がガス滞留区域又は爆発危険区域である場合は、警戒筒先を確保してから活動を開始する。

(ｳ)　指揮官の統制のもと、消防活動の目的達成に必要な範囲に限定して、必要最小限の人員で活動する。

(ｴ)　火花を発生する資器材の使用及び行動等を絶対させない。

(ｵ)　関係他機関が活動する場合は、任務分担を明確にするとともに、他機関の安全にも配意する。

(ｶ)　倒壊建物等により要救助者の救出までに長時間を要する場合は、医師の派遣を要請する。

2　毒性ガス事故の活動

　前記1の可燃性ガス事故の活動要領を準用するものとし、留意しなければならない事項についてのみ述べる。

(1)　現場到着時の状況確認

　ア　ガス等の性状及び危険性（吸入、皮膚接触、爆発、衝撃注水、混触危険等）

　イ　中和剤の有無、必要量、中和方法

　ウ　周囲の状況

　エ　関係者の措置状況

(2)　救出活動

　ア　隊員は、必要最小限の人員とする。

　イ　隊員の二次災害に備えて必要な場合、検索ロープを活用する。

　ウ　交代要員を確保して隊員一人当たりの活動時間を短縮する。

　エ　呼吸保護具及び適切な防護服を着装して進入する。

　オ　救出完了までに長時間を要することが多いので、まず要救助者に対し新鮮な空気の供給を行う。

(3)　要救助者への対応

　ア　要救助者に接近できる場合は、簡易呼吸器・空気呼吸器等を活用して空気の供給を行う。

　イ　要救助者に接近できない場合は、そく止弁を開いた空気ボンベを吊り下ろすなどして、空気を供給する。

　ウ　送排風機等を活用して新鮮な空気と置換する。

　エ　その他、前記1の可燃性ガス事故の活動要領に準ずる。

3　活動のポイント

消防活動の流れ

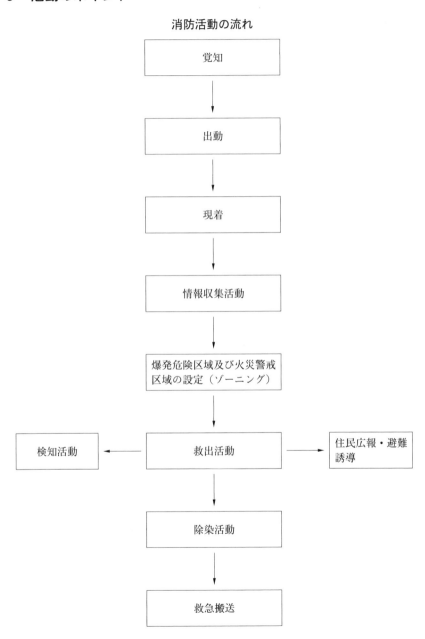

(1)　消防隊出動時

　ア　必要資機材の積載及び適切な防護服及び空気呼吸器の着装を準備する。

　イ　風向・風速等の気象状況を把握する。

(2)　現着到着時

　ア　風向、風速、地形、建物状況、車両部署位置等を考慮して、風上又は風横から進入部署する。

　イ　現着後、速やかに周囲の状況を確認し、ガス検知及びガス濃度測定する。

(3)　爆発危険区域及び火災警戒区域の設定（ゾーニング）

　　立ち入り禁止テープ等で明示し、区域内の火気使用制限、出入制限、退去（避難）命令を行い住民等の安全を確保する。

(4)　住民広報の実施

　ア　爆発危険区域及び火災警戒区域の設定（ゾーニング）及びガスの発生を住民に広報する。

　イ　緊急を要する場合は、小隊を指定し、区域内の火気使用制限、出入制限、退去（避難）命令等の規制措置並びに住民の避難誘導を実施する。

(5)　特命要請等

　　災害の規模及び状況等に応じて、必要な小隊（車両）、資器材を明確にし、特命要請をする。

(6)　人命検索及び救出活動

　　空気呼吸器の使用時間を考慮し、交代する小隊の指定又は特命要請する。

(7)　除染

　　要救助者及び隊員の個人装備汚染状況を確認し、汚染された場合は除染する。

7－3　安全管理

1　安全管理

⑴　指揮者は、隊員の行動を統制し隊員を掌握する。

⑵　救助活動は、二次災害の発生に留意するとともに災害進展を考慮した対策を検討しておく。

⑶　わずかな火花を発しても爆発による二次災害発生のおそれがあることを現場の全員に認識させ、火花の発生するおそれのある行動をさせない。

⑷　小隊長は、進入隊員の入退出管理をし、氏名、進入時間を記録する。

⑸　個人装備汚染状況を確認し、汚染された場合は除染する。

2　関係機関との連携

⑴　関係機関と密接な連携を行い、次のことに留意すること。

　ア　警戒区域の設定と交通規制

　イ　現場広報

　ウ　退去命令及び誘導

　エ　ガス及び電路遮断

　オ　漏えいガスの拡散、排除

⑵　関係機関から積極的な助言を求めるとともに必要な措置を要請する。

　ア　関係機関の現場責任者に対し専門的な助言を求めるとともに措置について協力を要請する。

　イ　関係機関と積極的に連携し、その内容を各隊に周知させ的確な消防活動を展開するよう配意する。

7－4　可燃性ガスに関する事項

1　ガスの種類

　ガスの種類は、製造ガス、天然ガス、ブタンエアーガス、ＬＰガスに分けられ比重、ガス組成、着火温度等は下表のとおりである。

		製造ガス（6 B）	天然ガス（13A）	ブタンエアーガス（6 A）	プロパンガス（ＬＰＧい号）
発熱（kcal/㎥）		$5,000\pm5$	$11,000\pm5$	7,000	24,000
比重		0.59	0.66	1.24	1.52
ガスの組成（VOL%）		H_2　39.6 CO　2.7 CH_4　28.3 C_2H_4　1.2 C_3H_8　1.5 C_4H_{10}　1.4 CO_2　11.3 O_2　2.9 N_2　11.1	CH_4　88.0 C_2H_6　5.8 C_3H_8　4.5 C_4H_{10}　1.7	C_4H_1　22.0 O_2　16.0 N_2　62.0	CH_4　0.2 C_2H_4　0.3 C_3H_8　90.0 C_3H_6　1.5 C_4H_{10}　8.0
着火温度（℃）		550～600	630～730	490	510
燃焼速度（cm/sec）		47～67	38～40	38	43
爆発限界空気中（VOL%）	下限	5.6	4.3	7.5	2.1
	上限	31.3	14.4	35	9.5

2　都市ガスの種別

　都市ガスは、これを供給しているガス会社ごとにガスの種類が異なっており、都市ガスとして供給されているガスは、下表のとおりである。

ガスグループ	ウォッベ指数 $WI=\dfrac{ガスの発熱量}{\sqrt{ガスの比重}}$	ガスの圧力 mmH₂O 最高	標準	最低	燃焼速度 Cp cm／sec 種別	範囲
13 A	13,800 ～ 12,600	250	200	100		
12 A	12,850 ～ 11,750	〃	〃	〃		
11 A	12,000 ～ 11,000	〃	〃	〃		$40.8+0.004082W.I.$
6 A	6,700 ～ 5,860	220	150	70	A	$ℓ$
5 A	5,400 ～ 4,700	200	100	50		$13.5+0.002041W.I.$
5 A N	4,970 ～ 4,320	〃	〃	〃		
4 A	4,280 ～ 3,720	〃	〃	〃		
6 B	6,850 ～ 5,950	〃	〃	〃		$30.5+0.009379W.I.$
5 B	5,350 ～ 4,650	〃	〃	〃	B	$ℓ$
4 B	4,330 ～ 3,770	〃	〃	〃		$19.5+0.004859W.I.$
7 C	7,060 ～ 6,140	〃	〃	〃		$22.6+0.014535W.I.$
6 C	6,530 ～ 5,670	〃	〃	〃	C	$ℓ$
5 C	5,890 ～ 5,110	〃	〃	〃		$17.1+0.007558W.I.$
4 C	4,550 ～ 3,950	〃	〃	〃		

ウォッベ指数

ガス事業法の都市ガスグループ

13,000 — 13 A
12,000 — 12 A
11,000 — 11 A
10,000 —
9,000 —
8,000 —
7,000 — 7 C
6,000 — 6 A　6 B　6 C
5,000 — 5 A　5 B　5 C
5 A N
4,000 — 4 A　4 B　4 C

燃焼速度指数　　　速い

3　LPガスの種別

　LPガス又はLPGと呼ばれるものの種類は、「液化石油ガスの保安の確保及び取引の適正化に関する法律」では、プロパン、プレピレン等の含有率により、い・ろ・は各号の規格区分を行っており下表のとおりである。

名　称	プロパン及びプロピレンの合計量の含有率	エタン及びエチレンの合計量の含有率	ブタジエンの含有率
い号液化石油ガス	80％以上	5％以下	0.5％以下
ろ号液化石油ガス	60％以上 80％未満	5％以下	0.5％以下
は号液化石油ガス	60％未満	5％以下	0.5％以下
備考　1　圧力は温度40℃に置いて1.53MPa以下とする。 2　含有率は、モル比によるものとする。			

（「液化石油ガスの保安の確保及び取引の適正化に関する法律施行規則」第12条）

7 - 5 有毒ガスの危険性について

1 硫化水素

硫化水素は、含硫黄の入浴剤や農薬に酸性物質が混入すると反応して発生する。下水などにおける分解生物として滞留する。

濃度（ppm）	人体への影響
2〜4	臭気は明瞭であるが、慣れると苦痛ではない。
5〜8	硫化水素に慣れた人でも、きわめて不快感を感じる。
80〜120	著しい症状ではなく約6時間程度耐えられる。
200〜300	5〜8分後に眼、鼻、のどに強い痛みを感じる。30分〜1時間かろうじて耐えられる。
500〜700	約30分吸入すれば、亜急性中毒となる。
1,000〜1,500	吸入後直ちに失神、呼吸まひをおこし死亡する。

2 一酸化炭素

一酸化炭素は、密閉部での不完全燃焼（炭化、練炭、ガス、石油）又は自動車の排気ガスなどから発生する。

濃度（ppm）	人体への影響
300以下	影響は少ない。
〜600	軽度の影響（頭痛、めまい、吐き気、疲労感、けん怠感など）
〜900	中度ないし高度の影響
1,000〜	重篤な症状が現れる。
1,500〜	生命の危険

3 塩 素

塩素は、漂白剤、カビ取り等の洗剤に酸性物質が混入すると反応を起こして発生する。

濃度（ppm）	人体への影響
0.35	刺激臭により存在を感じる。
1	長時間耐え得る限界
3.5	強い刺激臭を感じ、30分～1時間耐えられる。
14～28	のどに即座に刺激があり、30分～1時間で生命の危険
35～	30分～1時間で死亡
900～	直ちに死亡する。

4　二酸化炭素※

二酸化炭素は、立体駐車場等に設置される不活性ガス消火設備の消火剤として使用される。

濃度（％）	症状発現までの暴露時間	人体への影響
2％未満	—	はっきりした影響は認められない。
2～3％	5～10分	呼吸深度の増加、呼吸数の増加
3～4％	10～30分	頭痛、めまい、悪心、知覚低下
4～6％	5～10分	上記症状、過呼吸による不快感
6～8％	10～60分	意識レベルの低下、その後意識消失へ進む。ふるえ、けいれんなどの不随意運動を伴うこともある。
8～10％	1～10分	
10％～	数分未満	意識喪失、その後短時間で生命の危険あり
30％	8～12呼吸	

---

*　ppmとは

ppmとは、parts per million の略であり、1ppmとは、100万（million）分の1ということになる。つまり、1％の濃度は、10,000ppmということになる。逆に1ppmは0.0001％ということになる。したがって、1㎥の空間の場合、1mlのガスが拡散していれば、1ppmということになる。また、1tの水に1gの物質が溶け込んでいても1ppmとなる。

なお、硫化水素及び一酸化炭素は有毒ガスである一方、可燃性ガスであり、硫化水素の燃焼範囲は4.3～46％（43,000～460,000ppm）、一酸化炭素の燃焼範囲は12.5％～74％（125,000～740,000ppm）である。

※　参考文献

消防庁通知「二酸化炭素消火設備の安全対策について」（平成8年消防予第193号・消防危第117号）

第8章　酸欠事故救助

8 - 1　事故の形態及び特性

1　事故の形態及び特性

空気中の酸素濃度の低下に伴い発生する事故

★　空気の組成　酸素21%　窒素78%　アルゴン1%

2　酸素濃度と酸素欠乏症の症状

　酸素欠乏症の症状が現れる酸素濃度は、個人差が大きく、また、個人の健康状態によっても異なる。

　一般的には、16%から自覚症状が現れ、低濃度になるほど症状が重く、10%以下では、死の危険が生じてくる。

★　**酸欠状態**　「酸素欠乏症等防止規則（昭和47年労働省令42号）」では、空気中の酸素濃度18%未満である状態をいう。

酸素濃度と酸素欠乏症の症状等との関係（ヘンダーソンの分類）

段階※	空気中酸素		動脈中酸素		酸素欠乏症の症状
	濃度（%）	分圧（KPa）	飽和度（%）	分圧（KPa）	
	18	18.2	96	10.4	安全下限界だが、作業環境内の連続換気、酸素濃度測定、墜落制止用器具、呼吸保護具の用意が必要。
1	16〜12	16.2〜12.2	93〜77	8.9〜5.5	脈拍・呼吸数の増加、精神集中力低下、単純計算まちがい、精密筋作業拙劣化、筋力低下、頭痛、耳鳴り、悪心、吐き気、動脈血中酸素飽和度85〜80%（酸素分圧6.6〜6.0kPa）でチアノーゼが現れる。

2	14～9	14.1～9.0	87～57	7.2～4.0	判断力低下、発揚状態、不安定な精神状態（怒りっぽくなる）、ため息頻発、異常な疲労感、酩酊状態、頭痛、耳鳴り、吐き気、嘔吐、当時の記憶なし、傷の痛みを感じない、全身脱力、体温上昇、チアノーゼ、意識もうろう、階段・はしごから墜落死、溺死の可能性。
3	10～6	10.1～6.1	65～30	4.5～2.4	吐き気、嘔吐、行動の自由を失う、危険を感じても動けず叫べず、虚脱、チアノーゼ、幻覚、意識喪失、こん倒、中枢神経障害、チェインストークス型の呼吸出現、全身けいれん、死の危険。
4	6以下	6.1以下	30以下	2.4以下	数回のあえぎ呼吸で失神・こん倒、呼吸緩徐・停止、けいれん、心臓停止、死。

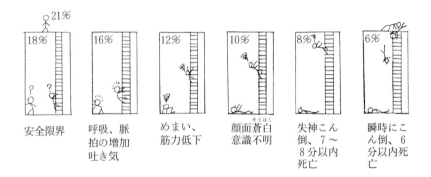

安全限界

呼吸、脈拍の増加吐き気

めまい、筋力低下

顔面蒼白意識不明

失神こん倒、7～8分以内死亡

瞬時にこん倒、6分以内死亡

8 − 2　酸欠危険の場所と原因

酸欠の発生しやすい場所と主な原因

危険場所	主な原因
・鋼製タンク ・鋼製ボイラー	内部に水分があるまま長時間密閉しておくと、内壁が酸化（さびること）され、内部の酸素が消費されるため。 　★　内部がメッキされたものやステンレス製のものは、さびないため酸欠になりにくい。
・井戸・マンホール ・ピット	有機物の腐敗、微生物の呼吸により酸素が消費されるため。
・換気の悪い場所での塗装作業	内部を塗装するとき、塗料の乾性油が酸素を消費するため。（乾性油は、酸素と結合して透明な個体に変化する性質を有する。） 　★　乾性油には、アマニ油・ボイル油・エノ油がある。
・食品の貯蔵庫等	穀物・野菜・果物類が貯蔵中にも呼吸作用を営み、酸素を消費し炭酸ガスを放出するため。 　★　豆・小麦・バナナ・とうもろこし等
・木材の貯蔵庫	チップ等は、木材の呼吸作用、発酵作用、樹脂の酸化作用で酸素を消費し、炭酸ガスを発生する。（チップの上では、高さにより酸素濃度が異なるので注意する。人間の呼吸する高さで酸素濃度が21％でも、チップの上方30cmでは12〜15％、チップ面では4％と極端に低いことがある。）
・圧気工法により掘削している潜函作業室内	圧気工法により、作業室内に圧入した空気が地層中に染み出し、地層中の酸化第一鉄などによって酸素が消費され、酸欠空気となって再び作業室内に流入してくる。（圧気工法とは、わき水を防ぐために作業室内に圧縮空気を圧入して掘削を行う工法） 　★　潜函　土木建築の基礎工事を行う際、地上でコンクリート箱型の基礎を作り、底部の土砂を掘り下げて所定の位置に沈めていくもの。
・ドライアイスを使用する冷蔵庫	炭酸ガスの置換により、酸素濃度が低下したもの。（ガスの置換とは、今まで存在した空気に変わって後から流入した炭酸ガスに置き換わること）

8 - 3　活動要領とポイント

1　活動要領

⑴　出動指令の内容から、事故概要の把握と状況を推測する。

　ア　事故の発生場所と救助要請の内容

　イ　要救助者及び負傷者の状況及び数

⑵　現場到着時の状況を確認する。

　ア　事故の実態把握

　イ　要救助者の状況

　ウ　関係者の確保及び情報の収集

⑶　空気呼吸器を着装する。

⑷　酸素濃度を測定する。

　　★　酸素濃度測定器　（第Ⅲ編第5章5 - 1「ガス測定器」参照）

⑸　要救助者への対応（新鮮な空気を供給する。）

　ア　そく止弁を開けた空気ボンベの投入

　イ　送排風機の活用による空気の置換

　ウ　開口部（窓・戸等）の開放による換気

2　活動ポイント

⑴　酸欠事故では、事故現場を不用意にのぞき込まない。

⑵　空気ボンベを投入する場合は、布等で覆う（可燃性ガス等の充満している
ときの火花の発生防止）。

　　★　測定器により、可燃性ガスの存在も同時に検知した場合は、火気管理も併せて
行う。

⑶　空気ボンベは、要救助者の間近に投入する（離れて置くと効果が薄い。）。

⑷　進入時には、空気呼吸器に付属のレスクマスクを携行する。

⑸　進入時には、合図の確認を徹底し、命綱をつける。

⑹　交代要員を待機させる。

⑺　給気時の酸欠ガスの吹き返しに注意すること。

第9章　転落事故救助

9－1　事故の形態及び特性

　転落事故とは、故意、過失又は足場の崩壊などにより人が高低差のある場所から転落し、救出活動を行う必要がある事故をいい、事故の形態を分類すると次のとおりである。

1　事故の形態

⑴　高層建築物から隣接建物の屋根又は屋上等の高所へ転落したもの

⑵　建物の地下、工事現場、河川敷等の低所へ転落したもの

⑶　路面等の陥没により、地底へ転落したもの

⑷　井戸、マンホール、地下槽等の立て坑へ転落したもの

⑸　海、河川、湖沼等の水中へ転落したもの

2　事故の特性

　転落事故は、一般的には落下した高低差に比例して、身体の損傷状態も大きくなるが、落下した地点の状態により相当の差異が生じる。

　目撃がある場合を除き、どこから転落したか特定できない場合が多いが、2、3階程度で重傷、それ以上になると転落途中で何かに引っ掛からない限り落下時の衝撃力は大きく、全身打撲による多発性損傷により生命の危険が大きくなる。そのため、高エネルギー事故の可能性があり、ロード＆ゴーの適応となることを考慮して活動する必要がある。

　転落場所への隊員の進入、接近は比較的困難を伴うことが多く、救出にあたっては現場の施設及び資器材を活用するなど、現場に即した臨機応変の措置が要求される。

9－2　救助活動の手順

1　救助活動の手順

⑴　実態の把握

　ア　事故経過の把握

　　㋐　事故原因（崩壊、踏み外し、酸欠等）

　　㋑　転落の高さ・深さ

　　㋒　転落位置

　　㋓　関係者のとった措置

　イ　要救助者の状況

　　㋐　転落者の数

　　㋑　再転落危険の有無

　　㋒　電線、危険物等に接触する危険の有無

　　㋓　負傷の程度

　ウ　周囲の状況

　　㋐　要救助者の周囲の工作物の状況

　　㋑　地盤の状況

　　㋒　活動スペースの状況

　　㋓　使用可能な施設・工作物及びその強度

　　㋔　隊員の転落危険の状況

　　㋕　隊員の電線・危険物等に接触する危険の状況

⑵　救助方法の決定

⑶　任務分担

　ア　関係者からの情報収集

　イ　要救助者の状態確認及び保護

　ウ　救助資器材の搬送・準備

　エ　救助関係者以外の者の統制

⑷　応援要請

　ア　負傷者の数・程度により、救急隊の増強

　イ　救助資器材が不足する場合の資器材要請

⑸　関係機関等との連携

　ア　関係者の知識・技術等を積極的に活用する。

　イ　警察、医師、電気・ガス等の現場責任者との任務分担を行うとともに、必要な情報について緊密な連携を図る。

2　二次災害の防止

⑴　群衆等の危害防止のため、警戒区域を設定し、活動スペースを確保する。

⑵　ピットやマンホール等の密閉された部屋へ進入する場合は、有毒ガス測定器により酸欠空気、有毒ガス等の発生危険の確認、呼吸保護具の着装及び換気を行う。

⑶　足場が不安定な場合は、みち板、ベニヤ板等を有効に使い、活動足場を確保する。

⑷　墜落制止用器具、命綱を活用して、隊員の転落防止及び資器材の落下防止措置をする。

9 － 3　救助活動要領

1　高所への転落

　高層建築物から隣接建物の屋根又は屋上等の高所へ転落

(1)　はしご車による救出

(2)　はしご水平救助

(3)　レスキューフレームによる救助

(4)　地物に支点をとり、ロープによる救助

2　低所への転落

(1)　建物の地下、工事現場、河川敷等への転落

　ア　はしごクレーン救助

　イ　レスキューフレームによる救助

　ウ　クレーン車又は救助車のクレーン装置利用による救助

　エ　地物に支点をとり、ロープによる救助

(2)　井戸、マンホール等による救助

　ア　立て坑救助法

　イ　レスキューフレームによる救助

　ウ　マンホール救助器具利用による救助

　エ　はしごクレーンによる救助

(3)　工事現場等の掘削穴への転落

　ア　工事用車両（クレーン、パワーショベル等）利用による救助

　イ　レスキューフレームによる救助

第10章　電気事故救助

10－1　事故の形態及び特性

1　事故の形態

　電気事故には、感電、停電、火災等の形態があるが、特に感電事故は、迅速に救助活動を実施する必要がある。感電は、送電線（通電状態）に人体が接触して人体の一部又は全身に電気が流れ、電撃（ショック）を受ける現象で、単に電流を感知する程度の軽いものから、苦痛を伴うショック、さらには筋肉の硬直、心室細動による死亡など種々の症状を呈する。

　感電した場合の危険性は、主に次の因子によって定まる。

(1)　通電電流の大きさ（人体に流れた電流の大きさ）

(2)　通電時間（電流が人体に流れていた時間）

(3)　通電経過（電流が人体のどの部分に流れたか）

(4)　電流の種類（交流、直流の別）

(5)　周波数及び波形

　したがって、通電時間が長時間にわたり、人体の重要な部分を多く流れるほど危険であり、電圧値の高低には直接関係しない。

2　事故の特性

　電気事故の特性は、電撃によって死亡、呼吸停止、局部やけど、全身やけどが生じることであり、また、それらに起因して高所からの墜落、転落、転倒、宙吊り等も発生する。

　救助活動を実施するにあたっては、電気の専門的知識が要求されるので、電力会社、関係者との連携を密にする必要がある。

10－2　電圧の種類

1　電圧の種類

　電気には、直流と交流があり、電圧の大きさは「電気設備に関する技術基準を定める省令」によって、次表に示すように低圧、高圧、特別高圧の3種類に分けられる。

電圧の種類

区　分	直　　　流	交　　　流
低　圧	750V以下	600V以下
高　圧	750Vを超え、7,000V以下	600Vを超え、7,000V以下
特別高圧	7,000Vを超えるもの	

（「電気設備に関する技術基準を定める省令」第2条）

2　配電線路

　配電線路とは「発電所、蓄電所、変電所若しくは送電線路と需要設備との間又は需要設備相互間の電線路及びこれに附属する開閉所その他の電気工作物」と定義される（「電気事業法施行規則」第1条）。

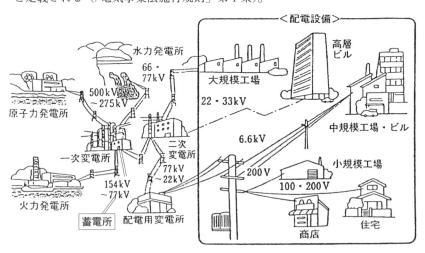

3 電線路

(1) 特別高圧線路

電圧区分	碍子による見分け方
500,000 V	20〜41個
275,000 V	16〜25個
154,000 V	7〜21個
77,000 V	5〜9個
22,000 V 33,000 V	3〜4個

電圧区分	碍子による見分け方
22,000 V 33,000 V	ひだの数6〜8枚

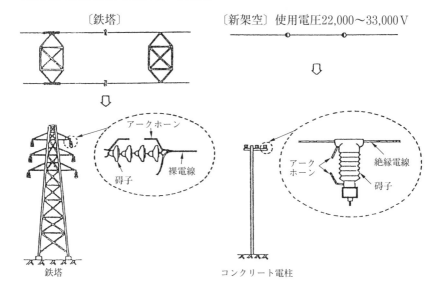

〔鉄塔〕

〔新架空〕 使用電圧22,000〜33,000 V

アークホーン
碍子
裸電線

アークホーン
絶縁電線
碍子

鉄塔

コンクリート電柱

(2) 高低圧線路

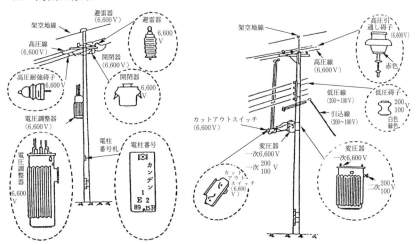

(3) 地中配電線

　地中線は、建設コストが架空線の10倍以上であるが、景観の向上、安全で快適な通行空間の確保、都市災害の防止などの観点から普及が望まれており、都市中心部や新興住宅地などへの導入が逐次進められている。欧米諸国の都市や住宅地では、すでに地中配線が主流であり、町並みが美しい。

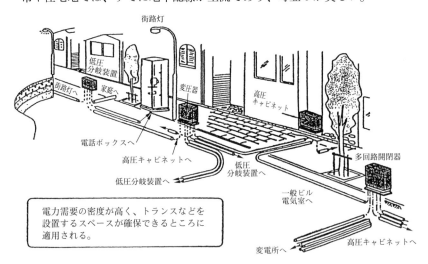

地中配電線

10－3 感電事故の活動要領

1 活動原則

(1) 電源の遮断は、工事関係者等に依頼する。

(2) 警防本部を通じて、電力会社に対して送電停止の依頼を要請する。

(3) 電路遮断に伴う二次災害及び社会的影響等に配意する。

(4) 工事関係者の資機材及び高所作業車の協力を依頼する。

(5) 警戒区域を設定する。

(6) 必要に応じて安全監視員を配置する。

(7) 救助者の状況及び救助に要する時間等を考慮し、状況に応じて医師を要請する。

高圧送電線鉄塔の宙吊り事故

2 救助要領

(1) 電力会社等の高所作業車を活用して、バスケット内へ収容する。

(2) はしご車を活用した救出

　ア　はしご車のバスケットに収容して救出する。

　イ　はしご車の最下段クレーン用支点を活用して救出する。

(3) その他の救出方法

　ア　電柱の上部に支点を設け、ロープと縛帯等を用いて救出する。

　イ　隣接する建物又は工作物に支点を設けて救出する。

(4) 救出後の要救助者の容態観察及び救命処置

10−4　安全管理

1　電路遮断確認

　警防本部との連携を密にするとともに、電力会社又は工事関係者と現場確認を行う。

2　要救助者

(1)　ロープ又は縛帯等により転落防止を行う。

(2)　墜落制止用器具を着装している場合は、着装状態及び結着状態を確認する。

(3)　電柱の突起物等に十分注意する。

3　現場全般

(1)　警戒区域を設定し、活動エリアを確保する。

(2)　必要に応じて、安全監視員を配置する。

(3)　高所作業時には、転落防止を行う。

(4)　使用資器材等の落下に注意する。

4　感電防止対策

　やむを得ず活線（電気が流れている状態）のままで作業する場合は、次のことに注意する。

(1)　現場付近に垂れ下がっている電線に触れない。

(2)　要救助者が活線に接近している場合は、工事関係者に感電防止措置を依頼する。

(3)　工事関係者が不在で、緊急措置として要救助者から活線を離す場合は、耐電衣等の絶縁用保護具の着装及び高低圧検電器を使用する。

(4)　電力会社等の高所作業車があれば、積極的に活用する。

(5)　隊員による開閉器等の操作を行わない。

(6)　荒天時には、感電の危険が高くなることを認識する。

安全距離

区　　　　　分	距　　　　離
低圧（600 V 以下）	1.0m 以上
高圧（600 V を超え、7,000 V 以下）	1.2m 以上
特別高圧（7,000 V を超えるもの）	2.0m 以上

第11章　生き埋め事故救助

11－1　事故の形態及び特性

　生き埋め事故とは、地形・地質等の地勢的条件に降雨による外因力が作用して発生する自然災害としての土砂崩れ事故や、宅地造成、道路工事等の人為的な作業現場で発生する事故、さらには、砂利等の集積場あるいは工場内のサイロへの転落・埋没等による事故をいう。

1　事故の形態

⑴　自然災害における土砂崩れ事故（がけ崩れ、山崩れ、土石流等）により埋もれ、救助を要するもの。
⑵　工場等における転落事故（サイロ、ホッパー等）により埋もれ、救助を要するもの。

2　事故の特性

⑴　自然災害における土砂崩れ事故では、死者を伴うケースも多く、長時間に及ぶ救助活動と多くの消防力を必要とすることが多い。また、二次災害の発生の危険が大きいため監視活動なども同時に開始しなければならない。
⑵　工場等における生き埋め事故では、要救助者はいわゆる「アリ地獄」に埋没しており救助隊員の進入・接近が困難であり、救出にあたっては現場に即した臨機応変の創意と工夫が要求される。

11－2　安全管理

1　自然災害における土砂崩れ事故等

(1)　地盤の軟弱度、ひび割れ状況、土砂崩れ防止、建築資材の強度の状況等の確認とマーキング等による監視を行う。

(2)　傾斜地では、要救助者がいる位置より上部に鋼板防護工法等を行い、土砂崩れ防止を行う。

(3)　現場の土砂崩れ防止に使用している建築資材の強度が弱っている場合は、救助用支柱器具（レスキューサポートシステム）等を使用し、補強を行う。

(4)　雨天時には、地盤に防水シートを展張して雨水の侵入を防ぎ、地盤保護に努めるとともに、排水路を作る。

(5)　救助資器材の設定にあたっては、適切な資器材を選定し、設定箇所の形状・強度等を確認して、外れや滑りがないように行う。

(6)　地盤の軟弱状況等から消防車両の進入及び消防隊の活動範囲を決定し、明確に表示する。

(7)　活動時には特に足元の安定した場所を選定するとともに、必要によりロープ等で隊員を確保する。

(8)　夜間は、照明作業のもとで活動する。

(9)　傾斜地での車両部署は、車輪止め及びサイドブレーキを確実に操作する。

2　工場等における生き埋め事故

(1)　周囲からの崩落危険がある場合には、必要最小限の隊員数とし、コンクリートパネル、ベニヤ板及び救助用支柱器具（レスキューサポートシステム）等を活用して要救助者の周囲を囲う。

(2)　生き埋め事故を発生させた物質には、表面が硬く、内部が空洞状になるものも多くあるので、活動にあたっては、特に足場の強度を十分確認し、必要により補強する。

(3)　照明器具を活用する。

(4)　隊員の転落防止に留意し、墜落制止用器具及び確保ロープを活用する。

(5)　救助資器材の落下防止措置をとる。

(6)　工場内施設により活動スペース確保に障害があるときは、それを除去する。

(7)　二次崩壊のおそれのある物質・工作物・内容物等がある場合には、それを除去する。

(8)　酸欠等の危険がある場合には、呼吸保護具、送風機等による換気を行う。その際、吹き戻しに注意する。

救　助　活　動　図

第 V 編

安全管理

1－1　安全管理

1　安全管理

　安全管理とは、現場活動組織又は訓練管理者をはじめとした、訓練に関わる全隊員がそれぞれの立場で危険であるという判断（許容限度）をし、それを許容範囲内に保つように処理することであり、取り仕切ることである。

2　安全管理の基本的な考え方

　安全管理の基本は自己管理であることをよく認識し、気力、体力の練成及び知識・技術の習得に努め、自らの安全は自らが確保するという気概を持たなければならない。いかなる事象に直面しても、適時、適切に対応できる臨機応変な判断力と行動力を養うため、過去の災害事例や事故事例から学び、隊員相互が安全に配慮し合って事故防止に努める必要がある。

3　安全配慮義務

　安全配慮義務とは、地方公共団体と地方公務員の関係でいえば、地方公共団体が、所属の地方公務員に対し、地方公共団体が公務遂行のために設置すべき場所、施設若しくは器具等の設置管理又は地方公務員が上司の指示のもとに遂行する公務の管理にあたって、当該公務員の生命及び健康等を危険から保護するように配意すべき義務である。

(1)　民事上の責任

　ア　債務不履行に基づく損害賠償義務（安全配慮義務違反）（民法第415条）

　　　消防活動に伴う消防職員の受傷が、消防機械器具の管理の不備、不適当な業務管理による場合には、地方公共団体は、当該受傷隊員に対して安全配慮義務違反として債務不履行による損害賠償責任を追及されることがあ

る。
イ　公権力の行使に伴う地方公共団体の不法行為責任（国家賠償法第１条）
　　消防活動に伴う消防職員の受傷が、他の職員の過失によるものである場合は、地方公共団体は、当該受傷職員に対して、損害賠償義務を負うことがある。
(2)　刑事上の責任
ア　業務上過失致死傷罪（刑法第211条）
　　消防活動に伴う消防職員の受傷が、当該消防活動を管理監督すべき職員が必要な注意義務を怠ったことによる場合には、刑事責任が科されることがある。

> 「宮崎市消防訓練事故事件」（昭和57年３月30日宮崎地裁判決）
> 　安全配慮義務の具体的内容は、公務員の職種、地位及び安全配慮義務が問題となる具体的状況により異なる。消防職員のように業務の性格上危難に立ち向かう義務のある職員は、消防活動等危難に直面している場合には、使用者である地方公共団体に強く安全配慮義務を求めることはできない。しかし、火災予防業務、訓練のように危難の現場から遠ざかれば遠ざかるほど安全配慮義務は強く要請される。

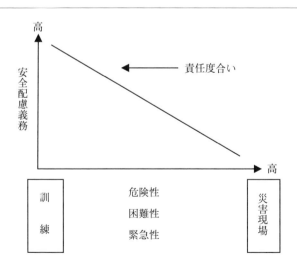

災害現場と訓練とでは、要求される安全配慮義務の程度が異なる。
上図のように、訓練時には要求される安全配慮義務は高く、災害活動時には低くなる。

4　事故事例とヒヤリハット事例の活用

　現場活動や訓練実施中の事故事例及びヒヤリハット事例は、我々にとってかけがえのない教訓である。その際の状況や要因と対策について詳細に検証し、失敗の原因を分析すると、①判断や見積もりの誤り、②状況の認識不足、③無知・無理な目標設定、④過剰な期待、⑤予期しない事態の発生といった類型化が可能である。こうした事故事例やヒヤリハット事例を全隊員が共有することにより、以後の災害や訓練に反映させ、また、再発防止策や対応要領を習得させるための危険予知訓練としても活用する。(第2章「事故事例等」参照)

1－2　災害現場における安全管理

1　任務の遂行と安全管理の両立

　安全管理は、「それ自体が目的ではなく、組織目標を達成するための過程であり、さらには任務の遂行を前提とする積極的行動対策である」と言われる。現場は、「活動環境が危険を前提とするものであること」、「人命を直接取り扱うものであること」、「方策をじっくり検討する時間的余裕がないこと」、「状況が不利であっても、その場で対処しなければならないこと」等を考慮し、現場活動の目標を達成しなければならない。そのために安全管理は必要不可欠な要素であり、消極的ではなく、積極的な対策である。現場活動は任務の遂行と安全確保のどちらか一方に偏った発想ではなく、常に「被害軽減につながる活動効果」と「隊員の安全確保」とのバランスを考慮し、行わなければならない。

2　災害現場における安全管理の基本的な考え方

(1)　災害現場における安全管理は、任務遂行を前提とした積極的な現場活動に対する安全確保を基本とする。

(2)　不安定かつ変化する災害現場における安全管理は、常に流動的要素が高いため、活動の推移と並行して安全管理の確実性を高める。

(3)　危険に対する感覚、感性を高め、正しく予知し、事前に潜在危険要因を排除する。

(4)　災害現場への出動時における安全管理は、出動から帰署まで継続する。

3　災害現場における安全と危険の概念

(1)　災害現場は危険な環境下にあり、そこでの現場活動に絶対的な安全を求めることは、任務の遂行を消極的なものにすることになる。

(2)　災害現場での活動は、どんな効果（利益）のために行うのか、そこにはどんな危険がどの程度の危険性で存在するのかを判断して実行する。

(3)　災害現場での活動は、危険性が高いと分かっていても人命救助のためにあえてやらなければならない場合がある。その一方で意味のない危険を冒すことは絶対に避けなければならない。

⑷ 安全管理とは、行動に先立って、予測される危険を特定し、危険性を見積もり、危険性を低くするための措置を講じることをいう。

⑸ 安全管理は、隊員個人行動、小隊行動、部隊行動それぞれのレベルで行われるものであり、その責任もそれぞれに固有のものである。

⑹ 危険性を低めるための方策は、物理的なものと心理的なものに分けられ、どちらもある一定の環境を整えることを考慮することである。

1－3　訓練時における安全管理

1　訓練時における安全管理の基本的な考え方

　訓練を直接的な安全教育の場として位置付けることは大切なことである。しかしながら、安全に傾注するあまりに、消極的な訓練になってはならないし、反対に安全等が軽視されることがあってもならない。

　訓練時は活動上の判断力や技術の向上と相まって、安全対応能力をも高めることが必要である。災害現場においては、事故につながる不可抗力的要素を排除した上で活動することは困難であるが、訓練時にはこのような要素を可能な限り排除して訓練を行うことができる。このことは、訓練時にあっては、事故をゼロに近づけられる可能性を示唆している。

2　訓練時における安全管理体制

⑴　訓練時における安全管理の主体は、訓練管理者、訓練指導者、訓練指揮者、安全管理担当者及び隊員であり、基本的には災害活動時の指揮系列に準じて行われるのが原則である。

⑵　訓練時には計画段階から、施設、場所、環境及び資器材等について事前に点検や確認を行い、訓練指導者の管理責任のもと指導体制を確立する。

⑶　計画段階から安全管理上の障害を排除し、排除できない部分については、安全管理上必要な資器材の活用や安全管理担当者を配置して万全の体制で実施する。

⑷　訓練指導者は、常に救助活動等の基本要領について教養及び指導を行い、安全保持に努める。

⑸　訓練指導者は、資器材の諸元・性能を確実に把握させ、適正な取扱操作及び取扱要領を習得させる。

⑹　資器材の点検整備等、維持管理について徹底する。

⑺　実施結果から見た達成度合いの検討及び問題点について反省を行い、次回の訓練、さらには災害活動時の安全管理に反映させていく体制が必要である。

⑻　訓練指導者は、災害を想定した訓練を行い現場対応能力の向上に努める。

3　安全管理上の留意事項

(1)　訓練計画時
- 訓練の規模、内容を考慮した安全管理体制を確立する。
- 大規模の訓練の場合で複数の訓練を混同して実施するときは、種目ごとに計画を作成する。
- 気象条件、訓練環境に応じた安全管理対策を講じる。
- 消防訓練及び救助訓練等、各々の訓練に適合した安全管理を含めた訓練計画を作成する。
- 安全管理に必要な資器材の種類、数量とその設置場所を明確にする。
- 訓練指揮者及び安全管理担当者を明確にし、任務分担を明確にする。
- 安全管理担当者の服装及び装備について明記する。

(2)　訓練開始前
　ア　訓練場所、施設及び資器材
- 訓練場所及び施設を点検し、訓練の実施並びに安全管理上支障がある場合は、補強、使用制限、不必要又は障害となるものの除去等の措置を講じる。
- 資器材の数量、機能を点検し、不備、欠陥等がある場合は、補修、充填、交換等の必要な措置を講じる。
- 訓練用資器材と出動車両に積載している資器材は、混同又は兼用しないように明確に区分するとともに、予備資器材を準備する。
- 訓練指揮者及び安全管理担当者は、安全管理上必要な資器材の設定位置、設定状況並びに安全性について点検を実施する。
- その他、訓練場所、施設及び資器材の使用に伴う必要な安全措置を講じる。
　イ　訓練指揮者・隊員
- 訓練の内容に応じ、柔軟体操等の準備運動を実施する。
- 服装及び個人装備の着装状況を点検する。
- 訓練指揮者は、安全管理担当者の配置場所を確認し、調整を行う。
- 名古屋市消防局では、訓練指揮者及び安全管理担当者は、訓練を実施するにあたり、訓練実施前・実施中・実施後に安全管理チェック表（P.503の4「安全管理チェック表の様式」参照）に従い点検を実施している。
- 訓練指揮者は、訓練場所、施設及び訓練の内容等から予測される危険

要因に対する安全管理措置について徹底する。

- 　訓練指揮者は、隊員が訓練内容を理解しているか確認し、必要に応じて実技の展示、指導を行う。
- 　訓練指揮者は、隊員の顔色、挙動等を観察し、隊員の健康状態を把握するとともに、訓練の実施に支障があると認めた場合は、参加させないか又は必要な措置を講ずる。
- 　隊員は、それぞれが使用する資器材を自己の責任において点検する。
- 　隊員は、訓練場所、施設の状況及び訓練内容に精通しておく。
- 　隊員は、健康状態が悪い場合は、訓練指揮者に申し出て、その指示に従う。
- 　訓練実施中に緊急事態が発生した場合の合図について確認する。
- 　訓練内容により、ＡＥＤや救急医療品等を準備する。
- 　訓練実施者以外の第三者に対する危険の確認と、危害防止措置を講じる。

(3)　訓練実施中

ア　訓練指揮者

- 　指揮系統の一元化を図り、規律を保持する。
- 　隊員の技術及び能力に応じ段階的に実施する。
- 　訓練全般の進行状況及び隊員の行動を常に掌握する。
- 　訓練及び資器材の使用状況を把握し、異常又は危険を察知した場合は直ちに訓練を中止し、点検、安全確認を行い、必要な措置を講じる。
- 　隊員が危険又は誤った操作及び行動をした場合は、これを是正し安全指導を行う。
- 　訓練内容、継続時間等に応じ、隊員の表情、顔色及び動作等によって疲労度を観察し、定期的に効果のある休憩を与える。
- 　訓練指揮者は、安全管理担当者を訓練の状況全般が把握できる位置に配置させ、施設、資器材及び隊員の行動について監視を行い、危険と認める場合は訓練指揮者と連携を保ち、訓練を中止させる又は行動を規制し、安全管理に関して指導する。
- 　計画した内容以外の訓練は実施しない。
- 　訓練指揮者及び安全管理担当者は、安全管理チェック表により安全管理上の問題が確認されたときは、早期に是正するよう指示する。

イ　隊員

- 　訓練指揮者の指示、命令に従い、単独行動及び無理な行動はしない。

- 旺盛な士気と厳正な規律を保持する。
- 行動は基本を忠実に守る。また、確認呼称は惰性に流されず確実に励行する。
- 施設、資器材は粗雑に扱わない。また、許容能力以上に使用しない。
- 訓練場所、施設、資器材の異常及び行動に伴う危険を察知した場合は、訓練を中止し、直ちに訓練指揮者に報告する。
- 訓練中においても、安全管理上危険が切迫した場合は、直ちに行動を停止し危険を回避するとともに、周囲に知らせる。
- 身体に異常が生じた場合は、訓練指揮者に報告する。
- 服装及び個人装備が乱れた場合は修正する。
- その他隊員相互が協力し、訓練中の危害防止にあたる。
- 高所訓練及び低所訓練時は、確保ロープを設定するとともに、安全な姿勢で行い、常に直下及び直上の安全確認と地上との連携を密にする。
- 資器材等は、投げ渡しをしない。また、投下する場合は、下方及び地上の安全を確認し声掛けによる注意喚起を行ったうえで投下する。
- 重量物の搬送にあたっては、必ず人員を確保する。
- 資器材の吊り上げは、滑車及びロープを使用し、上下の連携を取りながらゆっくりと行う。
- 訓練を停止する場合は、施設及び資器材等を不安全な状態で放置しない。
- 訓練途中に休憩する場合は、訓練実施場所の直下を避ける。

(4)　訓練実施後
- 訓練指揮者及び安全管理担当者は、隊員の顔色、挙動等を観察し、隊員の健康状態を把握する。
- 隊員等は、必要に応じ整理運動等を実施するとともに、水分・塩分等を補給し、体調を整える。
- 訓練内容について検討会を実施するとともに、安全管理面からも検討を行い、以後の訓練に活用する。
- 訓練中に訓練指揮者及び安全管理担当者等が、個々の隊員に指摘した内容については、再度、全隊員に周知するなど、安全管理の徹底を図る。
- 訓練終了後は必ず使用資器材の点検を実施する。
- 訓練場所及び資器材を保管する場所は整理整頓する。

4　安全管理チェック表の様式（名古屋市消防局の例）

安 全 管 理 チ ェ ッ ク 表

消防第　課（特別消防隊）　　隊

実施日時	月　日 ～		訓練内容		安全管理担当者	
区分	点　　検　　内　　容					点検結果・措置
訓練実施前の点検事項	訓練場所は、整理整頓されているか。					
	転落及び転倒等危険場所の安全措置をしたか。					
	訓練施設及び設備に欠陥はないか。					
	訓練種別及び内容を隊員は把握しているか。					
	活動に対する危険予知について議論はなされたか。					
	個人装備及び使用資器材の事前点検は実施されているか。					
	隊員の服装及び健康状態は良好か。					
	準備体操は実施されているか。					
	緊急時の応急措置の態勢はとれているか。					
	その他					
訓練実施中の点検事項	安全管理担当者の配置場所は適当か。					
	個人装備及び使用資器材の取扱は適正か。					
	確認呼称は励行されているか。					
	安全を無視した危険な行動はないか。					
	高所作業等において危険な状況はないか。					
	隊員個々の能力及び体力に応じた訓練内容であるか。					
	隊員の疲労度はよいか。					
	その他					
訓練実施後の点検事項	個人装備及び使用資器材の使用後点検は実施されたか。					
	整理体操は実施されているか。					
	隊員の健康状態に問題はないか。					
	訓練後の検討会は実施されたか。					
	その他					
備考						

第2章　事故事例等

1　ヒヤリハット事例・訓練

No.1	応急はしご訓練・ロープ破断
発生概要	火災系の想定訓練を実施中、庁舎2階から要救助者（ダミー人形）を三つ打ちロープを使用して応急はしごで救出する際、救出活動中に三つ打ちロープが破断し、要救助者が落下したもの。
安全管理等	1　高所での作業につき、活動中の隊員に自己確保ロープを設定するよう指示した。 2　要救助者の転落及び三連はしごの転倒について注意喚起した。

復　元　図	要　　　　因
	1　火災現場での使用により一部溶融していた三つ打ちロープを訓練に使用した。 2　使用前にロープの点検をしていなかった。
	対　　　　策
	1　火災現場で使用するロープについては、難燃性セミスタティックロープの使用も考慮する。 2　ロープを点検し、異常が認められたロープは使用しない。

【セーフティポイント】
　ロープの種類にかかわらず、日常点検や、使用前・使用後の点検により異常の有無を確認し、異常が認められた場合はそのロープの使用は避ける。

No. 2	応急はしご救助訓練・はしご転倒危険
発生概要	応急はしご救助訓練を実施中、三連はしごを伸ていしようとした際、引き綱を真下ではなく斜めに勢いよく引っ張ったため、確保員が耐えきれずにバランスを崩し、三連はしごが倒れそうになったもの。
安全管理等	1　三連はしごから建物に乗り移る際、自己確保ロープを設定するよう指示した。 2　高所進入訓練のため、安全マットの設定を指示した。

復　元　図	要　　　因

要　　　因

1　引き綱を斜めに引っ張ってしまった。
2　三連はしごの引き綱操作員が、引き綱を斜めに引く前に、確保員が注意しなかった。

対　　　策

1　引き綱は斜めに引くと転倒方向に傾くため、必ず真下へ引く。
2　確保員は、引き綱操作員の動向を把握し、事故が起こる前に注意を促す。

【セーフティポイント】
　三連はしごの転倒危険を避けるため、伸てい時だけでなく、横さんへ結着する時も真下へ引きながら結索する。

No. 3	高所進入訓練・単はしご転倒危険
発生概要	三連はしごと単はしごを使用して、庁舎4階への高所進入訓練を実施中、三連はしごを架てい後、登ていしながら単はしごを搬送し、三連はしご上で作業姿勢をとり、単はしごを4階の壁体に架けようとしたところ、重さに耐えきれず単はしごが傾き、横にあった壁体に倒れかかったもの。
安全管理等	1　三連はしごから単はしごへ乗り移る時及び単はしごから4階へ進入する時に自己確保ロープを設定するよう指示した。 2　高所進入訓練のため、安全マットを設定するよう指示した。

復　元　図	要　　因
	1　単はしごの架てい作業を1名で行ったため、単はしごの重さに耐えられなかった。 2　単はしごの下部を持って架ていしようとしたため、バランスを崩してしまった。
	対　　策
	1　2名の隊員が連携して単はしごを架ていする。 2　やむを得ず1名で行う場合は、バランスの良い位置を慎重に確認しながら架ていする。

【セーフティポイント】
　単はしごに確保ロープを事前設定し搬送するときは、ロープの荷重の掛かり具合や引っ掛かりに注意する。また、単はしごの架てい時や三連はしごを登ていしながらの単はしご搬送中は、確保ロープに少しでも荷重を掛けるとはしごが傾き、転倒危険を伴うので十分注意する。

No. 4	はしごクレーン救助訓練・はしご転倒危険
発生概要	はしごクレーン救助訓練を実施中、要救助者（ダミー人形）を収容したバスケットストレッチャーを引き上げ後、徒手にて安全な場所まで搬送しようとした。メインロープ（4分の1滑車システム）をバスケットストレッチャーに設定した状態のままで搬送しようとした際、ロープが繰り出されるスピードよりも、担架を搬送するスピードが早かったため、メインロープにテンションがかかり、はしごが倒れそうになったもの。
安全管理等	1　バスケットストレッチャーを引き込む際、転落危険があるため確実に自己確保ロープを設定するよう指示した。 2　はしごクレーン設定時及び救出活動時のはしご転倒危険を注意喚起した。

復　元　図	要　　因
	1　メインロープの操作隊員とバスケットストレッチャーの搬送隊員との連携がとれていなかった。 2　4分の1滑車システムの特性と、はしご転倒危険の認識が不足していた。
	対　　策
	1　メインロープの操作隊員とバスケットストレッチャーの搬送隊員が、声掛け等により連携を密にする。 2　4分の1滑車システムは、引き込む力は4分の1にできる一方、ロープを引く距離は4倍になることを理解させる。

【セーフティポイント】
　はしごクレーンは、上部支点の真下に力を加える時は安定しているが、横方向に力が加わると、容易にバランスが崩れることを理解して訓練等を実施する。

No. 5	はしごクレーン救助訓練・はしご転倒危険
発生概要	7ｍの低所より、はしごクレーン救助（4分の1滑車システムを使用）にて、要救助者引き上げ訓練を実施していた。救助ロープを引き上げる隊員を1名、確保隊員を1名配置していた。 　救助ロープを引いたときに、救助ロープを肩確保していた隊員の足がはしご基底部の中心からずれ、三連はしご基底部が移動し、はしごクレーンが倒れそうになったもの。
安全管理等	1　はしごの確保ロープについては、左右均等に設定するよう指示した。 2　進入隊員は、要救助者をはしごクレーンに設定した支点の直下へ搬送し、三連はしごの傾きを防止するよう指示した。

復　元　図	要　　因
	1　救助ロープを引き上げる隊員が1名で、基底部の片側しか押さえていなかった。 2　要救助者を引き上げる位置が、はしごクレーンに設定した支点の直下ではなかった。

	対　　策
	1　引き上げ隊員を2名配置し、基底部を両側で押さえるか、基底部をロープ等で固定する措置をとる。 2　低所への進入隊員は、要救助者をはしごクレーンに設定した支点の直下へ搬送し、要救助者の荷重が掛かるまでは、要救助者の保持を行う。

【セーフティポイント】
　はしごクレーン救助の三連はしごは、決して安定したものではなく、引き上げ開始時や要救助者を地上へ引き込む際は、無理な方向へ荷重が掛からないように声を掛け合って確実に行う。

No. 6	はしご水平救助訓練・はしご転倒危険
発 生 概 要	高さ８mの庁舎屋上から、はしご水平救助第二法にて要救助者を地上へ救出する訓練を実施していた。 　バスケットストレッチャーに要救助者を収容して救出する際、とび口を隊員２名で保持し、はしごを押し出そうとしたとき、２名のタイミングが合わず、はしごが傾き転倒危険があったもの。
安全管理等	1　救助ロープの確保員に、はしごが倒れないようにはしごの中心でしっかりと確保するよう指示した。 2　上部支点の横さんの補強は、作業姿勢をとってから作成するよう指示した。

復　元　図	要　　因
	1　とび口を保持し、はしごを押し出す２名の隊員の息が合わなかった。 2　救助ロープの確保員による基底部の押さえが十分でなかった。

対　　策
1　三連はしごを前に押し出すときが一番不安定な状態となるため、特に動き出しは息を合わせ慎重に行う。 2　救助ロープの確保員は、基底部を確実に押さえ、確実に押さえるのが困難な場合には、基底部を確保する隊員の増強配置も考慮する。

【セーフティポイント】
　はしご水平救助第二法訓練を実施時、伸ていした状態の三連はしごは、横方向の揺れに対して、非常に不安定になることを考慮し、とび口で三連はしごを押し出すときは、小隊全体で注意し慎重に行う。

No. 7	かかえ救助訓練・転落
発生概要	地上5mの車庫上より、かかえ救助（要救助者意識なし）にて救出訓練を実施中、はしごが残り3段になったところで、要救助者の重さに耐えきれず、隊員が三連はしごの横さんから手を離してしまい、要救助者とともに安全マットに転落したもの。
安全管理等	1　要救助者に確保ロープを設定するように指示した。 2　高所訓練のため、安全マットの配置を指示した。

復　元　図	要　　　因
	1　かかえ救助を行った隊員に対して、要救助者の重さが適切でなかった。 2　確保員のロープ操作が、余張を出し過ぎており適切でなかった。

	対　　　策
	1　経験の浅い隊員が訓練を実施する場合は、三連はしごの低い位置でしっかり反復訓練を行った後、高所で実施する。 2　ロープ確保員は、要救助者が落下しないよう適切に確保する。

【セーフティポイント】
　かかえ救助は、隊員に対する負荷が大きく、失敗が大きな事故につながるため、確保ロープで適切な二次確保を行い、また、隊員の技量、力量に合わせ、訓練指揮者が適切に訓練を管理する必要がある。

No. 8	ほふく救助訓練・転倒
発 生 概 要	ほふく救助訓練を実施中、進入隊員の足に結着したロープに、確保隊員が確保ロープを設定し、進入隊員が進入を開始した際、確保ロープが絡まり、進入隊員が引っ張られ転倒したもの。
安全管理等	1　進入、退出に際しては手掌部、膝等の危害防止に留意するよう注意喚起をした。 2　要救助者を引きずる場合は、襟等で首を絞めつけたり、段差に当てないように保護するよう注意喚起した。

復　元　図	要　　　因
	1　安全管理担当者が適切な場所に配置されていなかった。 2　確保ロープを整理する隊員のロープをさばく技術が不足していた。

	対　　　策
	1　訓練指揮者は、事故が発生する危険性が高い場所を明確にし、適切に安全管理担当者を配置する。 2　個別訓練で、各パートを反復訓練させてから、チーム訓練に移行する。

【セーフティポイント】
　救助技術大会の訓練では、迅速性が求められるため、訓練指揮者は、各パートでの訓練を積ませてから、チーム訓練に移行させ、更には安全管理担当者を増員させる等、高い安全管理体制を確立して訓練を実施する。

No. 9	つるべ式救助訓練・挟まれ
発生概要	つるべ式引き上げ救助訓練を実施中、隊員が高所からつるべを使用した吊り下ろしで進入を行っていたところ、つるべの動滑車部分に進入隊員の救助服の袖が誤って巻き込まれ、そのまま腕を挟まれそうになったもの。
安全管理等	1　降下中の転落に備え、直下に安全マットを設定するよう指示した。 2　確保員の負担を軽減させるため、後方でロープを折り返して確保するよう指示した。

復　元　図	要　　　因
	1　進入隊員が動滑車部分に不用意に腕部分を接近させた。 2　進入隊員の意識が要救助者のいる地上に集中していたため、滑車部分に対する危険意識が疎かになった。

	対　　　策
	1　進入隊員は、滑車への巻き込まれ危険を理解し、自身の服装、装備等に注意する。 2　進入隊員は、常に周囲の状況に注意し、また小隊長をはじめ、隊全体で状況を共有できる連絡体制を確立する。

【セーフティポイント】
　進入隊員は、進入中のアクシデントは自らしか解決できないことがあることをよく理解し、常に自らの装備や周囲の状況に注意する必要がある。

No.10	一箇所吊り救助訓練・転落危険
発生概要	一箇所吊り救助訓練を実施中、上階から一箇所吊り用の上部支点を設定したが、救出階のひさしのエッジ部分に上部支点のロープが擦れるおそれがあったため、救出階からひさしのエッジ部分にあて布を設定しようとしたところ、わずかに届かない距離であったため、救出階のベランダ部分にまたがってあて布を取り付けようとした際、バランスを崩し転落しそうになったもの。
安全管理等	1　支点の強度及びロープの強度を確認した後に、支点の高さ調整を行うよう指示した。 2　ひさしのエッジ部分にロープが擦れないよう、あて布の設定を指示した。

復　元　図	要　　因
	1　自己確保ロープの長さ調整が不十分であった。 2　バランスを崩す可能性がある箇所で作業を行った。

	対　　策
	1　転落危険のある箇所で作業を行う際は、それ以上危険区域に入らないよう自己確保ロープの長さ調整を確実に行う。 2　建物側にあて布を設定することが困難な場合は、エッジと接触するロープ部分にあて布を巻きつける等の措置をとる。

【セーフティポイント】
　転落危険のある箇所では、作業しないことを優先させ、やむを得ず作業する場合は、適切な自己確保ロープを設定し作業する。

No.11	渡過訓練・落下
発生概要	モンキー渡過訓練中に、ロープ中央部分で故意に落下し、復帰訓練を実施していた。モンキー渡過により自己確保ロープのカラビナを足で何度も蹴るうちにカラビナの安全環が回っていたが、そのまま復帰しようと自己確保ロープのカラビナを蹴った際、カラビナが渡過ロープから外れ、そのまま渡過ロープの下に設置してある転落防止ネット上に落下したもの。
安全管理等	1　自己確保の設定及びロープ展張時の控え綱の設定を指示した。 2　脱水症を防止するため、適宜水分補給を行うよう指示した。

復　元　図	要　　因
	1　確実に安全環を閉めていたが、渡過中にカラビナを何度も蹴ってしまったため、安全環が開いてしまった。 2　安全環が開いた状態でカラビナを蹴ったため、カラビナが渡過ロープから外れてしまった。
	対　　策
	1　訓練指揮者は、渡過要領を展示により事前教養を行った上で訓練を実施させる。 2　ダブルロッキングカラビナを使用する。

【セーフティポイント】
　ロープの振動等による安全環の開放を防止するため、ダブルロッキングカラビナの使用を推奨する。

No.12	横転復旧訓練・ワイヤー切断
発生概要	20 t クレーン車を使用し、訓練事故車両の横転復旧訓練を実施していた。訓練事故車両にワイヤロープで玉掛けを設定し、クレーンで訓練事故車両の吊り上げを行った際、玉掛け設定したワイヤロープが切れ、訓練事故車両が地上より約 1 m 地点から落下したもの。 　使用したワイヤロープ（φ12mm×8 m）を確認したところ、繊維芯からグリースが染み出ていた。
安全管理等	1　訓練事故車両に誘導ロープを設定し、回転防止や揺れ防止に配慮するよう指示した。 2　訓練事故車両に必要以上に接近しないよう指示した。 3　クレーンの操作員から見やすい位置で誘導を行うよう指示した。

復　元　図	要　　　因
	1　使用前のワイヤロープの点検が不足していた。 2　ワイヤロープの使用基準を満たしていなかった。 **対　　　策** 1　ワイヤロープを使用する際には、ワイヤロープの点検を確実に行い、使用基準を満たしたものを使用する。 2　重量物を吊り上げる際は、ワイヤロープの挟み込みや引きずり等に注意し、あて布等の活用も考慮する。

【セーフティポイント】
　ワイヤロープの点検を確実に行い、使用基準を満たしていないものについては、絶対に使用しない。また、ワイヤロープ使用時には、挟み込みや引きずり等に注意し、ワイヤロープ保護の観点から、あて布等の活用も考慮する。

No.13	低所救助訓練・接触危険
発生概要	貯水する前の新設防火水槽において、レスキューフレームを使用した低所救助訓練を実施していた。レスキューフレームは、後部頂点を地面に設置させた状態で、上部頂点が防火水槽の蓋を外した開口部（直径60㎝）の真上になるように設置させた。上部頂点に設定した４分の１滑車システムを使用して隊員が進入し、要救助者を低所より引き上げ中、要救助者の頭部が防火水槽の開口部付近に接触しそうになったもの。
安全管理等	1　低所への転落危険があるため、自己確保ロープの設定を指示した。 2　要救助者を救出するには、狭隘な空間を通過させる必要があるため、誘導ロープの設定を指示した。 3　防火水槽開口部付近のエッジ部分に、ロープの摩擦防止措置をとるよう指示した。

復　元　図	要　　　因
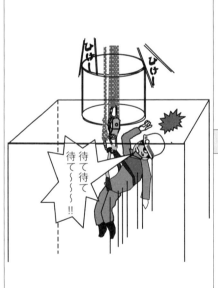	1　防火水槽開口部付近の狭隘部分で、誘導ロープの操作ができなかった。 2　地上隊員が、要救助者の回転防止や壁への衝突を防止する要救助者の誘導補助を実施しなかった。 3　上部頂点の位置が、防火水槽の開口部の中心から少しずれていた。

	対　　　策
	1　防火水槽の開口部付近は、狭隘な筒状になっており、効果的な誘導ロープの操作ができなくなるため、進入隊員は手の届く範囲で、要救助者の足等を持ち誘導する。 2　地上の隊員は、手の届く範囲で要救助者の誘導補助を実施する。 3　要救助者が救出される体勢、縛着方法等を考慮して、上部支点の位置を設定する。

【セーフティポイント】
　防火水槽の開口部には、縦はしごや落下防止用ネットのフック等の障害物があるため、ヘルメットの装着等の要救助者の保護には十分配慮する。

No.14	ロープ展張訓練・アイボルト破断
発生概要	チルホールを使用したロープ展張訓練として、ハンマードリルで取り付けた2個のアイボルトにツヨロンを素通しして、チルホールの支点として訓練を行った。その際、必要以上に一方のアイボルトに力が加わり、アイボルトが破断して展張していたロープが飛び、隊員への接触危険があったもの。
安全管理等	1　けん引時にはけん引線上には近寄らないよう指示した。 2　支点の強度を確認するよう指示した。

復　元　図	要　　　因
	1　アイボルトの強度がない向きにけん引した。 2　二つの支点に荷重が分散するよう設定しなかった。 **対　　　策** 1　アイボルトの諸元性能を理解し、展張方向を考慮して使用する。 2　分散支点の有効性を理解し、確実に荷重を分散させて使用する。

【セーフティポイント】
　過去にも類似した事故が多発しているため、事故事例を参考に、アイボルトの支点についてはバックアップを設定するなどの措置をとる。

No.15	エンジンカッター取扱訓練・やけどのおそれ
発生概要	エンジンカッターを使用して、ドアの切断訓練を実施していた際、摩擦により発生した火花が、防火帽のシールドを下ろしていない見取りの隊員の顔面に当たり、やけどしそうになった。
安全管理等	1　エンジンカッターを使用する際、注意事項及び資器材の諸元性能を確認したうえで訓練を実施するよう指示した。 2　ドアを開放するための切断要領を訓練目的としているため、迅速性を追求しないよう指示した。

復　元　図	要　　　　因
	1　顔面の保護をしていなかった。 2　火花飛散の注意喚起をしていなかった。 3　見取り隊員が、切断中のエンジンカッターに近づき過ぎていた。

対　　　　策

1　防火帽のシールドや保護メガネを着装し、顔面の保護を行う。また、必要に応じて防火衣を着装する。
2　安全管理担当者は、火花飛散の注意喚起を行う。
3　エンジンカッター操作時は、切断刃の前方及び後方に人を近づけない。

【セーフティポイント】
　訓練指揮者及び安全管理担当者は、見取りの隊員にも防火帽のシールド又は保護メガネを着装させる。火花の飛散が大きい場合は、防火帽しころの着用を考慮する。

No.16	酸素溶断機切断訓練・やけどのおそれ
発生概要	酸素溶断機（ＯＺ）を使用して単管切断訓練を実施中、切断用の単管が不安定であったため、別の隊員に切断箇所から約１ｍ離れた端の部分を折膝で保持させ、切断を開始した。切断開始からしばらくすると、単管を保持していた隊員側が切断箇所よりも低かったため、溶融しかけた金属片が単管内部を伝って、単管を保持している隊員の大腿部へ接触した。受傷はしなかったが、防火衣ズボンの一部を焦がしたもの。
安全管理等	１　防火衣、ゴーグル等、個人装備の完全着装を指示した。 　２　引火、着火危険があるため、訓練実施場所を考慮するよう指示した。

復　元　図	要　　　　因
	１　切断用の単管を保持していた隊員側が、切断箇所よりも低かった。 　２　単管が筒状なため、視界に入らない筒状内部から溶融しかけた金属片や、火花が飛散することを予測していなかった。 　３　火花等の飛散防止措置をとっていなかった。
	対　　　　策
	１　溶融しかけた金属片が流れてくるのを防止するには、単管切断側を低くする。 　２　単管を保持する隊員の配置を必要とする場合は、溶融物、火花等の飛散防止措置をとる。 　３　切断箇所の周辺に、人や可燃物がある場合は、耐熱シート等を活用し保護する。

【セーフティポイント】
　溶融物、火花の飛散が考えられる切断訓練等では、特に訓練場所を選定し、切断箇所の周辺に人や可燃物がなくても、水バケツ等の消火準備を行い、安全管理の徹底を図る。

2　ヒヤリハット事例・出動

No. 1	加圧排煙戦術・やけどのおそれ
発生概要	耐火造共同住宅の火災において、玄関を給気側、ベランダを排気側に設定し加圧排煙戦術を実施した。戦術開始後に、屋内進入した隊員が、煙を排出しようと新たに別の窓を開放したため、給気側から排気側への空気の流れが変化し、進入隊員が後方より火炎にあおられたもの。
安全管理等	1　排煙、排熱状況を確認しながら進入するよう指示した。 2　要救助者の検索重点箇所を進入隊員に徹底した。

復　元　図	要　　　　因
	1　排気側以外の窓を開放してしまった。 2　給気側の燃焼物を消火せずに排気側へ進入してしまった。
	対　　　　策
	1　加圧排煙戦術を実施するときは、排気側以外の開口部は設定しない。 2　進入隊員は、給気側から検索及び消火活動を行い、火勢を抑えていく。

【セーフティポイント】
　加圧排煙戦術は、延焼拡大させる危険性も伴うので、開口部の設定要領など戦術をよく理解し、指揮官等による統制管理のもと実施する。

No. 2	火災現場・燃え抜けによる落下危険
発 生 概 要	木造2階建て住宅の1階から出火した火災において、2階部分の一般排煙活動を実施するため、白煙の充満する2階へ進入した。床面の強度を確認しないまま、火点室の直上まで進入したところ、胸まで燃え抜けた穴にはまり落下しそうになったもの。
安全管理等	1　空気呼吸器の完全着装を指示した。 2　ヘッドライトの点灯を指示した。

復　元　図	要　　　因
	1　床面の強度をしっかりと確認せずに活動した。 2　確保ロープを設定していなかった。 3　白煙が充満し、視界が悪い状況を改善せずに活動した。

	対　　　策
	1　進入する場所の床面の強度をしっかりと確認する。 2　進入場所の床面の強度が十分でない場合は、確保ロープを設定するなど安全措置を行う。 3　ヘッドライト、投光器等の照明を活用する。

【セーフティポイント】
　煙等で視界が悪い場合は、進入場所の床面の強度をしっかりと確認し、投光器等で視界を確保した上で活動すること。

No. 3	救助現場・はしご転倒危険
発生概要	耐火造4階建て共同住宅の3階ベランダに、幼児により母親が閉め出された救助事案で、当該ベランダに面した歩道から三連はしごでベランダへ進入しようとした。歩道は車道に向かってわずかに傾斜していたが、全縮ていで立てた状態で確保できていたため、伸てい可能と判断しそのまま全伸ていしたところ、バランスを崩し三連はしごを転倒させそうになったもの。
安全管理等	1　伸てい方向に架線があったため、架線への接触危険を注意喚起した。 2　要救助者には負傷等がないことが確認できたため、安全かつ確実な三連はしご操作を指示した。

復　元　図	要　　　　因
	1　三連はしご基底部の地盤面が傾斜していた。 2　隊員が三連はしごを全伸ていした際、はしごがバランスを崩す危険性があることを予測していなかった。

対　　　　策

1　地盤面が傾斜している場所での三連はしごの使用は極力避ける。
2　やむを得ず傾斜のある場所で三連はしごを伸ていする際は、引き綱操作員と確保員が連携をとって、普段より遅い速度で慎重に伸ていする。

【セーフティポイント】
　引き綱操作員は、三連はしごを伸ていする際、バランスを崩さないように、引き綱を真下に引くことを意識する。

No. 4	救助出動時・保安帽の落下
発生概要	訓練終了後、車両前部のステップ部分に保安帽を放置したまま、訓練検討会を行った。検討会中に救助出動指令を傍受したため、別の隊員が車両を車庫前まで移動させたところ、保安帽が落下してタイヤでひきそうになったもの。
安全管理等	1　訓練終了後に資器材の確認を実施するよう指示した。 2　機関員も含め、隊員全員でシャッターの閉鎖など、安全を確認するよう指示した。

復　元　図	要　　因
要注意	1　出動車両のステップ上に、保安帽を置いていた。 2　出動指令を傍受した際、ステップ上に保安帽を置いたことを忘れて、出動準備をした。 **対　　策** 1　出動する車両のステップ等に資器材を放置しない。 2　訓練終了後は、出動用資器材だけでなく、個人用資器材の確認も行う。

【セーフティポイント】
　出動車両については、いつ指令傍受しても安全かつ迅速に出動できる状態を可能な限り確保しておく。

No. 5	軌道内救助現場・列車との接触危険
発生概要	上り線の列車と人が接触し、列車の下に要救助者が倒れている救助現場において、列車の運転士とともに、電源の遮断と車両停止措置が実施済であることを確認した後、軌道内に進入して救助活動を行っていた。 　実際には、事故現場である上り線しか列車の運行を停止していなかったため、下り線も停止していると勘違いした隊員が、下り線の通過列車と接触しそうになった。
安全管理等	1　列車の運行停止、電源遮断及び車両停止措置等の二次災害防止を徹底した。 2　個人保護具の着装を指示した。

復　元　図	要　　因
	1　下り線の列車の運行停止がされていなかった。 2　全隊員に、列車の運行状況について周知されていなかった。
	対　　策
	1　活動状況に応じて上下線を停止させ、全出動隊員に周知徹底する。 2　二次災害防止措置の内容、列車の運行状況について全出動隊員に徹底する。

【セーフティポイント】
　軌道内に進入して活動を行う前に、鉄道関係者等から確実な情報を収集し、その情報を各隊に周知徹底して共通認識のもと活動することが重要である。

No. 6	ガス事故事案・測定漏れ
発 生 概 要	男性1名が車内で硫化水素を発生させ、自損行為をしていた現場で、隊員が空気呼吸器を着装して、ガス濃度測定を実施したところ、異常が認められなかった。 　その後、隊員1名が空気呼吸器を外して活動していたところ、刺激臭を確認した。再度、ガス濃度測定を実施したところ、車内の床部分に滞留していた硫化水素の発生を認めたもの。
安全管理等	1　硫化水素の発生を考慮し、空気呼吸器を着装してガス濃度の測定を行うよう指示した。 2　ホースを延長し、警戒筒先及び除染の準備を行うよう指示した。

復 元 図	要 因
	1　ガス濃度測定が十分でないまま、空気呼吸器を離脱して活動した。 2　ガス濃度を測定した隊員が、空気より重いという硫化水素の特性を把握していなかった。

	対 策
	1　汚染区域で活動する隊員は、必ず空気呼吸器を着装して活動する。 2　ガス濃度を測定する隊員は、ガスの特性を把握し、測定漏れのないように複数の場所を測定する。

【セーフティポイント】
　ガス事故事案では、早期の段階から流出しているガスの種類を特定し、そのガスの特性を把握した活動を行わなくてはならない。共同住宅等で硫化水素の発生が疑われる事案が発生した場合は、発生した部屋周りの下部、同一階の下部、同一階から下階へ降りる階段部及び直下階がガス濃度測定の重点箇所となる。

3　事故事例・訓練

No. 1	斜めブリッジ救出訓練・落下		
発 生 日 時	平成14年5月9日（木）16時30分頃	天　候	曇り
傷 病 程 度	胸椎骨折の疑い		
事故発生概要	斜めブリッジ救出の基本訓練を実施中、隊員が塔上から斜降下で脱出しようと、斜めブリッジ線に自己確保のカラビナを取り付け降下した際、片方の運搬綱がカラビナから外れたまま降下したため、地上5m付近から地上に敷かれた安全マット上に落下し受傷したもの。		
安 全 管 理 等	1　塔上から降下する訓練のため安全マットを敷き、塔上と地上にそれぞれ安全管理担当者を配置した。 2　訓練初日のため、迅速性よりも安全性、確実性を優先するよう指示した。		

復　元　図	要　因
	1　個人装備着装時の着装確認が不足していた。 2　反復訓練に対する慣れにより、安全確認が不足していた。 3　訓練終了間際における気の緩みがあった。

	対　策
	1　訓練指揮者及び安全管理担当者は、訓練前に必ず個人装備の着装状況を確認する。 2　反復訓練では慣れにより安全確認が疎かになりがちなので、緊張感を持って行う。 3　訓練指揮者等が、隊員の疲労度と集中力を考慮して、訓練の節目でこまめに休憩をとらせる。

【セーフティポイント】
　安全マットの設定など、いかなる高所訓練でも安全措置を怠ってはいけない。

No. 2	応急はしご訓練・転落		
発 生 日 時	平成14年8月19日（月）11時00分頃	天　候	曇り
傷 病 程 度	右橈骨骨頭部骨折・右肋軟骨損傷		
事故発生概要	火災系の応急はしご救助訓練を実施中、車両上で三連はしごのストッパーを開放するため後方を向いてはしごをまたいだ。 　その後、はしごを後方にスライドさせ、はしごを送り出している時に降ろすのに支障のない位置に右足を戻そうとしてバランスを崩し、転落し受傷したもの。		
安 全 管 理 等	1　高所作業での足場の確認を徹底した。 2　車両上での活動は慣れているとはいえ、高所での作業であるため、転落危険に配慮するよう指示した。		

復　元　図	要　　因
	 1　車上の隊員と地上の隊員の間で連携が不足していた。 2　タイム測定中であったため、隊員に焦りがあった。 3　作業スペースが狭く足場が悪かった。
	対　　策
	1　三連はしごの取扱いは、隊員相互に声を掛け合って、相手の動きにも注意し、手足の挟み込み及び転落事故の防止に努める。 2　時間の短縮とはいえ、安全確保に労を惜しまない。 3　はしごを車両から降ろすときは、足元及び周囲の安全確認をしっかり行う。

【セーフティポイント】
1　時間を短縮する部分と安全のために時間をかける部分の判断を的確に持つ。
2　迅速性よりも安全性、確実性を優先する。

No. 3	はしご水平救助訓練・はしごの転倒		
発 生 日 時	平成15年4月18日（金）15時00分頃	天 候	晴れ
傷 病 程 度	前額部挫創		
事故発生概要	はしご水平救助第一法の訓練を実施中、三連はしご基底部のすべり止めゴムが破損し、急激にはしごが倒れ、はしご確保員の前額部にはしごの主かんが接触し受傷したもの。		
安 全 管 理 等	1　基本動作の確認及び習熟を目的とし、安全を重視した訓練を行うよう指示した。 2　コンクリートのエッジ部分によるロープ切断危険を考慮し、あて布の設定を指示した。		

復　元　図	要　因
	1　資器材の点検が十分でなかった。 2　はしごが不安定な状態になりやすいことを、全隊員が理解していなかった。
	対　策
	1　基底部のすべり止めゴムの損傷、劣化の有無を点検する。 2　はしご水平救助第一法を実施する際、はしごの転倒危険を理解し活動する。

【セーフティポイント】
　三連はしご基底部のすべり止めゴムは、荷重により劣化する可能性が高いため、使用前、使用後の点検を確実に行う。

No. 4	ロープ展張訓練・脚立の転倒		
発 生 日 時	平成15年8月20日（水）14時00分頃	天　候	晴れ
傷 病 程 度	頭部擦過傷		
事故発生概要	庁舎屋上の支持物と地上の車両で、ロープ展張訓練を実施した。展張ロープの支点の高さを確保するため、庁舎屋上に脚立（高さ1.7m）を設定し、展張ロープを庁舎屋上の工作物から脚立を利用し、地上の車両前部のフックに設定した。その後、車両を後退しながら展張を始めたところ、脚立が倒れ、付近にいた隊員の頭部に当たり受傷したもの。		
安 全 管 理 等	1　高所での作業のため、高所作業要領を確認し徹底した。 2　地上と庁舎屋上で作業する隊員同士が意思疎通できる位置で訓練を行うよう指示した。		

復　元　図	要　因
	1　屋上の支持物と庁舎上に設定した脚立と車両前部フックが一直線ではなかった。 2　中間支点に脚立を使用した。
	対　策
	1　ロープを展張する際は、中間支点を含めたすべての支点が一直線になるように設定する。 2　強度のない資器材は、中間支点であっても使用しない。

【セーフティポイント】
　脚立は、支点として使用するための資器材ではないため、訓練等では強度を十分に有した資器材を使用する。

No. 5	救命マット体験訓練・着地ミス		
発 生 日 時	平成16年10月25日（月）16時00分頃	天　候	晴れ
傷 病 程 度	腰部挫傷		
事故発生概要	救命マット取扱い訓練を実施中、高さ9ｍの訓練塔4階からマットに向いて椅子に腰かけるように飛び降りようとしたところ、手すりパイプ下部にかかと部分が引っ掛かり、バランスを崩し誤って足を伸ばしたまま着地したため腰部を受傷したもの。		
安 全 管 理 等	1　上階での自己確保及び安全管理担当者の配置を指示した。 2　飛び降り時の姿勢、救命マット上からの退避要領の遵守を徹底した。		

復　元　図	要　因
	1　危険状態を把握し、隊員への説明及び徹底が不十分だった。 2　訓練実施場所の安全確保が不十分であった。
	対　策
	1　訓練実施前に注意事項等を全隊員に徹底する。 2　高所で実際に訓練をする前に、地上でシミュレーションを行ってから訓練に臨む。 3　飛び降りる際に、支障となる要因を排除したうえで訓練を実施する。

【セーフティポイント】
1　救命マット体験訓練を実施する際は、地上でしっかりと受け身の姿勢を習得した後に、実際に高所からの飛び降りを実施する。
2　救命マットは、火災の避難時に最悪の事態を回避するもので、決して安全が確保された資器材ではないことを理解した上で訓練を実施する。

No. 6	人てい訓練・転落		
発 生 日 時	平成16年3月22日（月）11時00分頃	天 候	雨
傷 病 程 度	左足首捻挫		
事故発生概要	人てい訓練（1てい2人組）を実施中、登はん者として訓練を実施していた隊員が、ていから降りるときにバランスを崩し受傷したもの。		
安 全 管 理 等	1　人てい訓練前に体力練成を行っていたので、十分な休憩をとった後に訓練を開始するよう指示した。 2　ていが不安定になりやすいため、足場確認を確実に行うよう指示した。		

復 元 図	要 因
	1　登はん隊員がていから降りる際、ていとなる隊員が、しっかりと姿勢を低くしていなかった。 2　体力錬成後に、十分な休憩時間をとっておらず体力が回復していなかった。
	対 策
	1　ていとなる隊員は、登はん隊員がていから降りる際、しっかりと姿勢を低くしてバランスを保持する。 2　休憩時間中は、水分補給も含め十分な休憩をとり、体力の回復に努める。

【セーフティポイント】
1　ていとなる者は、なるべく体格の優れた者を、登はんする者は、体重の軽い者を選定する。
2　ていとなる者2名の体格、呼吸が合わないと、登はん者がバランスを崩して転落するおそれがあることを理解して訓練を実施する。

No. 7	チェーンソー切断訓練・接触		
発 生 日 時	平成18年2月27日（月）15時00分頃	天　候	晴れ
傷 病 程 度	右手中指、右手示指切創		
事故発生概要	チェーンソー切断訓練で、立木を切断した際、立木を保持していた隊員が重量に耐えきれず、保持していた手を下げてしまったためチェーンソーと右手が接触し受傷したもの。		
安 全 管 理 等	1　作業する隊員の個人保護具の完全着装を指示した。 2　危険スペースへの進入制限を指示した。		

復　元　図	要　　　　　因
	1　立木の重量の把握が不十分であった。 2　立木を切断した後の立木の倒壊に対する対策が不十分であった。 3　保持者は革手袋を装着していた。
	対　　　　　策
	1　切断する対象物の重量をしっかりと把握してから切断する。 2　切断した後に、立木が訓練隊員に倒れてこないようにロープ等で固定しておく。 3　ケブラー手袋の着用など、防護措置を万全にする。

【セーフティポイント】
　切断器具を使用した訓練では、周囲の安全確認を確実に行うとともに、切断する対象物の切断後の状態も予測して訓練に臨む。

No. 8	前屈二人搬送訓練・腰痛		
発 生 日 時	平成19年10月2日（火）11時00分頃	天 候	晴れ
傷 病 程 度	腰部痛		
事故発生概要	徒手搬送法の前屈二人搬送で、屋内訓練場2階回廊部分を2周する訓練を3名1組で実施していた。隊員2名が要救助者を搬送しようとした際、上半身を抱えた隊員の腰部に痛みが走り受傷したもの。		
安 全 管 理 等	1　要救助者の腕をしっかりと抱え、足部側の隊員と意思疎通をしっかりと行い足部側から搬送するよう指示した。 2　長い距離を搬送する際も、必ず要救助者に苦痛を与えることなく搬送するよう指示した。		

復　元　図	要　　因
	1　隊員2名の息が合わず、片方の隊員に要救助者の荷重が掛かった。 2　要救助者を持ち上げる際、しっかりと腰を下ろしていなかった。
	対　　策
	1　徒手搬送法に準じた形で搬送し、声を掛け合いお互い息を合わせて搬送する。 2　要救助者を持ち上げる際、しっかりと腰を下ろして、腰部に負担が掛からないような体勢で行う。

【セーフティポイント】
　徒手搬送法では、搬送隊員のしっかりした体勢と声掛け等による意思疎通が重要である。要救助者の持ち上げ時、搬送後の降ろし時、さらに長時間実施する場合は、途中で体勢が崩れやすいので特に注意する必要がある。

No. 9	三連はしご取扱訓練・打撲		
発 生 日 時	平成19年2月11日（日）15時00分頃	天　候	晴れ
傷 病 程 度	右目打撲		
事故発生概要	三連はしごを使用した救助訓練中、三連はしごを伸ていし確保していたところ、三連はしごの引き綱を結着した隊員が、ふた回りふた結びを結索する際、索端を大きく横さんに回したため、索端が右目に当たり受傷したもの。		
安 全 管 理 等	1　基本的な資器材の取扱いを確認し、その後に応用訓練へ移行するよう指示した。 2　確認呼称をしっかり行い、隊員同士が意思疎通を図るよう指示した。		

復　元　図	要　　因
	1　隊員が資器材の取扱いに不慣れであった。 2　はしご確保隊員の危険予知が不足していた。 3　保護メガネ等を装着していなかった。
	対　　策
	1　訓練指揮者は、訓練隊員の技量を見極め、事前にしっかりと教養する。 2　確保隊員は、引き綱を結着する隊員の結索方法に注意を払う。 3　ゴーグル、保護メガネ等の着装を考慮する。

【セーフティポイント】
　ロープの索端が目に当たると、失明するなど重大な事故につながる危険性があるため、訓練指揮者は基本的な資器材の取扱いについて教養するとともに、防護措置の重要性についても周知徹底する。

No.10	斜降下訓練・転倒		
発 生 日 時	平成20年1月16日（水）11時30分頃	天　候	曇り
傷 病 程 度	頸椎圧迫骨折		
事故発生概要	庁舎2階ベランダと地上国旗掲揚ポールとの間で、人力による斜降下用ロープの展張訓練を実施していた。 　隊員が展張ロープの張り具合を確認するため、地上から高さ1.5mのところで、展張ロープにぶら下がりテンションをかけた際、展張ロープに設定されたトラック結びが解け、隊員が背部から地上へ転倒し受傷したもの。		
安全管理等	1　斜降下展張ロープの張り具合の確認及び展張要領を反復訓練するよう指示した。 2　高所作業時の自己確保設定要領、展張強度による破断危険を把握するよう指示した。		

復　元　図	要　因
	1　ロープ結索が不十分だった。 2　ロープ結索等の設定の確認が不十分だった。 3　安全マットを設定していなかった。
	対　策
	1　展張ロープの張り具合を確認する前に、小隊長又は他の隊員が、再度設定等の確認を行う。 2　必要ならば結索部にロープの抜け防止を設定する。 3　高所で訓練を実施する際は、必ず安全マットを設定する。

【セーフティポイント】
1　いかなる訓練でも安全措置を怠ってはならない。
2　ベテラン隊員が行った設定であっても、小隊長は設定を必ず確認する。

No.11	大型油圧切断機・指の挟まれ		
発 生 日 時	平成20年5月24日（土）12時30分頃	天　候	曇り
傷 病 程 度	左手第三・四指骨折		
事故発生概要	交通事故救助訓練において、大型油圧切断機（ペダルカッター）でブレーキペダルを切断中、大型油圧切断機の作動部を押さえていた手が刃後端部分と本体との隙間に挟まれ、指を受傷したもの。		
安 全 管 理 等	1　車両破壊時のガラスの飛散によるけが防止を注意喚起した。 2　切断機の先端保持員と、バルブ操作員との連携を密にするよう指示した。		

復　元　図	要　　因
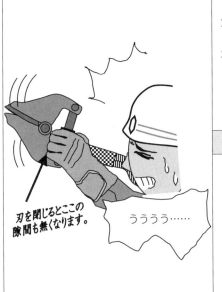 刃を閉じるとここの隙間も無くなります。 うううう……	1　器具の保護カバーを取り付けていない状態で使用した。 2　バルブ操作員が先端部分を視認できていなかった。 3　異常を感じた時の伝達が遅かった。

	対　　策
	1　保護カバーを取り付けた状態で使用する。 2　先端部分がバルブ操作員から見えないときは、声を掛け合いながら操作する。 3　器具先端保持員は異常を感じた時、瞬時にバルブ操作員に伝達する。

【セーフティポイント】
　資器材は常に正規な状態を保ち、安全な取扱いに努めるとともに、使用時には隊員間の連携を密にする。

No.12	確保訓練・手の挟まれ		
発 生 日 時	平成20年5月9日（金）14時30分頃	天　候	晴れ
傷 病 程 度	右手第一指靫帯損傷		
事故発生概要	3名1組でロープによる確保要領の訓練を実施していたところ、肩確保していた確保ロープのキンク部分に右手親指が掛かり、ロープに引っ張られたため受傷したもの。		
安 全 管 理 等	1　事前にロープのねじれ、キンク等の危険性を把握させるよう指示した。 2　確保姿勢の確認及び確保員と進入隊員との連携の重要性を認識して訓練を行うよう指示した。		

復　元　図	要　　因

要　　因
1　ロープによるキンクの危険性をよく認識していなかった。 2　事前にロープのねじれ・キンク等の除去のためのロープ整理をしていなかった。 3　送り側の残りロープが後方にあったため、キンクを発見できなかった。

対　　策
1　キンクの危険性を口頭による説明だけではなく、訓練展示により理解させる。 2　事前にロープを整理し、キンク等を除去しておく。 3　送り側の残りロープの状態を確認できるように、確保員の前方に置いておく。

【セーフティポイント】
1　危険な状態を発見したときは、大きな声を出して呼称し、周りに知らせることが自己防衛にもつながる。
2　災害現場・訓練における事故事例を隊員に周知し、潜在する危険性を予測して訓練を行わせる。

No.13	緊急脱出訓練・首吊り		
発 生 日 時	平成21年5月29日（金）11時50分頃	天　候	晴れ
傷 病 程 度	頸部擦過傷、脱水症		
事故発生概要	高さ7mの訓練塔から緊急脱出訓練中、首絡み懸垂により降下し、上部停止線内で静止しようとした際、バランスを崩し誤ってロープが頸部に絡み、首吊り状態になり受傷したもの。 　その後、三連はしごを架ていしてナイフでロープを切断し救出したもの。		
安 全 管 理 等	1　基本動作の確認・習熟を主目的とし、迅速性を追求しないよう指示した。 2　隊員の疲労度及び集中力を考慮し、休憩及び水分補給を随時とるよう指示した。		

復　　元　　図	要　　　　　因
	1　新隊員のため訓練技術が習熟していなかった。 2　疲れの蓄積により集中力が低下していた。 3　高所作業での危険に関して認識が不足していた。
	対　　　　　策
	1　訓練指揮者等が、隊員の疲労度と集中力を考慮して、訓練の節目でこまめに休憩をとらせる。 2　隊員の技量を把握したうえで、熟練度に応じた段階的な訓練の実施に努める。 3　落下等の潜在危険に対して、隊員一人ひとりが把握する。

【セーフティポイント】
　万が一の事態に備え、危険を回避するための資器材（三連はしご、救出用ロープ、切断器具等）を事前に準備しておく。

No.14	ロープ応用登はん訓練・誤操法		
発 生 日 時	平成21年6月2日（火）14時00分頃	天 候	晴れ
傷 病 程 度	左肩脱臼		
事故発生概要	ロープ応用登はん訓練を実施中、登はん準備時に、登はん者が補助者の左肩に乗った際、左肩関節付近に乗ったため、補助者が左肩を受傷したもの。		
安 全 管 理 等	1　登はん時には、必ず確保ロープ、安全マットを設置して行うよう指示した。 2　登はん者が補助者の肩に乗る前に声掛けを行い、足を乗せる位置を確認させるよう指示した。		

復　元　図	要　　因

おりゃ～

ぐ

ぎゃっ

要　因

1　登はん者が消防救助操法に定められた正しい位置に乗らなかった。
2　登はん者と補助者の声掛けによる意思疎通が不十分だった。
3　補助者の脱臼癖を、訓練指揮者や他の隊員は知らなかった。

対　策

1　消防救助操法に定める、正しい踏み位置にゆっくり確実に乗る。
2　登はん者と補助者は、声掛けをしっかりと行い意思疎通を図る。
3　持病や訓練方法について事前に打ち合わせしておく。

【セーフティポイント】
1　訓練実施前に、危険性・危険回避方法等を実技にて理解させる。
2　登はん者は、補助者に対する思いやりの気持ちを忘れず訓練に臨む。

No.15	障害突破訓練・衝突		
発　生　日　時	平成22年6月10日（木）15時30分頃	天　候	晴れ
傷　病　程　度	左第三肋骨骨折		
事故発生概要	障害突破訓練でコの字型の煙道を通過中、煙道の二つ目のコーナーを曲がりきれず左壁面に衝突し、左側胸部を空気呼吸器の調整器で強打し受傷したもの。		
安　全管理等	1　反復練習のため集中力の低下を防ぐため、適切に休憩をとるよう指示した。 2　迅速性よりも安全性、確実性を優先して訓練を行うよう指示した。		

復　元　図	要　　因
	1　疲れの蓄積による集中力の低下があった。 2　タイムを意識し過ぎたあまり、安全面への配慮が薄れた。 対　　策 1　訓練指揮者及び安全管理担当者は、訓練隊員に適切な休憩をとらせ集中力の低下を防止する。 2　迅速性を求める前に、安全性、確実性を優先させることを理解させる。

【セーフティポイント】
　救助技術大会の訓練では、タイムを意識し過ぎるあまり隊員が体力的にも極限状態となることもあるため、訓練指揮者及び安全管理担当者は、隊員がけがをしないように適切に休憩をとらせ、メリハリのある訓練を実施させる必要がある。

No.16	渡過訓練・転落		
発 生 日 時	平成22年9月8日（水）17時30分頃	天　候	晴れ
傷 病 程 度	左尺骨骨折		
事故発生概要	小隊訓練終了後、個人訓練として被災隊員及び訓練指揮者の2名で、仮設訓練塔に設置された渡過ロープ（高さ3m、長さ10m）を使用して、セーラー渡過訓練を実施した。4往復した後に復帰訓練を実施しようとしたが、被災隊員が1回目の復帰に失敗した。そのまま、しばらく休息をとり再度復帰を行おうとしたところ、展張ロープから手がはずれ落下して宙づり状態となり、地上に左腕が接触し受傷したもの。		
安 全 管 理 等	1　不慣れな訓練であるので、無理をしないよう指示した。 2　被災隊員が渡過訓練にあまり精通していないため、無理をさせないよう訓練指揮者及び被災隊員に指示した。		

復　元　図	要　　　因
	1　安全管理担当者を配置していなかったこと及び落下した際の安全管理措置が不十分であった。 2　隊員の体調、技量を考慮した訓練となっていなかった。 3　訓練指揮者が具体的な安全管理措置を行わなかった。
	対　　　策
	1　安全管理担当者を配置し、安全マットを危険箇所に配置させる。 2　安全管理担当者及び訓練指揮者が訓練隊員の体調、技量及び経験を把握し訓練を実施する。 3　訓練指導者は、具体的な安全管理措置を指示し、措置の確認を行う。

【セーフティポイント】
1　渡過訓練については、安全管理担当者配置のもと、小隊訓練として実施する。
2　落下距離を考慮した、命綱の長さ設定及び渡過ロープの設定を行う。
3　地面や施設との接触が予想される場合は、必ず安全マット等の措置を講ずる。

No.17	重量物移動技術訓練・挟まれ		
発 生 日 時	平成23年7月10日（火）14時00分頃	天　候	晴れ
傷 病 程 度	左手第三指挫創		
事故発生概要	重量物移動技術（ムービング）訓練を実施中、がれきをバールで持ち上げ、下に単管を差し込み移動させていた。単管を入れ替えながらがれきを移動させていたところ、手が単管の下に挟まり受傷したもの。		
安 全 管 理 等	1　重量物の下へ手を入れないよう指示した。 2　複数人で重量物を持ち上げるため、声掛けをして意思疎通を図るよう指示した。		

復　元　図	要　　因
	1　単管の下に手を入れてしまった。 2　隊員間の意思疎通が十分に図れていなかった。
	対　　策
	1　単管の入れ替えをするときは、単管や重量物に挟まれないように注意する。 2　挟まれ危険がある場合には、重量物の下に手を入れるのではなく、木の棒等を使用し入れ替え作業を行う。 3　複数人で活動を行う際は、指揮者の指示のもと、隊員間の意思疎通を図りながら行う。

【セーフティポイント】
　ムービング訓練を行う際、単管の挿入や抜去の時には、誤ってがれきが移動して単管等に手が巻き込まれないよう、ストッパー役の隊員がしっかりとがれきを保持しておく必要がある。

4 事故事例・出動

No. 1	火災現場・フラッシュオーバー		
発 生 日 時	平成13年12月20日（木） 7時30分頃	天 候	晴れ
傷 病 程 度	顔面Ⅰ度熱傷		
事故発生概要	炎上中の火災現場において、2階へ進入し要救助者を救出中にフラッシュオーバーが発生し、自分より部屋の奥に進入していた隊員の脱出を支援した際、その隊員の空気呼吸器が自分の空気呼吸器の面体に当たり、ずれてむき出しになり顔面を火炎にあおられて受傷したもの。		
安 全 管 理 等	1 緊急時の退出方法を徹底し、隊員2名での検索活動を指示した。 2 防火衣と空気呼吸器の完全着装を確認し、進入時の注意事項及び要救助者発見時の合図等を徹底した。		

復 元 図	要 因
	1 救出中にフラッシュオーバーが発生した。 2 検索ロープを使用していなかった。 3 進入隊員の安全を図るための援護注水が継続できなかった。 **対 策** 1 フラッシュオーバーの兆候を把握し、各隊員に徹底する。 2 進入時に退出路を確認し、検索ロープを活用する。 3 進入隊員のための援護注水態勢を整えた上で、検索を開始する。

【セーフティポイント】
1 人命救助を最優先するべきだが、援護注水態勢が整うまで進入させてはならない。
2 炎上中の建物に屋内進入する際は、退出路を確保した上で活動する。

No. 2	火災現場・打撲		
発 生 日 時	平成15年 7 月 1 日（火）11時30分頃	天　候	雨
傷 病 程 度	右手第五指中手骨骨折		
事故発生概要	耐火造共同住宅の火災において、火点室の玄関ドアの隙間から要救助者を確認したが、ドアチェーンがロックされており救出不能であった。 　そのため、左手で要救助者にレスクマスクを装着しながら、右手で万能おのによりチェーンを切断しようとしたところ、誤って右手を殴打し受傷したもの。		
安 全 管 理 等	1　下階よりホース延長し、火点室の人命検索活動を指示した。 2　玄関ドア施錠に対応するため、エンジンカッターの搬送を指示した。		

復　元　図	要　　因
	1　要救助者を救出しようとする焦りから、小隊長が自ら 1 名だけで活動を行った。 2　無理な体勢で活動を行った。 3　小隊活動をしていなかった。
	対　　策
	1　小隊長の安全管理のもと、小隊活動を行う。 2　要救助者に接触する隊員とチェーンロックを破壊する隊員を分ける。 3　鉄線ばさみ等の資器材の活用を考慮する。

【セーフティポイント】
　「火点室で要救助者発見」といった、緊急性を要する現場だからこそ小隊で協力して、安全、確実な活動を心掛ける。

No. 3	火災現場・熱傷		
発 生 日 時	平成17年11月7日（月）11時00分頃	天　候	晴れ
傷 病 程 度	右手手掌部Ⅱ度熱傷		
事故発生概要	耐火造共同住宅の火災において、人命検索のため隣室のベランダから火点室のベランダへ仕切板を破壊して進入した際、黒煙噴出中であったため、低い姿勢で火点室ベランダに進入し右手を床面についた時、床面にあった溶融物（樹脂）がケブラー製手袋に付着し受傷したもの。		
安 全 管 理 等	1　玄関側ドア開放による火煙の吹き返し危険を注意喚起した。 2　黒煙噴出状態のため、空気呼吸器の完全着装及び援護注水態勢が整った後に進入するよう指示した。		

復　元　図	要　因
	1　黒煙が噴出していたため、視界が不良だった。 2　火災現場の床面の堆積物の把握が不十分だった。 3　放水による冷却等が不十分だった。
	対　策
	1　排煙を早期に行い、視界を確保する。 2　進入箇所が冷却されるまで十分な放水を行う。 3　熱画像直視装置を活用し有効な注水を行う。

【セーフティポイント】
　火災現場では、火傷の危険性があることを前提に装備の完全着装、援護注水等を確実に行う。

No. 4	火災現場での三連はしご操作・二連目の落下		
発 生 日 時	平成21年11月11日（火）7時30分頃	天　候	雨
傷 病 程 度	右母指圧挫傷		
事故発生概要	火災現場で2階居室から要救助者を応急はしごで救出する際、三連はしごの長さを調整しようと引き綱結着状態のまま起ていしたところ、はしご二連目が落下し、はしご確保員の右手親指がはしご支かんの間に挟まり受傷したもの。		
安 全 管 理 等	1　三連はしごの引き綱を確実に結着するよう指示した。 2　応急はしごで救出する際、確保員は空気呼吸器を離脱するよう指示した。		

復　元　図	要　　因
	1　三連はしごの長さを調整するときに掛け金が外れてしまった。 2　三連はしごを確保する時、支かんの間に指を入れてしまった。 3　声による注意喚起が間に合わなかった。
	対　　策
	1　資器材の特性を理解し、確実に操作する。 2　消防救助操法に準じた確保要領を基本とし活動する。 3　三連はしごの形状によっては、二段目の掛け金が支かん以外の場所に掛かるものがあるので、それぞれに応じた取扱いに努める。 4　危険を察知したら、直ちに声を出し注意喚起する。

【セーフティポイント】
　時間帯によっては、視界が悪く活動の確実性が低下することもあるので、ヘッドライトや移動照明を活用し、できるだけ安全な環境を整え活動する。

No. 5	交通事故現場・指の挟まれ		
発 生 日 時	平成21年12月10日（木）3時30分頃	天　候	曇り
傷 病 程 度	左手人差指先端挫滅		
事故発生概要	交通事故現場において、中央分離帯にあるフェンスが基礎部分から反対側車線にはみ出していたため、二次災害防止のためフェンスを戻そうと隊員2名で持ち上げたところ、左手人差指の先端部分をフェンスの隙間に挟み込み受傷したもの。		
安 全 管 理 等	1　要救助者がいなかったため、二次災害防止措置を実施するよう指示した。 2　車両をブロック停車し、活動スペースを確保するよう指示した。		

復　元　図	要　　　　因
	1　フェンスの破損状況等の確認が不十分であった。 2　小隊長が不在の中で活動してしまった。 3　フェンスを除去するときの隊員人数が不足していた。
	対　　　　策
	1　障害物の破損状況をしっかり確認し、除去方法を決定する。また、資器材を活用した除去も考慮する。 2　隊員同士がお互いに声掛けし、ささいな作業でも指揮者をおく。 3　人力で障害物を除去するときは、適正な人数をそろえた上で実施する。 4　安全監視員を配置し、二次災害の防止に努める。

【セーフティポイント】
1　事故は緊張した場面より、気が抜けた場面で起こりやすい。
2　ささいな作業でも手順を踏み、指揮者の指示のもと行動することが事故防止につながる。

No. 6	交通事故現場・化学損傷		
発 生 日 時	平成24年2月4日（木）11時30分頃	天　候	晴れ
傷 病 程 度	化学損傷		
事故発生概要	交通事故現場に救助出動し、運転手の男性1名を救出後、事故車両の燃料タンクからガソリンが漏えいしていることを確認したため、漏えい防止措置をしようと車両の下へ顔を入れた際、バッテリー液が左頬付近に付着し受傷したもの。		
安 全 管 理 等	1　二次災害防止措置を行うよう指示した。 2　個人保護具を完全着装して活動するよう指示した。		

復　元　図	要　　　因
	1　バッテリーが破損していることに気付かなかった。 2　状況確認をしっかり行わずに車両下へ顔を入れてしまった。
	対　　　策
	1　バッテリーや燃料タンク等の破損状況をしっかり確認する。 2　危険な状態を察知したときは、車両下に入らないなど、安全に配慮した活動を行う。

【セーフティポイント】
　交通事故現場は様々な危険が潜んでいることを考慮し、状況確認及び二次災害防止措置を怠らない。

No. 7	ガス事故救助		
発 生 日 時	不明	天 候	不明
傷 病 程 度			
事故発生概要	ガス事故救助現場（硫化水素）に出動し、浴室内から心肺停止状態であった要救助者を救出、搬送途上にCPRを実施中、呼気に硫化水素が含まれていたため、排出してしまった。		
安 全 管 理 等	1　二次災害を防止するための措置を実施する。 2　除染場所において要救助者の除染を行う。		

復　元　図	要　因
臭う…	1　除染場所においてしっかりとした換気を行わなかった。 2　換気時に口元の測定を行わなかった。
	対　策
	1　換気を行いながら口元の測定を実施する。 2　除染場所においてしっかりと換気を行う。

【セーフティポイント】
　被害を拡大させないため、硫化水素除去装置の活用や事案に応じた処置を確実に実施する。

参考文献

本書の作成にあたり、多数の文献、規格を参照しました。
参考にした文献の主なものは、次のとおりです。

- 「ライフゼム型空気呼吸器　取扱・整備要領」(九州鉱山保安センター)
- 「救急・救助六法」(東京法令出版・救急救助問題研究会)
- 「ロープの結び方」(海文堂・杉浦　昭典)
- 「近代消防戦術」(東京法令出版・東京消防庁司令部)
- 「新消防戦術」(東京法令出版・東京消防庁)
- 「火事場のサイエンス」(井上書院・長谷見　雄二)
- 「新しい時代の安全管理のすべて」(中央労働災害防止協会・大関　親)
- 「救助法(基本)」(全国消防協会)
- 「各種災害別救助活動要領」(旧自治省消防庁)
- 「警防活動時等における安全管理マニュアル」(総務省消防庁)
- 「訓練時における安全管理マニュアル」(総務省消防庁)
- 「訓練指導マニュアル」(東京消防庁)
- 「平成18年度　救助技術の高度化等検討委員会報告書」

6-2訂版　　消防救助技術必携
〈一般救助編〉

平成元年 7 月15日　初　版　発　行
平成31年 4 月20日　6　訂　版　発　行
令和 6 年 4 月15日　6-2 訂 版 発 行

編　著　名 古 屋 市 消 防 局
発行者　星　沢　卓　也
発行所　東京法令出版株式会社

112-0002	東京都文京区小石川 5 丁目17番 3 号	03(5803)3304
534-0024	大阪市都島区東野田町 1 丁目17番12号	06(6355)5226
062-0902	札幌市豊平区豊平 2 条 5 丁目 1 番27号	011(822)8811
980-0012	仙台市青葉区錦町 1 丁目 1 番10号	022(216)5871
460-0003	名 古 屋 市 中 区 錦 1 丁 目 6 番34号	052(218)5552
730-0005	広 島 市 中 区 西 白 島 町 11 番 9 号	082(212)0888
810-0011	福岡市中央区高砂 2 丁目13番22号	092(533)1588
380-8688	長 野 市 南 千 歳 町 1005 番 地	

〔営業〕TEL 026(224)5411　FAX 026(224)5419
〔編集〕TEL 026(224)5412　FAX 026(224)5439
https://www.tokyo-horei.co.jp/

ISBN978-4-8090-2547-1